# 表征论的多副面孔

## 当代英美哲学语境下的探究

周靖 著

THE MANY FACES OF REPRESENTATIONALISM

A Research in the Context of Contemporary Anglo-American Philosophy

上海人民出版社

本书为国家社科基金青年项目

“后分析哲学中的表征主义问题研究”（18CZX048）的结项成果

# 目　录

# 导　论

## 一

关于外间世界，我们究竟能够知道什么？关于外间世界的知识在带给我们慰藉的同时，也带给我们困惑。我们的感性能力可以忠实地将外间世界纳入理性视野么？感性中呈现的杂多或信息能否为我们理性的语言所把握？我们内在的精神图像（mental image）能否精确复绘外在的物理图像（physical image）？科学能否彻底照亮世界那隐秘未知的部分？根本地，我们如何理解心灵与世界的关系？

然而，在哲学的这一“后”时代，我们反复被劝说放弃关于世界“本身”的谈论。后哲学性体现在对基础主义、实在论、真理等传统哲学观念的批驳，这类批驳的基本立场体现为，否认因果刺激具有证成知识的作用，从而将哲学探究的起点从独立的物理世界转移至主观的维度，进一步地，人们因而不必以将概念、表达式或判断与外间世界相对照的方式来提供证成（justification）或证实（validation）。主观的概念体系便构成了一个整体且自为的理由空间，在这一空间内，人们可以融贯地谈论某一判断的意义或真值。基于整体论，认知的探究从而是一个内在的过程，它失去或抵制将形而上的实在视为探究的目标和导向，它从而也不需要能够借以反思客观实在和主观观念间关系的任何先验立场，判断和真理与具体的社会语境和实践活动紧密联系在一起，共同体成为一个核心概念，构成共同体的个体成员的价值被高扬，个体在共同体内的交互关系中被设定为主体。由于省约了形而上目标的制约，个体回落到具体的生活之中，他所运用的不再是先验理性而是实践理性，他的认知在共同体的范围内得到肯定和纠正；共同体创造了客观的历史，这种意义上的客观性不会排除主观性，因为个体是"在—历史中—存在"，普特南（Hilary Putnam，1926—2016）也恰在此意义上认为，这是实用主义为哲学带来的"第三次启蒙"①。

后哲学在将我们长久沉思于物与物的因果关系、物与人的认识论关系的头颅拧向对人与人交往关系的关注时，用由人际间获得的观点间的"协同性"取代关于世界认知的"确定性"。②对确定性的寻求为面对未知世界的我们带来了安全感，杜威（John Dewey，1859—1952）一针见血地指出："实践活动所涉及的乃是一些个别的和独特的情境而这些情境永不确切重复，因而对它们也不可能完全加以确定。而且一切活动常是变化不定的。然而依照传统的主张，理智却可以抓住普遍的实有。……所以人们就想望有这样一个境界，在这个境界里有一种不表现出来而且没有外在后果的活动。人们之所以喜爱认知……'安全第一'起了巨大的作用。……我们已经获得了一定的确信感，至少无意间是如此，感觉到我们正在可观的程度上有把握地控制着命运的主要条件。"③在罗蒂（Richard Rorty，1931—2007）看来，我们用独属于自身的语言打开（构造）我们的世界，而人所拥有的语言是无本质的、偶然的，世界和历史因此均是偶然的。然而，确定性的崩塌并不会造成人类心灵的流离失所

---

① 参见普特南：《无本体论的伦理学》，孙小龙译，伯泉校，上海译文出版社 2008 年版，第 83—101 页。

② 罗蒂：《偶然、反讽与团结》，徐文瑞译，商务印书馆 2005 年版，第 9 章。

③ 杜威：《确定性的寻求：关于知行关系的研究》，傅统先译，上海人民出版社 2005 年版，第 3—5 页。

或重新面对"永不确切重复"的独特情境而感到不安全，相反，这会带来更大限度上的自由以及个体之责任，进步的希望由社会本身所承载，一切变为人类本身之事务。①

后哲学思想的确有其魅力，在积极的意义上，它增进了个体作为主体的自由，然而，用个体在主体间交往活动中承担的语言责任（即个体的话语表达有着可接受和理解的社会意义）彻底取代关于世界的认知责任，这始终让人心存疑窦。究其原因，语言责任和认知责任构成了两个彼此垂直的轴向，它们各自的发展在锚定"内容"——在语言方向（假定其为 X 轴向）上为语句表达式的形式内容（formal content），在认知方向（假定其为 Y 轴向）为关涉（of/about）世界的实质内容（material content）——这项任务上有着可能的互惠关系，但并不必然彼此抵牾。罗蒂主要从奎因（W. V. O. Quine, 1908—2000）、塞拉斯（Wilfrid Sellars, 1912—1989）、戴维森（Donald Davidson, 1917—2003），以及斯特劳德（Barry Stroud, 1935—2019）那里承袭了对近代哲学中经验主义的批判，并以这些批判为基础而挥剑削除了外间世界。②然而，实际上这些批判有效的地方仅在于，它们共同消解了因果关系以往所能起到的证成知识的作用，从而我们无法将语言陈述还原为物理陈述，无法以对外在世界中的对象做出精确归因（attribution）的方式来判定以那些对象为命题内容的命题的正确性。我们需要注意的是，**这并不意味着斩断了心灵与世界之间的因果关系**：因果关系仅是失去了其证成知识的作用，世界仍然是外在于那里的一个领域。笔者在其他地方已经论及，诸如塞拉斯、戴维森，乃至罗蒂的高足布兰顿（Robert Brandom, 1950—　），在不同的意义上

① 参见罗蒂：《偶然、反讽与团结》，徐文瑞译，商务印书馆 2005 年版，第 105—136 页。

② 参见罗蒂：《哲学和自然之境》，李幼蒸译，商务印书馆 2003 年版，第 4 章；罗蒂：《罗蒂文选》，孙伟平等编译，社会科学文献出版社 2007 年版，第 99—115 页。

均试图保证内部知识关于外部世界的关涉性或应答性(责任,answerability)。[①]故而,罗蒂在从批判经验因果性到倡导后哲学文化方面迈出了缺乏慎思的一步。

## 二

我们仍然面临着心灵与世界有着怎样的关系这一问题,在此意义上,表征论(表象论,representationalism)这种古老的理论在当下仍然有讨论的必要性。实际上,虽然表征论历经沧桑,相关观点可谓不一而足[②],但它在当代哲学中仍然焕发着十足的活力,尤其是因为与自然科学的结合,以及与语言哲学的结合,对科学表征和语义表征的问题与本质的讨论使得表征论仍然是当今哲学讨论的主流但可能隐在的阵地。从根本上说,后哲学文化仅对因果关系的还原论带来了致命一击,而在当代我们有着诸如功能主义、计算论、取消论、耦合论、联结主义、随附论、无律则一元论(anomalous monism)等诸多关于心灵与世界关系的解释路径或模型,在这些解释中,因果关系虽然不能起到积极的证成作用,但它仍然有着被收纳在相关解释过程内的可能性,尽管此时它是一类惰性的存在(inertia)。当代的相关讨论既显得多元,也显得细致或琐碎,这使得宏观或"元"(meta)层次上的表征论问题变得隐而不现了。然而,元层次的反思与探查无疑是必要的,我们可借以磨砺发现问题的意识,在哲学整幅的思维地图上知道我们身在何处,知道我们从何处来,往何处去,从而不至落入歧途,甚或丢失了自我批判的意识和能力。一味地埋首雕刻细节而不知抬首探路、问道同侪,可能会浸染于琐

---

① 参见周靖:《"世界"的失落与重拾:一个分析实用主义的探讨》,复旦大学出版社2019年版,第4—6章。

② 参见魏屹东:《表征概念的起源、理论演变及本质特征》,载《哲学分析》2012年第3期,第96—118页;以及魏屹东:《科学表征:从结构解析到语境建构》,科学出版社2018年版。

碎无味的理智享乐，将哲学区域化，并将这一区域当成全局或问题的整个宇宙，这便会贻人笑柄了。

然而，究竟何为表征论？表征论蕴含着怎样的问题，以及就这些问题有着怎样的表征论式的理解，或因而对"表征"（表象，representation）概念有着怎样的理解，我们不能将这些问题混杂一处。不过，我们的确很难对表征论的问题域做出清楚明白的划界，划界行为本身涉及对问题本身的理解，这样一来，对问题域的澄清以及对相关观点的辩护只能一道前行，我们无可避免地采取维特根斯坦（Ludwig Wittgenstein，1889—1951）式的描述主义方法，即不设定问题的本质，而将问题在具体探究的途中言说出来。面对这种情况，澄清表征论问题的最佳策略似乎是，首先给出表征论的一个简洁的、垫脚石式的界定，然后根据这一界定厘清相关的关键问题，从而我们既可以避免一跃落入表征论诸多观点的喧闹声音之中，迷失探究的方向，也可以确定一个描述的起点。

基于心灵与世界关系的问题框架，我们可以从如下的简洁定义开始思考：

> (0.1) 表征论是关于世界对我们的呈现（presentation），以及我们对这些呈现的再现（*re*-presentation）之间关系的理论。①

这一定义直接涉及两个问题，(0.1a) 世界的理论身份（status）问题（即向我们呈现的是"什么"?），又涉及 (0.1b) 认识的方法论问题（即我们"如何"处理呈现?）。一方面，关于 (0.1a)，我们无可避免地涉及实在论问题。如果我们承认某种实在（the real）观念——无论这种实在具有某种形而上的超验性，或仅具有不依附于概念认知

① 本书中命题或判断的编号格式为"a.bcd"，其中，a、b、c、d 分别指章、节、三级小节（如有）、序号，如 (1.11) 指第一章第一节中第一个命题或判断，(1.117) 指第一章第一节第一小节第七个命题或判断。

的独立性，或作为客观、独立的实存(the real as the objective, independent existence)——表征论将会涉及对世界理论身份的探究。另一方面，即便我们否认任何意义上的实在，我们也许要为否定(0.1a)这类问题提供理由，而由于对实在概念持批驳态度，试图提供理由的探究无法从世界一方开始，我们仅能从(0.1b)这样的问题着手，从而表征论问题将涉及下述问题：(0.1c)方法论的探究何以揭示世界本身或合法界定世界的理论身份。

表征论的诸多理论大抵均是对从简洁定义(0.1)中衍生出的三个问题的回答。然而，定义(0.1)有一个缺点，即它未触及对"什么是表征?"这一问题的直接回答。此外，在反实在论的表征论的情形中，问题的重点更多落于定义的后半支，即我们的再现。我们可以根据诸多不同的表征论理论均具有的如下核心假设——"心理过程包含了承载内容的内在状态，对那些过程进行正确的说明必须援用能够代表某种其他事物的结构"①，这类结构即为表征的结构——来给出另一个似乎更为直接且简明的定义：

(0.2) 表征论是回答"什么是表征?"这一问题的理论。

这一定义亦优点与缺点参半，其缺点在于，它未能像(0.1)那样直接呈现表征论问题的细节和维度，然而，其优点也是明显的，即它使得表征论有了自己的焦点问题，在直接追问"什么是表征?"时，表征论作为一种理论或视角有了自己一定的独立性——关于(0.1)，对(0.1a-c)的回答实质上不必然将我们引向表征论这一语汇，换句话说，我们在讨论相关问题时，不必要使用表征论这一理论标签。相比之下，对表征本质的探究是一个中立问题，它既可以将我们引向实在论，也可以将我们引向反实在论(anti-realism)、非实在论

① William Ramsey, *Representation Reconsidered*, Cambridge: Cambridge University Press, 2007, p.xi.

(irrealism)等,在方法上,也可以兼容科学的、语言的,乃至艺术的方法。因此,根据定义(0.2),我们可以谈论实在表征、科学表征、语义表征,以及艺术表征等等,即表征的诸种面孔,此时对表征本身的理解成为问题的核心。

定义(0.1)和(0.2)有着一定程度的互补性,这体现在定义(0.1)为我们呈现了探究的方向,而定义(0.2)则维系了表征论自身的问题。这两个定义都会将我们引向诸多表征论立场。对所有立场详实地进行呈现既不是本书的任务,也大大超出了笔者的能力范围。我们必须对讨论的资源做出限制,以期明晰地阐明问题,并最终尝试提供一种可为人所接受的表征论方案或理论。

在对讨论做出具体限制之前,我们先来处理一个琐碎的问题,即当我们提问"什么是表征"这一问题时,"表征"(representation)是一个名词性的概念,而当我们承认独立的客观实在存有,并认为概念是对实在的表征时,"表征"(to represent)是一个动词性的概念。汉语的译法无法体现出这里概念上的差异,为了避免术语使用上的问题,本书中将在必要的地方略显累赘地使用表征的名词性用法与表征的动词性用法来标明区分,或者,笔者有时也用再现一词来表示动词性的表征。另一个琐碎的注意点是,当承认实在存有时,表征既有它的名词性用法,也有它的动词性用法,因为存有一个可被去表征(to be represented)的实在,名词性的表征被理解为实在表征,此时,对实在的探究乃是问题重要的一环;相比之下,当否认实在存有时,因无表征物(the represented),表征仅具有它的名词性用法,此时,对表征本身的理解变为讨论的焦点。①

---

① 塞拉斯曾指出,使用英语 representation 一词时,既可以指作为行为的 representing,也可以指作为对象的 represented;塞拉斯同时指出,德语词 *Vorstellung* 也既可以指 *vorgestellt*(represented),也可以指 *vorstellen*(representing),参见 Wilfrid Sellars, *Kant and Pre-Kantian Themes Lectures by Wilfrid Sellars*, Amaral P. V.(Ed.), Ridgeview Publishing Co., 2017, p.26。"表征"一词的内涵本身就是模糊的——无论是在何种语言之中——其中的模糊性或许源于相关问题的复杂性,在这种情况下,我们完全不必在寻求更好的"译法"上花费过多的精力,而更应关注问题本身。

## 三

如若一定要在笔者拟利用的资源箱上贴上一个标签的话，或许“新实用主义”最为合宜。首先，站立在本书行进路线两旁的主要哲学家们——塞拉斯、普莱斯(Huw Price, 1953— )、戴维森、布兰顿、麦克道威尔(John McDowell, 1942— )，以及米丽肯(Ruth Millikan, 1933— )——除了米丽肯之外，均以实用主义者自居或在几无争议的情况下被列入实用主义阵营。在本书中，笔者对米丽肯的解读既是实用主义式的，也拟借助对她的创造性阐述来推动实用主义本身的发展。

其次，新实用主义为关于表征论的定义(0.1)的展开提供了具体且合宜的资源。新实用主义的“新”的地方在于，与强调经验概念的古典实用主义不同，新实用主义关注于语言，因而有时也被称为语言实用主义或分析实用主义。[①]笔者认为，新实用主义的核心问题恰体现于语言与世界的关系，这为我们讨论表征论问题提供了直接的思想幕景。在这一点上，我们不妨对“实用主义”的内蕴做一番更为具体的讨论，这既有助于理解用以限制表征论研究的视角是什么，也能告诉我们本书所要讨论的问题“从何处来”。

众所周知，在发表于1905年4月刊的《一元论者》(*Monist*)《什么是实用主义》一文中，皮尔士(C.S. Peirce, 1839—1914)由于不满于詹姆斯(William James, 1842—1910)等人对“实用主义”(Pragmatism)一词的过分使用——主要是过于强调实践后果的重要性，以至于个体意志的作用被过分扩大，甚至如詹姆斯的拥趸席勒(F.C.S. Schiller, 1864—1937)所认为的那样，真理与实在均是被制

① See Robert Brandom, *Analytic Pragmatism, Expressivism and Modality*, Nordic Lectures in Pragmatism 3, Helsinki, Finland, 2014.

造的(making)[①],除此之外,实践有用性设置了一个过低的证实标准,从而使得“实用主义”变成一个病弱的概念,无法为人们提供什么哲学上有用的指导——他选用了“实效主义”(Pragmaticism)这一丑陋但可以免于被他人“绑架”的概念。[②]早在1898年的“剑桥讲座”中,皮尔士对詹姆斯献给他的《信仰的意志》[③]一书中的部分观点颇有微词,半年后,詹姆斯在引入实用主义这一术语的“伯克利演讲”中强调,实用主义更应该被称为“实践主义”(Practicalism)。[④]

术语选用上的分歧体现了观点上的差异,简单地说,皮尔士和詹姆斯的思想差别主要体现在,皮尔士认为实践后果是由真之信念所导致的,作为习惯(habit)的信念(而非其后果)对皮尔士式的实用主义至关重要,习惯带来了关于普遍项(universals)的观念,意义根本地与普遍项有关;相比之下,詹姆斯认为信念的真之属性来自实践的后果(effect),后果在詹姆士式的实用主义中是更为重要的概念,后果是关于殊项(particulars)的,意义和真均源自对殊相的感觉和反应的实践后果。[⑤]用胡克威(Christopher Hookway,1949—　)

---

① 请注意,席勒并不认为我们可以无中生有地创造(create)实在,我们制造实在就像从一块大理石中打磨出一尊雕像一样,至于打磨出怎样的雕像,这受到我们主观意志的能动影响;同时,我们在制造真,也在制造错误,相关的制造机制是一样的,席勒因而持有可错论的思想[See F.C.S. Schiller, *Humanistic Pragmatism: The Philosophy of F.C.S. Schiller*, Reuben Abel(Ed.), New York: Free Press, 1966, p.146]。席勒可能会让皮尔士感到不满的地方在于,他与詹姆斯一样在否认具有独立性的实在的意义上是一名唯名论者,而皮尔士则是一名强实在论者。

② C.S. Peirce, *The Essential Peirce: Selected Philosophical Writings, volume 2*, The Peirce Edition Project(Eds.), Bloomington and Indianapolis: Indiana University Press, 1998, p.335.

③ William James, *The Will to Believe and Other Essays in Popular Philosophy* (Vol.6), Cambridge, Mass.: Harvard University Press, 1979.

④ See Cornelis de Waal, *On Pragmatism*, Belmont: Wadsworth, 2005, pp.91—95.或许因为察觉到了皮尔士与自己的差别,詹姆斯后期一般将席勒、杜威,以及意大利早期实用主义者帕皮尼(Giovanni Papini)视为自己的哲学同侪,而仅“单薄地”将实用主义这个名称归属于皮尔士。

⑤ See Cornelis de Waal, *On Pragmatism*, Belmont: Wadsworth, 2005, p.11, p.21, p.28.

的话说，因而在皮尔士那里，实践的兴趣有着普遍的适用性，而在詹姆斯那里则更为注重强调当下的实践需求。[①]皮尔士和詹姆斯之间的这一关键差别或皮尔士的独特之处往往被忽视了，将真之信念放置在优先于实践后果的位置意味着，认可习惯的推理机制有着自身的逻辑，胡克威对皮尔士的思路做出了这样的总结："存在独立于我们的实在之物；这类实在以系统性的方式与我们的感官互动；并且通过运用知觉的法则，我们能够发现那些事物有着怎样的真实且独立于心灵的属性。科学的方法通过对我们的经验寻求最佳解释的方式来保证意见会趋同。"[②]故而，在皮尔士看来，"习惯"所遵循和披露的"逻辑"揭示的是实在之物之间的关系[③]，真之信念的依据在于这些实在关系，信念的内容实际上是实在，共同体内实践认知活动是趋向于实在的活动，皮尔士相信，通过共同体自我调整的认知事业，人们终究能够获得对实在的理想认知——基于这些观点，皮尔士无疑是一名强实在论者(参见本书第一章第一节。下文正文中所提章节均为本书章节)。在相反的意义上，有学者[例如德瓦尔(Cornelis de Waal, 1962—　)]认为，詹姆斯则是一名唯名论者[④]，但在笔者看来，这一判断有失偏颇，更为恰当的说法是，詹姆斯是一名直接实在论者。詹姆斯直接攻击的是笛卡尔式的心灵与实在二分

① See Christopher Hookway, *Truth, Rationality, and Pragmatism: Themes from Peirce*, Oxford: Clarendon Press, 2002, p.72.

② Christopher Hookway, *Truth, Rationality, and Pragmatism: Themes from Peirce*, Oxford: Clarendon Press, 2002, p.79.

③ 费施(Max Fisch)提醒我们，那篇提出"实用主义原理"的《对据称为人所具有的某些机能的质疑》(Questions Concerning Certain Faculties Claimed for Man, 1868)一文的原标题为《与实在相关的问题》，费施的相关研究表明，皮尔士早在1868年的这篇文章中就开始了从唯名论到实在论的转向，参见 Max Fisch, *Peirce, Semeiotic, and Pragmatism*, Bloomington: Indiana University Press, 1986, pp. 184—200。波特(V. G. Potter)则指出，皮尔士在他晚年(1905)时与唯名论彻底决裂，参见 Vincent Potter, *Peirce's Philosophical Perspectives*, V.M. Colapietro(Ed.), New York: Fordham University Press, 1996, p.97。

④ See Cornelis de Waal, *On Pragmatism*, Belmont: Wadsworth, 2005, p.91, p.101, p.104.

的传统哲学图景，他抵制任何不可被认知的实在存有，但不否认实在的独立性，我们可以在做的活动（doing）中与这类实在接触，我们的"彻底经验"从未在我们与世界之间拉开一段距离，从而实践的后果并未失去对于实在的应答性，这一思想特质尤为明显地体现在他的晚年论文集《彻底的经验主义》中。[1]

根据上述的进一步解读，皮尔士和詹姆斯之间的根本差异体现为强实在论者和直接实在论者之间的差异，前者认为我们在实践中的认知是局部为真的，认知的进步意味着获得了关于实在本身的更为精确的知识，这在根本上承诺了一种超越于具体认知活动语境的实在；后者则既未承诺认知范围之外的实在，亦未承诺超越于具体认知活动的实在，实在就是我们在实践中与之直接接触，在后果中得到披露和确认的东西，我们因而不应试图越出实践的范围以承诺某种范围之外的存有。

从实在论的视角看，古典实用主义家族的另一位家长杜威则更接近于一名自然实在论者，即他强调自然与社会之间的连续性，试图将语言的发生基础追溯至自然范围内的理性生物的活动，从而现实经验兼具自然和文化的两面属性，我们既可以在概念的空间内对某一言谈做出回应，从而我们有着丰富的政治话语、审美话语等，但在自然的空间并未因为概念空间的生长而失落（lost），这既具有发生学上的原因——即语言根本地有着自然的发生起源；[2]也有着一个存在论上的原因——"**活生生**的存在不断地（即使是在睡眠中）与环境进行互动。或者说，站在构成生命的事件角度看，生命是一个交互行为……这种交互行为是自然的，就像碳、氧、氢在糖中进行**有机的**自然交换一样。"[3]根据这种观点，经验就是生命功能或生

① 詹姆斯：《彻底的经验主义》，庞景仁译，上海人民出版社 2006 年版。

② 更多的讨论，请参见周靖：《世界的失落与重拾：一个分析实用主义的探讨》，复旦大学出版社 2019 年版，第 9 章。

③ 杜威：《非现代哲学与现代哲学（〈杜威全集〉补遗卷）》，孙宁译，华东师范大学出版社 2017 年版，第 206 页。

命活动[①],而生命在现实中是由一系列的社会文化事件组成的。基于身体的动物性、人格性,以及衍生出的交互主体性,对自然的“经受”以及我们主动“做”是在同一个连续的整体之中的。在与环境的不断互动里,我们的讨论是“从包含在有机体与环境之互动当中的‘经受—做—经受’(undergoing-doing-undergoing)这一联系开始”[②]。这种“做”的实践既是在自然中的,也是理论性的,“环境又完全是社会性的”[③]。回到实在论的讨论上来,杜威式的自然实在论对自然世界的实在做出了承诺;我们可以做出进一步的推论认为,在未被认知或尚未成为实践内容(即尚未被经受)的那些部分,在某种意义上,是外在的且独立的。杜威的立场似乎更为接近詹姆斯的观点,但无疑就实在如何被显现和认知的问题,杜威为我们提供了更多的理论细节。

古典实用主义内涵的模糊性和多义性不仅体现在实用主义阵营内的哲学家们的立场不是完全一致的,还体现在他们有着不同的理论关切。例如,杜威强调自然与文化的连续性,改造经验概念,同时以实用主义的视角讨论社会、政治和美学等方面的问题;除此之外,“形而上学俱乐部”的成员格林(Nicholas. St. John Green, 1830—1876)和霍姆斯(Jr.O.W. Holmes, 1841—1935)则将实用主义思想运用于法理学;米德(George H. Mead, 1863—1931)则关注社会学和社会心理学;莫里斯(Charles W. Morris, 1901—1979)则发展了皮尔士的符号学思想。古典实用主义往往被视为一种美国哲学,然而,如若超出国别的界限进行讨论,意大利哲学家帕皮尼(Giovanni Papini, 1881—1956)和瓦拉迪(Giovanni Vailati, 1863—1909)早在实用主义诞生之初便分别沿着詹姆斯和皮尔士的

① 杜威:《非现代哲学与现代哲学(〈杜威全集〉补遗卷)》,孙宁译,华东师范大学出版社2017年版,第282页。

② 同上书,第196页。

③ 同上书,第192页。

思路在异国散播和发展实用主义思想。

立场的分歧性、发展的多向性、传播的广泛性使得我们难以对(古典)实用主义做出清晰的界定,这也使得对新实用主义的界定成为一个难题。如果我们将一些新实用主义者的标志性观点与古典实用主义者相比照的话,十分粗略地说,我们将会发现塞拉斯的科学实在论接近于皮尔士的强实在论(参见第一章第一节);麦克道威尔的经验理论更为接近《彻底的经验主义》中的詹姆斯(参见第四章第一节);布兰顿的哲学推论主义则体现了皮尔士对推理逻辑的强调,但布兰顿更为关注符号的第三性(thirdness),即解释项(interpretant)的维度,这一维度突出了理性空间的作用,而在布兰顿对第一性(firstness),即物的属性,以及第二性(secondness),即物与物之间的因果关联,则未能予以充分关注,从而错失了皮尔士对实在的强调;此外,将杜威视为自己哲学英雄的罗蒂,他实质上更加接近于《信仰的意志》中的詹姆斯(普莱斯与罗蒂类似,但普莱斯的"人文关怀"更少一些,参见第二章第一节),最后,在笔者看来,与杜威的自然实在论最为接近的则是米丽肯的生物语义学,尽管米丽肯往往不仅不被视为一名实用主义者,也鲜有与实用主义者的直接交流(参见第五章第一节)。[①]

界定新实用主义的另一个困难还在于,新实用主义之于(古典)实用主义的语汇转置(即从关注于经验转为关注于语言)造成了新、老实用主义之间的一个裂痕。陈亚军研究实用主义思想理路的力著《超越经验主义与理性主义:实用主义叙事的当代转换及效应》[②]以语言和经验的双重变奏为基本线索,"变奏"而非"合奏"意味着语

① 笔者的这些判断无疑会引起争议,并需要做出详细的阐明和论述。然而,此处不宜展开相关的讨论,实际上,这些问题也与当前的研究无紧密的关联,在后面的章节中,笔者会在合适的地方对这些观点作出一些解释,这些解释或许仍然是简单而不令人满意的,而那些不会涉及的判断,则笔者便会存而不论。

② 陈亚军:《超越经验主义与理性主义:实用主义叙事的当代转换及效应》,江苏人民出版社 2014 年版。

言和经验的要素未能融合而勠力同心地奏出“同一首歌”。实际上，语言转向经历了对经验主义三个教条的批判，即奎因所批判的还原论教条，分析/综合二分的教条，以及戴维森所批判的概念图式/内容二分的教条[1]，这些批判与塞拉斯对所予神话的攻击（参见第一章第一节）一道使得因果性的经验失去了证成知识的资格。在此方面，这与古典实用主义者的思想一致，然而，对经验的批判使得经验概念成为一个危险从而让人避之不及的字眼，经古典实用主义者改造后的合理的经验概念也一并被放弃了。从而，以语言的或概念为哲学探究的起点，语言的谈论失去了经验的制约，新实用主义者们便很可能发展出文初勾绘的新实用主义鲜明的理论形象。语言与世界（或心灵与世界）之间的间隙被拉大，二者之间的关系成为新实用主义中的一个核心问题。

在笔者看来，**我们必须将语言与世界的关系，而非真或意义问题，视为新实用主义的核心问题**，理由如下：(a)在探究语言与世界的关系时，我们会关注语言关涉世界的深度，我们无可避免地讨论世界的理论身份问题，这会将把我们带回到经验概念之上，从而使得问题在某种程度上转置为语言与经验的问题，而这将为我们吸收古典实用主义思想以理解和发展新实用主义立场，乃至融合新、老实用主义提供一个富有前景的契机；(b)语言与世界的关系确实是诸新实用主义者争论的爆发点，罗蒂和普莱斯强调语言的一面而主张放弃世界，布兰顿虽以概念和推论作为自己哲学探究工作的起点，但他以语义推论的方式保留了对语用内容的实质关涉，麦克道威尔则试图改造经验概念，恢复经验的证成作用，使得知识能够对世界做出应答。以这一问题爆发点为探究起点，我们无疑能够在厘清诸哲学家立场特质的基础上，看清新实用主义的整个理论图景；(c)从学理上说，真与意义是根据语言和世界的关系而得到解释的，

---

① 参见周靖：《世界的失落与重拾：一个分析实用主义的探讨》，复旦大学出版社2019年版，第1章。

**而实践只是语言与世界间的一种可能关系**，语言和世界的关系是首要而根本的问题。此外，(d)语言与世界的关系不仅是新实用主义关注的问题，它是演变自心灵与世界关系的传统哲学问题，它还是当今语言哲学、科学哲学等其他区域领域讨论中难以避开的问题，于是，我们不仅能够借以在实用主义内部融合新、老实用主义，还能发现实用主义发展和演化的历史线索，以及在当前哲学讨论中，增进实用主义哲学与其他区域哲学的互动，以便能够扩大影响、接受反馈、进一步发展和完善实用主义哲学本身。对实用主义经典作者以及当代主要代表人物的研究无疑是重要的，但如若实用主义想要取得发展，保持盎然的生气，它无疑不能成为一种只关注自身而阻隔其他可能阐释的“关门”哲学。

从后果上看，以语言和世界的关系为核心问题可以为我们提供一个对新实用主义的简洁界定，即新实用主义讨论语言是否或如何关涉世界，世界是否具有某种形而上的理论身份(或是什么意义上的实在)，如果世界的形而上学身份被剥夺，将会有着怎样的(例如，认识论的、伦理的、审美的、政治的)后果等问题；它是古典实用主义在当代的发展，承袭了古典实用主义对实践、经验、意义、真和实在等问题的关注，主要代表人物有罗蒂、普特南、布兰顿、普莱斯、哈克(Susan Haack, 1945—　)、韦斯特(Cornel West, 1953—　)等，这些都是自称为实用主义者的重要哲学家，还有一些未自己表明身份但与实用主义有着共享的问题和观点的人，例如塞拉斯、戴维森、麦克道威尔、米丽肯、德雷福斯(Hubert Dreyfus, 1929—2017)等人，也可以合理地被拉入新实用主义阵营之内。

由于我们是以问题线索来界定新实用主义的，那么，新实用主义具有怎样的面孔则取决于对这些问题的回答，我们将会在本书的具体讨论中获知它的具体面孔。诚然，我们可以在新实用主义者的名单上增加上更多的人，例如剑桥实用主义的代表人物米萨克(Cheryl Misak)等。但讨论必须被限制，本书将会聚焦于对具有显著代表性和原创性的一些重要哲学家的思想进行讨论。**需要特别交代的是**，为了保持论述的集中性，本书将不专门具体探究罗蒂和普特南两位新实用主义的相关思想，理由主要在于，国内已有对两人思想的充分讨论[①]，两人在实在论上的分歧也有阐述清晰的文献可寻[②]，并且，增加对两人思想的讨论并不会为本书的理论地貌带来实质影响，故而笔者将仅在必要的地方提及两人的理论。

## 四

有了贴上了“新实用主义”标签的资源箱，以及对这箱资源的初步澄清和筛选，我们此时便可介绍本书所要讨论的内容了。上文中，笔者认为表征论牵涉关于世界理论身份的本体论问题，以及如何认识世界的方法论问题；与新实用主义相结合，以新实用主义的视角研究表征论问题一方面将要求人们，如果从语言一方出发，需要探清语言是否有权谈及外间世界，假若答案是肯定的，那么在多大的“深度”上保持对世界的关涉性，换句话说，如何理解被谈及的外间世界；另一方面，如果从（自然）世界一方出发，自然要素何以具有语义，进一步地，自然语义何以发展为语言语义？在探究上述问题时，我们应当始终对表征概念本身保持中立的思考态度。

拙著《“世界”的失落与重拾：一个分析实用主义的探讨》（2019）从奎因对经验主义两个教条的批判开始，进而讨论了戴维森对经验主义第三个教条的批判，以及奎因对所予神话的批判；这些批判使得经验（自然）意义上的世界在认识论中（几乎）不再能够起到证成

---

① 例如陈亚军：《罗蒂与普特南：新实用主义的两座丰碑》，上海人民出版社2016年版。

② 例如 David Hildebrand, *Beyond Realism and Anti-Realism*: *John Dewey and Neo-pragmatists*, Tennessee: Vanderbilt University Press, 2003。该书借用杜威的思想资源，提供了一条超越新实用主义者（主要是罗蒂和普特南）实在论和反实在论之争的思路。

知识的作用，“世界”因此在某种意义上变得失落了。与世界对立的“语言”似乎获得一定程度上的自由，凭借语言我们就可以完成许多事情，罗蒂甚至倡导世界的完全失落（well-lost）。然而，在这种语境下，即便是塞拉斯、戴维森和布兰顿这样积极批判经验主义的人物仍然在某种意义上保留对（经验）世界的谈论，“世界”有着被重拾的可能。拙著认为以戴维森和布兰顿等人为代表的理性主义研究进路恢复的世界至多只是作为语言对象的语义世界，而以米丽肯、德雷斯基等人为代表的自然主义研究进路则有可能恢复直接的自然的世界。拙著最后以一种差强人意的方式融合理性主义和自然主义的探究，即借助实用主义式的实践概念，在做的实践活动（doings）中吸纳自然主义的一面，然后在说的语言活动（sayings）中将之表达出来。这种理解蕴含两个进一步的推论：第一，（自然）世界和（语言）世界不存在本体论意义上的界限，重拾的“世界”是兼纳自然和语言的丰富世界；第二，自然中已经生发了语义因素，这类语义机制与后来成熟的语言的语义机制是一贯的（虽然后者无疑比前者丰富一些），在此意义上，即便是自然世界，也从未失落，它仍然在我们的认知范围之内。

本书对表征论的探究在一定程度上是对拙著的补充和发展，尤其深化了细节上的讨论。第一章“塞拉斯的科学表征论”首先阐述了塞拉斯对所予表征（the given）的批评，即否认存有作为知识基础的非认知性的感觉材料。然而，塞拉斯并未从对所予表征的批判走向对自然世界的完全放弃，颇具意味的是，他承诺了很强意义上的实在论，我们可以将之称为“科学实在论”或“批判实在论”，“科学的”含义在于，科学是衡量实在所是，或非其所不是的尺度，实在是在科学的探究中被呈现的——在此意义上，我们可以谈论某种科学表征；“批判的”含义在于，塞拉斯强调科学共同体的作用，共同体内的成员可以在科学研究中完成自我调整和自我发展的事业，从而促进科学本身的发展和科学语汇的更新，以及对实在的进一步揭示。

第一章还借机讨论了皮尔士的强实在论立场。皮尔士的强实在论可以提供一个尺度，我们可以借以衡量各类实在论或反实在论在关于(自然)世界的本体论承诺上的程度(或理论限度)。在讨论麦克道威尔和布兰顿对塞拉斯思想的阐释中，我们发现表征的实在论维度方面存在很大争议，麦克道威尔和布兰顿否认实在概念的必要性，认为实在论是一个不甚紧要的问题；即便我们可以在很大程度上消除麦克道威尔、布兰顿与塞拉斯之间的思想隔阂，但是，对待实在论的不同理论态度的确体现了他们之间明显的思想差异。

第一章呈现了表征的实在面孔，承诺实在——不管是何种意义上的实在——意味着没有放弃外间世界对知识的限制作用；而放弃实在，则可能意味着放弃对外在世界的承诺。第二章“普莱斯的反大写表征论”讨论了普莱斯劝使我们放弃再现外间自然对象这类事业的理由，在他看来，我们的世界全然是由语言所表达出来的，不存有(exist)外在于语言表达范围的对象。普莱斯的全局表达主义强调了语言表达的作用，他对大写的表征论(Representationalism)的批判与罗蒂对“镜喻哲学”的批判有着异曲同工之妙，但与罗蒂引起的反响类似，普莱斯或许有些激进的观点受到了其他一些哲学家的质疑。普莱斯基于表征论所面临的“概念和对象基数上的不对称性”问题，以及“认识的起点无可避免地渗透了主观构造”这些事实而否认承诺了外在实在的大写的表征论，他进而提倡的全局表达主义认为，表达的范围就是世界的全部范围。布兰顿认同普莱斯的诸多洞识，但他认为存在可以接受的外表征(e-representation)语汇，即在实践的活动中获得的关于世界的实质经验语汇，它们构成了表达主义的表达资源。普莱斯和布兰顿的观点差异将我们进一步引向了表征论关涉经验世界的理论“限度”问题以及对世界的本体论身份问题的思考。此外，霍维奇(Paul Horwich, 1947—　)和吉伯德(Allan Gibaard, 1942—　)的相关批评也促使我们进一步思考表征关涉世界的理论限度问题，这在某种意义上再度把我们引向了对表征的实在面孔的思考。

第三章“戴维森和布兰顿的语义表征论”有意将戴维森和布兰顿关联在同一思想脉络中进行讨论，揭示他们之间的思想关联。该章以弗雷格(Gottlob Frege, 1848—1925)的句子分层理论为参照，在具体讨论戴维森和布兰顿对弗雷格思想的承继中阐述了表征的语义和语用面孔。弗雷格的句子分层理论蕴含着以句子为基本单位，以“真”为起点，以谈论句子真值的方式谈论词项的指称等基本洞见；在某种意义上，弗雷格哲学中的“真”有着先验性。戴维森和布兰顿对弗雷格的思想均有所继承，也有所背离。戴维森以先验的“真”保证意义，但他同时发展出了彻底的解释理论，丰富了后验的语用维度。布兰顿则丢弃了“真”之先验性，将“真”视为推论的“善”(“好”，goodness)的属性。他试图结合形式语义学(formal semantics)和实质语用学(material pragmatics)的哲学事业，将确认词项的指称活动放置在开放性的社会实践活动之中。通过这些讨论，我们会发现弗雷格影响后世分析哲学的一条深层线索，同时也能对戴维森和布兰顿的哲学特质有更为深入的理解。从表征论的视角看，在语言哲学中提问语词如何或是否可能在外间世界中有一个指称，即提问是否存在一个位于外间世界中的表征物，该物构成了语义言谈的最终指向。关于真、意义和实在的讨论也揭示了表征的两副面孔，即在语用层面关涉的外间世界中的内容，以及在语义层面谈及的语言内世界的有意义的对象。本章的讨论不仅意在揭示表征的两副面孔，更为重要的是指明戴维森和布兰顿的语义表征似乎无法切实地关涉外间世界中的对象(物)，尽管他们二人均承诺了外间世界的客观性。

第四章“麦克道威尔的直接表征论”首先讨论了麦克道威尔质疑戴维森和布兰顿所谈及的语义表征能否保持对外间世界中经验内容的实质关涉这一问题。在麦克道威尔看来，戴维森和布兰顿哲学过于强调信念和概念的一面，从而有可能使得人们仍然有着失去经验世界的危险。麦克道威尔哲学的一项重要成就在于，恢复经验之于知识的证成作用，为此他对经验概念做出了改造或新释。经验概念在麦克道威尔那里不再是对外在刺激单纯被动的接受，而是一个融合了感性接受性(sensory receptivity)和理性自发性(rational spontaneity)的过程，从而在经验中我们与世界无中介地接触，同时经验的内容已经是概念化了的内容，故而可以作为知识的来源和基础。本章通过讨论麦克道威尔和德雷福斯之辩中所蕴含的存在论旨向，披露了如下基本立场的深层根由：感性和理性是经验不可分的两面。基于这一理由，麦克道威尔指责戴维森在融贯的信念整体与需要对照而符合之的外在世界之间设置了一种新的二元论，从而承诺了独立于心灵的外在世界，将感性一面的内容剥离并独立出去；在麦克道威尔看来，布兰顿则过于强调理性推论的一面，从而有着无法切实保证感性经验一面的可能。第四章后半部分的讨论试图融合三人的思想，这种可能性的基本根由在于，三人均抵制所予神话，均未承诺不可知意义上的实在；麦克道威尔式的经验概念与戴维森的知觉信念、布兰顿承诺的实践活动中的语用语汇有着相通的主要性质，即既收纳了世界中的内容，又可为理性所进一步使用(use)。麦克道威尔为三人的思想提供了清晰的整幅图景，而戴维森和布兰顿则提供了理性一方更为精致的细节。三人思想的融合揭露表征可能有着关涉经验世界的直接性意指。然而，表征中直接再现的内容与普莱斯所反对的大写的实在、皮尔士所承诺的理想认知最终关涉的对象有着本质的不同，根本地说，大写的实在是独立于心灵的，而在麦克道威尔式的经验中呈现的实在仅是在推论活动中，在历史和文化的发展中，在愈发成熟的科学中渐渐呈现的世界——此意义上的世界始终是在可知范围之内的。

如若否定大写的实在论立场，我们可以在尚未被认知的意义上承认世界的外在性，未被认知的世界作为一种可能性而等待在认知活动中被现实化，然而，麦克道威尔似乎未能就“如何被现实化”，即如何把感性经验内容呈现为“什么”的理性经验对象的过程提供细节性的解释。戴维森和布兰顿尽管在理性一方为我们提供了细节，然而我们此时需要的是对“自然经验到理性概念的过渡何以可能”的阐释，第五章“米丽肯的自然表征论”的部分任务便在于提供这样的解释。米丽肯一般未被视为新实用主义者，也鲜有对实用主义思想的评论，她与实用主义的主要关联可能体现在与杜威思想的类似之处，以及对布兰顿的思想评论上；实际上，这些关联仍然是微不足道的。尽管如此，笔者希望通过第五章的阐述，能够将米丽肯添加进新实用主义的队列中。①

第五章的讨论将会让我们看到，米丽肯与已经讨论过的普莱斯、布兰顿、戴维森以及麦克道威尔明显的不同之处在于，她是一名自然主义者，她的哲学探究起点直接是自然的。米丽肯近来敦促人们放弃使用“概念”，抵制语言与世界分立的二元论图景；她提出“殊念”(Unicept)和“殊踪”(Unitracker)两个新概念，用以发展和完善她一贯的自然主义进路。承认概念存在容易诱导人们认为在概念和内容之间有着映射(mapping)关系，从而认知的目标在某种意义上被认作是实现概念和内容之间的精确连线。米丽肯认为，根本不存在概念这种东西，我们所使用的实际上是殊念，所谓殊念，即是一个信息网络节点(knot)，例如“奶奶”，不同的人对“奶奶”所关涉的殊相对象具有不同的信息，用于识别该殊相的信息网络即为殊踪，而可用于识别该殊相的信息凝结成一块的节点则为殊念，它同时体现为用法和能力，即殊念的拥有者能够使用该殊念识别相关殊相，例如奶奶。殊念体现了一种十分不同的认知方式，因为信息首先是一种自然的因果信息，从而殊念的根源在于外间的自然；此外，我们还可以从第五章第二节和第三节等处的讨论中得出笔者如下的进一步判断，即信息还可以是语义的，从而殊念在一定范围内可以发

① 各种“主义”的标签只应帮助我们更为快速、有效地理解某些哲学家的思想特征，把握一些问题的讨论线索，而不应成为思想发展和融合的阻隔。

展为语义节点。按此理解，米丽肯版本的生物语义学和信息论能够为我们提供直接从自然语义中发展出语言语义的一条可行进路，动物和理性生物之间不存在能力上的实质断裂，我们能动者(agent)当然也未与世界分离，更遑论放弃世界。当然其中有诸多需要展开的细节，第五章主要旨在俘获其中一些关键的线索，同时也通过对米丽肯与布兰顿、埃文斯和麦克道威尔之间思想关联的讨论，进一步解释融合米丽肯式的自然主义进路与布兰顿式的理性主义进路的可能。

米丽肯哲学不仅向我们呈现了表征的自然面孔，也为我们弥补"正统的"新实用主义者(如布兰顿和戴维森)无法直接谈及世界，或(如麦克道威尔)无法为经验何以融合理性自发性和感性接受性提供细节这些缺陷提供了可行的解决方案。自然主义进路的引入，以及自然主义和理性主义两条进路的融合，不仅为我们带来了语言与世界关联的更为丰富和合理的细节，呈现了表征更为丰富的面孔，也为我们融贯地配置表征的诸面相提出了更高的要求。

第六章"融合表征诸面孔的自然主义方案"试图以一种自然主义的方式融合前五章所有关于表征的讨论。这一章首先基于对塞拉斯发展自康德的类比论证的思考以引出自然空间和规范空间的连续性论题。类比论证旨在连接起世界的物理图像和精神的心理图像，然而，塞拉斯似乎承诺了物理图像和心理图像之间的严格同构，从而希冀心灵一面的科学语汇最终能够实现对世界完全复绘，这样一来，塞拉斯便隐在地承诺了物理图像和心理图像(显像图像和科学图像)之间的二元论。借助米丽肯的思想，我们可以根除这种二元论。而后，本章借助米丽肯和布兰顿的思想资源，尤其是布兰顿在其近著《信任的精神》中关于自然空间发展至规范空间的直接思考，给出了一道从自然通向规范的直接的昌明之路。在这条有着历史性的发展道路上，表征的诸面孔均可以找到其合宜的位置。



"结语"更为清晰地阐明了对表征诸面孔的合理安置。该章首先概述了本书的问题线索，如下表 0-1 所示，在语言与世界的关系上，我们有如下三种选项以及相应的三种表征的标准面孔：

**表 0-1　表征的三种标准面孔**

| | 语言 | 世界 |
|---|---|---|
| **语言** | A | B |
| **世界** | B | C |

A：**语言的首要性**；否认世界存在，认为共同体所使用的语言的范围就是世界的范围，但在二者的关系上可能持有：(A1)彻底放弃世界，认为语言的言谈已经足够；(A2)认为语言的言谈需要保持对外间世界的实质关涉或应答；

B：**语言—世界关系**；承认语言和世界均是必要的要素，但在二者的关系上，可能持有：(B1)认为二者处于二元对立中的传统图景；(B2)认为二者处于连续关系之中的实用主义图景；

C：**世界的首要性**；描述主义或还原论的立场，认为认知的探究最终实现的是关于世界中本然之物的认识，但就此而言，仍然可以区分：(C1)世界中的对象是可被认知的，对象的“外在性”只是相对于已有的知识范围而言的；(C2)存在不可知的物自体本身。

概括地说，第二章中(a)普莱斯-罗蒂立场支持($A_1$)而否认($A_2$)；第二章以及第三章中(b)布兰顿-戴维森-吉伯德立场批驳($A_1$)和($B_1$)而支持($A_2$)和($B_2$)；第四章中的(c)麦克道威尔立场则试图支持($B_2$)；第五章和第六章(d)米丽肯立场或连续性立场则进一步批驳了($B_1$)，并为对($B_2$)的论证提供了更为丰富的细节。

本书支持的是(b)—(d)，即认为($A_2$)($B_2$)以及($C_1$)是正面的立场，这些立场综合地体现了语言和世界处在连续性的关系之中，语言未与世界分离地表征（表达）世界中的内容，外间世界本身作为能动者所置身于的环境，因而从未失落。语言是打开世界的方式，语言的丰富和世界的丰富是同一个过程。这是一个古典实用主义式的结论，本书为这一结论提供了相关具体的细节。在这幅理论图景之中，表征的实在、语义、语用等面孔处在一个连续与融贯的关系之中，认知的界限也一路向下拓展至自然的范围。

# 第一章　塞拉斯的科学表征论

知识的来源和根据是什么？这是认识论的一个根本问题。对此问题的回答，新实用主义者们为我们提供了甚为丰富的选项，其中，以塞拉斯、麦克道威尔和布兰顿为主要成员的匹兹堡学派为我们上演了一折精彩纷呈的思辨大戏，他们就是否需要保证知识之于世界的应答性，是否需要实在概念，如何理解实在、经验或知觉的本质，以及是否可能仅在理由空间内以推论的方式谈及表征等相关问题进行了深刻且细致的讨论。

本章将首先在第一节中阐述匹兹堡学派家长塞拉斯对所予表征的批判，及其科学实在论所承诺的强表征概念。所予表征是指作为知识基础的非认知性的感觉内容，这种内容是未经反思地被给予我们的，它源自作为认知目标的物—本体，在此意义上，所予表征扮演着迈向外间世界的经验通道的角色。塞拉斯否认这样的所予表征存在，但他又认为我们不能因此放弃世界，放弃对本体的承诺，在此方面，我们将在第一节的后半部分中看到，塞拉斯发展出了他的直接实在论（有时也被称为科学实在论、批判实在论）思想，他所承诺的实在以科学为判定尺度，但这类实在同样是在外间世界之中的实存，如何保证这一点而不陷入他所批判的所予神话，这是一个难题。简单地说，塞拉斯的回答是，**概念或语句的意义在于对事物进行分类，而非是对概念或语句与对象或事实之间指称性的关系的解**

**释，从而我们运用语汇阐明的便直接是事物之间的关系，而非是对语言和世界之间对应关系的描述**，科学语汇因而可以成为披露与衡量事物实际所是的尺度。

塞拉斯的实在论思想与皮尔士相近，笔者也将会在本节中讨论皮尔士的知觉理论和实在观，以此为理解塞拉斯的思想提供一个参照；另一方面，皮尔士的强实在论或许是实在论可能拥有的最强形式，与之对立的是罗蒂和普莱斯版本的反实在论，我们因此可以在讨论表征论和实在论问题时也能够有一个思想参照。

麦克道威尔和布兰顿在继承塞拉斯的一些重要思想的同时，对他的实在论思想主要持怀疑或批判态度。第二节中，我们将会看到，麦克道威尔批评塞拉斯在理由的逻辑空间和自然的逻辑空间之间划出了一道界限，认为作为线下空间，即自然空间内的成员，例如感觉所予，是非认知的对象。麦克道威尔认为不存在这样的界限可划，在理由的逻辑空间内运作的理性能力可以一路扩展下去，从而含括线下对象，使之成为可被认知的和吸纳入理由空间内的对象。笔者将在该节中为塞拉斯作某种辩护，认为麦克道威尔的批判实质上与塞拉斯本人的思想并无矛盾，然而他的批驳能够帮助我们对塞拉斯的思想获得更为清晰的理解。与此相关，第三节中，我们将会看到布兰顿则认可我们需要在理由的逻辑空间和自然的逻辑空间之间划出一道泾渭分明的界限的做法，布兰顿强调塞拉斯的重要贡献在于他所发展出的理性推论主义一面，而认为没有必要保留对实在或本体的谈论。

麦克道威尔和布兰顿对塞拉斯的相关批评将我们带到问题的焦点之上：是否需要实在？然而，这是一个需要谨慎地加以分层作答的问题，在当前的讨论中，我们可以追问塞拉斯和皮尔士所承诺的实在是什么意思？相关意义上的实在论与麦克道威尔和布兰顿的思想是否有兼容的可能？如若不可能，原因在哪里？本章将会涉及对这些问题的初步回答。简单地说，塞拉斯和皮尔士承诺的实在是一种独立于理论探究但可被认知的客观实在，它只有在认知探究的终点处才能为理想的共同体所完全界定。笔者认为，其中的理想性并不是一个问题，关键在于实在的理论独立性特征，因为，如若承认了独立性，那么实在便拥有超越于当下理论的某种理想性；真正的问题在于，如若从当下的实际理论出发，能否有权或有必要承诺实在？塞拉斯和皮尔士提供了肯定的回答，而麦克道威尔和布兰顿的答案则为否。

实在论是表征论中的一个核心问题，根据导论中的定义(0.1)，世界的理论身份问题实际上就是一种实在论问题，根据定义(0.2)，我们能够谈论什么或向我们呈现的是什么，这里的“什么”即指表征，如若实在存有，表征便有着它的动词性用法，我们能够有着去表征(to represent)的什么，此时名词性的表征(物)可被理解为实在；如若实在不存有，那么表征将不具有它的动词性用法，作为“世界”图像的名词性表征将会有它的其他理论面貌。

# 第一节　塞拉斯对所予表征的批判和实在论思想

## 一、对所予表征的批判

传统经验主义者一般会在现象与本体(Phenomenon/Noumena)之间作出区分，根据康德的解释，“有事物作为存在于我们之外的我们感官的对象被给予我们，但关于它们就自身而言可能是什么，我们却一无所知，我们只认识它们的显像，也就是它们在刺激我们的感官时在我们里面所造成的表象”①。从而知识的探究只能以现象(表象)为起点，在康德那里，它是能为知性范畴所把握的材料，从而能够为理性所理解。然而，现象并未失去对本体的应答，我们可以

① 康德：《未来形而上学导论》，康德著作全集第4卷，李秋零主编，中国人民大学出版社第2005年版，第291页。

通过对现象的认知而获得关于本体的知识。塞拉斯指出，这种意义上的经验主义者认为，“看上去”的现象蕴含了更为本质的“是”的本体，事物实际之所“是”构成了事物看上去如何的基础。[①]认为知识需要一个经验性的基础，这是认识论的一个核心想法，塞拉斯在反所予神话这一标题下所从事的事业即是对这一想法的批驳。在《经验主义与心灵哲学》中，塞拉斯直接处理的是关于感觉材料的所予论者，即认为知识需要以某种被给予的、非认知的感觉内容或物质对象为基础，这种被给予之物是一种所予，在本书中，我们可以称之为所予表征。

举例来说，感觉材料理论家们认为，苹果看上去是红色的乃是因为苹果实际上是红色的。然而，塞拉斯认为这种解释是成问题的，因为它非法地设定了可以作为知识基础的基质——塞拉斯称之为“所予”。在认识论的情形中，所予表现为从对殊相的经验中获得的感觉材料，(1.111)这种感觉是一种非推论地认识到(non-inferential awareness)，但尚不是知识地认识到(epistemic knowings)[②]，即这种感觉仅是对殊相的单纯呈现，此时尚未形成关于该殊相的任何知识；如若获得知识，我们需要能够说出该殊相是什么，从而，(1.112)“感觉到是”成为一种认识到的形式，请注意，此时被感知到的是事实而非殊相，其中，事实是意义(significance)或语力(linguistic force)可以附着其上的一个单位，它可以作为命题内容，即可以作为命题态度的归因。所予论者试图兼得(1.111)和(1.112)，其中，(1.111)承诺了本体，(1.112)则是一种知识地认识到，从而本体可被获知，可被接纳为知识的对象，在此意义上，(1.112)承诺了本体的可认知性。

---

① 参见塞拉斯：《经验主义与心灵哲学》，王玮译，复旦大学出版社2017年版，第27—37页。

② 本书中括号内英文不一定依循相关作者的原始用法，有时附上仅是为了帮助读者获得更为清晰的概念上的辨识。

然而,问题恰在于所予论者无法兼得两者。我们缘何作出某物是什么的判断呢?显然,我们无法依据尚不具认知形式的(1.111)意义上的非推论报告,此时我们尚未获得"是"的判断形式。然而,从(1.111)到(1.112)的推论则隐含了从非认知状态到认知状态的非法跳跃,所予论者的关键任务恰在于对非认知的如何成为认知的提供解释,而不能逃避这项认知责任。如果我们仅能依据从事物之于我们"看上去"(looks)的样子推知事物"是"(is)什么,那么问题在于(1.113)从事物"看上去"如何是否能推知出一个具有独立性的事物实际之所"是"。如果所予论者恪守感觉材料的直接性,那么问题便在于,(1.114)我们是否可以依据事物所"是"而知道事物"看上去"如何。

塞拉斯的解释策略是,认为事物"是"什么在逻辑上(概念上)优先于事物"看上去"如何,但在实际的解释次序中,事物"看上去"如何是先行的,布兰顿从中解读出了规范主义思想。

具体来说,塞拉斯定义道,"x 是红的·≡·x 在标准条件下之于标准观察者看上去是红的";[①]塞拉斯指出,这必然是真的,但这并不是因为全等式右手边定义了左手边,更不是基于左手边可能寓示的事物实际之所"是"而定义了右手边,而是因为"标准条件"构成了事物看上去是其所是的条件。标准条件是一种日常话语,例如某一语言共同体明晰或隐在地规定在正午时分光照下的 x 的颜色是其所是的颜色,这种对"是"的定义是依据共同体内的规范而做出的。因此,"是"呈现的不是某种超越于规范之外,构成规范基础的所予;相反,规范构成了某物是其所是的逻辑上的先在条件,只有依据特定的规范才能知道事物是什么。

另一方面,当对 x 看上去如何持不同意见时,我们实际上也是在规范的空间内界定分歧并进行交流、增进理解,用塞拉斯的例子

① 参见塞拉斯:《经验主义与心灵哲学》,王玮译,第 35 页。译文略有改动。

说，在现代灯光照明系统出现之前，领带店依赖自然光照明，蓝色的领带看上去且实际上是蓝色的；但在领带店进行光照系统改造后，由于灯光是黄色的，光线照在蓝色的领带上，使其看上去是绿色的。对此一无所知的小约翰没有发现灯光照明系统的影响，认为店里的这条领带是绿色的，当吉姆把领带拿到外面并告知约翰“这条领带看上去是绿色的，但实际上是蓝色的”时候，约翰起初或许会感到困惑不解，然而在吉姆向约翰普及了一些色彩混合知识，告知他现在的灯光是黄色的等事实之后，约翰便会明白作出“领带是蓝色”的判断的标准条件，以及如何从“领带看上去是绿色的”推知“领带是蓝色的”。[①]然而，这一过程不涉及任何外在于规范的自然事实，对某物看上去如何以及是什么的理解均是在规范的空间内进行的。在此意义上，可以推测塞拉斯对问题(1.113)和(1.114)均给出否定回答。我们也将会在本章第二节以及第三章第三节中看到，布兰顿发展了塞拉斯所强调的规范维度。

我们已经看到，对某种外在之物做出承诺的感觉材料理论试图将对外在殊相“感觉到”的内容视为一种“认识到”的基础，从而“感觉内容”既具有之于殊相的关涉性(of/about-ness)，又同时可以充当推论或概念事实；然而，塞拉斯对所予性感觉材料的著名批评揭示了，感觉材料理论家们无法同时保证感觉内容的两种身份，即既作为关于世界的内容，又作为概念的内容。[②]实质上，感觉内容从它的非推论形态过渡到认知形态是一个生成概念的复杂过程，对于感觉材料理论家而言，由于内容仅是被“感觉到”，所以(1.115)X感觉到红的感觉内容S仅能是非推论地认知到S是红的；并且，我们也不能借助在社群里习得的任何能力(这根本上是一种组织和整理事务的概念能力)来获得感觉内容，从而(1.116)感觉到感觉内容的能力是非习得的；此外，又由于感觉内容是被“认识到”的，(1.117)认

① 参见塞拉斯：《经验主义与心灵哲学》，王玮译，第30—31页。
② 同上书，第14页。

识到X是Φ这个事实的能力是习得的。(1.115)—(1.117)都是感觉材料理论的关键命题,但塞拉斯认为它们构成了一个矛盾的三元组,认同任何其中两个命题都会造成对余下命题的反驳:(1.115)和(1.116)衍推出"感觉内容是非认知性的",即非(1.117);(1.116)和(1.117)衍推出"我们可以运用习得的能力赋予感觉内容以概念形式,从而感觉内容推论地被认知",即非(1.115);(1.115)和(1.117)的怪异组合直接将非推论与推论的内容相对应,从而省却了对实际的感觉过程的分析,即非(1.116)。[①]感觉材料理论是不自洽的,其中的根本原因在于,我们无法将感觉内容实质上不同的两种属性,即非推论性和推论性(或非概念性和概念性),不加反思地黏合在一起。

## 二、科学实在论和自然主义唯名论

### (一) 塞拉斯的科学实在论

有意思的是,塞拉斯认为,我们虽然是在理由的空间内描述经验片段,但这并不会因此否认经验片段的实存。如上所述,塞拉斯强调知觉的概念性,但他同时又强调知觉是直接的,即非推论的,这两种看似矛盾的观点构成了塞拉斯直接实在论富于张力的关键内蕴。

塞拉斯指出:"物理对象是实在地且直接地被知觉到的,但没有比看到物理对象以及看到它们是什么更为基本的(视觉)知识了……"[②]显然,塞拉斯必然否认知觉能将我们带到物理对象"本身",这将犯下经验材料理论所犯的错误;关于知觉,他也不能仅强调在成熟的理性空间内推论地界定知觉内容,这将取消知觉的直接

① 参见塞拉斯:《经验主义与心灵哲学》,王玮译,第16—17页。

② See Wilfrid Sellars, "Phenomenalism", In *Science, Perception and Reality*, Atascadero: Ridgeview Publishing Company, 1991, p.87.

性和实在性。于是，留给塞拉斯仅有的策略似乎是：认为(1.1211)知觉的非推论片段设定了理性能动者有着能够阐明它的背景性知识[①]，从而(1.1212)存在一个语言转化的入口，能够将尚未进入理由空间的知觉(主体在世界中的行动)转化为理由空间内的知觉(主体对世界的知觉)；[②](1.1213)这一转化过程是为知觉提供理由的过程，在此过程中，我们表达或阐明了知觉的内容而非表征了外在的物理对象；语言的入口处，我们不是将某种外在于理由空间内的事物引入理由空间，相关操作的最小单元至少具有可被认知的可能性；(1.1214)这一过程实现的是知觉状态和知觉对象的同一性，而非概念内容与外间对象的同一性。[③](1.1215)并且，甚为关键的是，在塞拉斯那里，**语词或语句的意义仅在于作出功能性的分类，而非作出某种指称性的解释。因而语词或语句向我们披露外间对象之间的关系，它们未在语言和世界之间拉开一段距离，而后描述相关的因果指称关系。**[④] 基于上述理解，我们认识到，根据塞拉斯策略，我们无疑可以言及某种意义上的实在，但这种实在并未超出可知的范围之外。这里的难点或许在于(1.1211)，知觉的非推论片段如何作出那般设定从而具有可理解性？塞拉斯在《科学与形而上学》[⑤]中将知觉的非推论片段勾绘为某种可理解的知识基础，并构成了科学形而上学的依据。关于(1.1211)的疑问将我们引至塞拉斯对科学实在论的讨论之上。

---

① See Wilfrid Sellars, "Being and Being Known", In *Science, Perception and Reality*, Atascadero: Ridgeview Publishing Company, 1991, pp.44—45.

② See Wilfrid Sellars, "Some Reflections on Language Games", In *In the Space of Reasons: Selected Essays of Wilfrid Sellars*, Kevin Scharp and Robert Brandom (Eds.), Cambridge, Mass.: Harvard University Press, 2007, pp.36—55.

③ See Willem deVries, *Wilfrid Sellars*, Chesham: Acumen: 2005, p.97.

④ See Wilfrid Sellars, "Meaning as Functional Classification", In *In the Space of Reasons: Selected Essays of Wilfrid Sellars*, Kevin Scharp and Robert Brandom(Eds.), Cambridge, Mass.: Harvard University Press, 2007, p.85.

⑤ See Wilfrid Sellars, *Science and Metaphysics: Variations on Kantian Themes*, London: Routledge & Kegan Paul Ltd., 1968.

塞拉斯将科学视作描述实在的准绳，“在描述和解释世界方面，科学判定一切事物，判定事物是其所是，或不是其所不是”，从而，他用“世界的科学图画取代常识图画；……‘何物存在’的科学描述取代日常生活的描述存在论”[1]。对实在的描述是在一个科学框架内进行的，认知实在的事业因而变为修缮科学框架的事业。

在阐述他的实在论思想时，塞拉斯从皮尔士那里借用了殊型(token)和类型(type)的区分，前者是一类自然殊项，例如红，后者是一类心理项或理论项，塞拉斯将之写作·红·。塞拉斯还借用了皮尔士的“习惯”这一概念，认为习惯反映了把·红·与红的稳定关系，即倾向于使用·红·描述红，其中的根由在于，“感觉已经是一种认知能力，感觉行为属于意向的序列，属于意义的序列……”[2]“通过对我们想要作出的行动和行动的条件作出科学的概念分析，**我们将由科学理论所把握的世界和我们的意图直接联系起来，让它变成我们的世界，对我们生活于其中的世界而言，我们不再是异在的附属物。**”[3]如此一来，由于理论语汇·V·与观察语汇 V 不是两相排斥的语汇，我们已经学会使用理论语汇直接对世界作出描绘，物理学家们能够说，他们在云室里看到了 α 粒子本身，尽管这里的观察是对 α 粒子本身的推论报告。[4]在此意义上，塞拉斯的实在论是一种直接实在论。当然这一报告可能是错误的，但是，我们可以通过使推论变得更为稳固和有效的方式，例如改善描述因果关系的科学框架，从而在规范空间内改变或精准化我们与实在的接触。在此意义上，塞拉斯的实在论也是一种批判实在论。共同体在改善科学框架上无疑发挥着重要作用，然而，在塞拉斯那里，我们不应忘记

---

① 参见塞拉斯：《经验主义与心灵哲学》，王玮译，第 65—66 页。译文略有改动。

② See Wilfrid Sellars, “Being and Being Known”, In *Science*, *Perception and Reality*, Atascadero: Ridgeview Publishing Company, 1991, p.44.

③ Ibid., p.40.强调字体为笔者所加。

④ See Willem deVries, *Wilfrid Sellars*, Chesham: Acumen, 2005, p.148.

实在的准绳是科学，科学具有首要的地位。[①]

（二）塞拉斯的自然主义唯名论

罗蒂曾评论道，塞拉斯把分析哲学从它的休谟阶段推向了康德阶段，即将哲学探究起点从旧有的逻辑常项同个体对象之间的映射或指称关系推进到概念之间的逻辑关系。[②]与此相关，罗蒂和布兰顿把塞拉斯的追随者区分为左、右两派[③]，其中右派认为"在描述和解释世界方面，科学判定一切事物，判定事物是其所是，或不是其所不是"[④]，科学的描述和解释仍需对世界中的对象负责；左派则认为："在描述知道这种状态或某一片段的特征时，我们所做的并不是关于片段或状态的经验的描述；我们把它们放置在理由的逻辑空间内，在其中我们能够提供证成并能够证成某人的言语。"[⑤]左、右两派的对立致使人们易于将理由的逻辑空间（logical space of reasons）和自然的逻辑空间（logical space of nature）截然对立起来，这进而使得人们难以理解塞拉斯的实在论思想，乃至构成了下一节中所要讨论的麦克道威尔和布兰顿对塞拉斯诸批判的问题症结。我们不妨此处再赘议一节来讨论塞拉斯的自然主义唯名论，这种唯名论既与实在论相容，也有着反驳柏拉图主义实在论的要旨，借此

---

① 科学之于由人构成的优先地位尤为体现在科学图型（scientific image）和显像图型（manifest image）的关系上，相关讨论请参见 Wilfrid Sellars, "Philosophy and the Scientific Image of Man", In *In the Space of Reasons: Selected essays of Wilfrid Sellars*, Scharp K. and Brandom R.(Eds.), Cambridge, Mass.: Harvard University Press, 2007, p.373; Jay Rosenberg, "On Sellars's Two Images of the World", In *Empiricism, Perceptual Knowledge, Normativity and Realism: Essays on Wilfrid Sellars*, Willem deVries(Ed.), Oxford: Oxford University Press, 2009, pp.292—293；以及下文中的相关讨论。

② See Richard Rorty, "Introduction", In *Empiricism and Philosophy of Mind, with an introduction by Richard Rorty and a study guide by Robert Brandom*, Cambridge, Mass.: Harvard University Press, 1997, p.3.

③ See Robert Brandom, *From Empiricism to Expressivism: Brandom Reads Sellars*, Cambridge, Mass.: Harvard University Press, 2015, pp.30—31.

④ Wilfrid Sellars, *Empiricism and the Philosophy of Mind*, Rorty R. & Brandom R.(Eds.), Cambridge, Mass.: Harvard University Press, 1997, § 41.

⑤ Ibid., § 36.

我们可进一步理解塞拉斯实在论的蕴意。

一般来说，日常思维中我们不会对外在对象的实存产生怀疑，例如就一块石头而言，当我们被它砸到脚时，引发的感觉会让我们明确无疑地确信它的“坚硬性”(hard-*ness*)，“坚硬”这种属性似乎是真实不虚的，从而属性所能归因于的那一事物诚然也真实存有。如此一来，不仅石头这样的具体对象是实存的，而且“坚硬性”**这类抽象对象也有着实存性。**那么，理论语汇·V·也将总是可以指称某类对象，无论该对象是具体的，还是抽象的。塞拉斯通过分析指出了这一常识思维中隐含着的柏拉图主义错误，从中我们还可以得出一种不但不违背理性，还同实在论相容的唯名论。

我们继续以“石头是硬的”这一陈述为例来进行分析。这一陈述有着如下的逻辑形式：[①]

(1.1221) S是f

其中，S代表“石头”，f代表“坚硬性”。如果我们对(1.1221)进行一般化的处理，那么可以得到：

(1.1222) (∃f)(S是f)

然而，我们将存在量词符号“∃”在日常语言中不审慎地读作“存在”，因而带来有着如下形式的表述时，问题便从“后门”溜进来了：

(1.1223) 存在一个f，并且S是f

(1.1221)和(1.1223)中的f已然有着不同的内涵，其中，(1.1221)中

---

① 以下推理过程参考Willem deVries, *Wilfrid Sellars*, Chesham: Acumen, 2005, pp.72—75。

的 f 是一个形容词，而(1.1223)中的 f 则是一个名词。我们在(1.1223)中隐在地赋予 f 以专名的身份，如“hard-ness”(f-ness)。这种隐在的推理错在何处呢？

塞拉斯的洞见在于，否认存在量词(existential quantification)的替换推演与存在陈述(existence statement)有着普遍的关联。[①]我们可以继续分析(1.1223)何以不可能，以便阐明这一点。如果我们试图融贯地理解(1.1223)的话，可以认为(1.1223)前支中的 f 是一个专名，而后支中的 f 则是一个形容词，从而可将(1.1223)改写为：

(1.1224) 存在一个属性 f，并且 S 是 f

此时(1.224)前支中 f 变成了一类属性，例如“坚硬性”“红色”等等，它们可被归因于具体的对象，例如 S。f 发生这种变化的原因恰在于，将(1.1223)中的“存在”所限定的 f 进行量化处理，即 f 实际上是一个可被其他内容所替换的变项，在对 f 进行量化处理的过程中，f 似乎获得了某种作为抽象(abstracta)存在的效果(力，force)。而柏拉图主义者恰在此处“坐实”了 f 的抽象实在，将(1.1224)进一步推及至：

(1.1225) 存在一个属性 f-ness，并且 S 有 f-ness

在(1.1225)中，f 已不再是形容词，“是 f”不再单纯谓述“S”，此时，S 与 f 的关系已经从“是”到“有”了。(1.1225)从将 f 作为存在量词而得出的关于 f-ness 的存在陈述。

塞拉斯拒绝从(1.1221)到(1.1225)的推理，他建议我们可以简单地将(1.1222)这样的表达式改写成：

---

① 参见塞拉斯：《自然主义与存在论：1974 年约翰·杜威讲座》，王玮译，复旦大学出版社 2019 年版，第 33 页。

(1.1226) S is some *how*

通过对 some *how* 的询问我们便能在继之而来的解释中理解 f,其中,(1.1226)中的"some *how*"并不等同为"some *thing*",不加反思地作出这步僭越将会导致(1.1225)所蕴含的关于抽象对象的柏拉图主义实在论问题,即认为存在量词限定了实存的对象(the existential)。

在上一小节关于塞拉斯科学实在论的讨论中,我们认识到关于"how"的方法论探究是一项在科学框架内进行的事业,科学图型(scientific image)对关于外在世界的显像图型(manifest image)应答性所体现的语词—世界(word-world)关系并不是语词—对象(word-thing)之间的指称关系。塞拉斯的高足德弗里斯(Willem deVries)提醒我们,塞拉斯上述对关于抽象对象的柏拉图实在论反驳基于维特根斯坦在《逻辑哲学论》中的一个思想:"'逻辑常项'不指称物。"[①]如果我们放弃"坚硬性""三角形"这类表述指向语言外的实体从而放弃从感觉层面上获得的关于对象这类属性的直观,那么,在塞拉斯看来,"唯名论不再看起来违背理性"[②],因为,科学语汇或逻辑语汇中表达的对象恰是合乎理性地对世界中的对象做出了应答,而非违背理性地对抽象对象的实存做出非法承诺。

我们需再次强调塞拉斯思想中自然主义的一面,方能更为合宜地理解为何唯名论合乎理性。在塞拉斯看来,理论语汇确有其自然主义的基础,但这类基础仅在基础的层次上勾绘了对象之间因果的图像关系(picturing relation),依据这类关系,我们可以"指出"对象,例如,动物对红色的蘑菇做出可靠的反应:避而不食;再者如蜜蜂用以指向蜜源方向的舞蹈。然而,此时的"指出"尚未被"解释"渗

---

① See Willem deVries, *Wilfrid Sellars*, Chesham: Acumen: 2005, p.90,以及维特根斯坦:《逻辑哲学论》,韩林合编译,商务印书馆 2019 年版,4.0312。

② 塞拉斯:《自然主义与存在论:1974 年约翰·杜威讲座》,王玮译,第 97 页。

透，"解释"是一项我们使用科学语汇在理由的空间之内所做的事情，是一项关于图像关系层面的发声行为，即"thinking-it-loud"。稍加解释地说，"it"指因果层面的逻辑关系，此时因为缺乏语汇，理性生物仍然是喑哑的，而只有我们人类这样的使用语汇的生物才能将相关逻辑关系"大声在理由的空间中说出来"，对"it"做出承诺，并接受进一步的审查。

总结而言，塞拉斯的自然主义体现在，对外在对象之间的因果秩序有着优先性的承诺，并在此意义上承诺了处于因果序列中的"个体"的实存；然而，我们仅能在理由空间内言说它们，从而"唯名论"是一项现实的理论结果，但"名"非空名，"名"有着自然的源起，也恰在此意义上，我们看到塞拉斯的自然主义唯名论不但不拒斥实在论，它还能与实在论相容。

关于语言内言说的图像（科学图像）和世界中的因果图像（显像图像）何以有着一致的逻辑内理，我们将在第六章第一节中围绕塞拉斯的"类比论证"来重审当前的讨论。

### （三）一项理论参照：皮尔士论知觉与实在

塞拉斯的观点与皮尔士的知觉和实在观有着可沟通之处，我们可对皮尔士的相关思想进行简要介绍，从而基于思想比较来进一步理解塞拉斯的实在论。除此之外，皮尔士的强实在论思想能够为我们提供一个基线，基于这条基线，我们能够更为清晰地把握本书将要讨论的各类观点的思想位置。

实在之于主体及其判断具有独立性和实存性；它施加于主体的强制性，通过知觉判断理解实在的规范性，以及作为认知目标的目的性构成了勾绘皮尔士实在论三个必不可少的轴度。

就强制性而言，实在独立于所有有限的个体心灵，它是强制地被给予主体的，主体无从选择（被迫）地接受来自实在的效果（effect）。①

① See "Real" Term in M. Bergman & S. Paavola (Eds.), *The Commens Dictionary: Peirce's Terms in His Own Words*, New Edition, Retrieved from http://www.commens.org/dictionary/term/real, 01.03.2019.

独立性或许是实在的应有之义，它既不依附于个体心灵，也无法从关于主体心理状态的分析来抵达实在——这一点体现了皮尔士的反心理主义立场。[①]皮尔士指出："有实在之物，其特点完全独立于我们关于它们的意见；那些实在按照固有规律影响我们的感官……通过感知规律的运用，我们就可以借助推理而确定事物实际上如何……"[②]我们从中可以发现，**实在在施与主体以强制性的影响时，它不是任意而是遵循规律地影响着我们**，这是十分关键的一点，我们将会明白，恰是因为这一特征，我们对实在的规范解读将不会是一种任意的、符合人类主观效用的，或体现为融贯体系的观点，规范的阐释必须对这一规律负责，规范受到实在的限制，规范的更迭和演变受到实在的指引。

就规范性而言，皮尔士虽然强调实在之于主体的作用，但他反对将以因果刺激为内容的心理状态作为探究的起点，在他看来，构成我们推理基础的是知觉判断，它是关于知觉表象(percepts)的基本判断。知觉表象是"我被迫接受的，在这个过程中，我完全无法控制自己，也因而无法作出批评"[③]，在此意义上，它仅相当于单纯的属性，仅仅予以我的思维以积极的刺激而本身无理由支撑且不作为支撑其他事物的理由。[④]知觉判断则是具有向真性(truth-aptness)的命题，关于它的阐释是在共同体的探究活动中进行的。被动接受的知觉表象仅构成实在的呈现条件，知觉判断——它是在规范空间内进行的，对知觉表象的代现(represent)——才是人类认知

---

① See C.S. Peirce, *The Collected Papers of Charles Sanders Peirce*, C. Hartshorne, P. Weiss, & A.W. Burks(Eds.), Cambridge, MA: Harvard University Press (electric versions), 1994, 5.28.

② 皮尔士:《皮尔士论符号》，胡普斯编，徐鹏译，上海译文出版社 2016 年版，第 198 页。

③ C.S. Peirce, "Perceptual Judgments", In *Philosophical Writings of Peirce*, Justus Buchler(Sd. and Ed.), New York: Dover Publications, INC., 1955, p.303.

④ See C.S. Peirce, *The Collected Papers of Charles Sanders Peirce*, C. Hartshorne, P. Weiss, & A.W. Burks(Eds.), Cambridge, MA: Harvard University Press (electric versions), 1994, 7.662.

探究的起点。[①]“我们在知性旅程的起点处，必须找到自身”，[②]应该把实在理解为“心理活动的规范产品”[③]。知觉判断构成了我们推理活动的起点，是知识范围内的事实。[④]

就强制性和规范性两个轴度的关系来说，尤为需要强调的是，在知觉判断中，我们不会因为推理活动的成熟和发展而失去对知觉表象以及实在的应答。知觉表象体现为实在被给予我们的强制性，这是实在得以呈现的充分条件，但实在只能在具有规范性的知觉判断中才能被阐明和表达。实在施于我们的强制性和理解实在的规范性构成了知觉判断中两个充满张力的轴度。[⑤]另一个需要强调的要点是，这种张力并不牵涉某种始终无法被理解的实在，例如物自体；强制性显示了实在展现自身的维度，规范性则显示了将实在呈现于人类理性视域的维度，在这一充满张力的双向活动之中，实在将会得到越来越丰富和精确的呈现。

皮尔士对“实在”作为认知目标的理解或许是他的实在论最富特色且最具广泛影响力的一个地方。皮尔士认为：“我们的信念不

---

① 如果运用符号的三原结构将能更好地阐明知觉表象和知觉判断之间的关系，知觉表象相当于再现体（representamen），它相当于第一性的属性，构成对象呈现的条件；而作出知觉判断则相当于借助解释项（interpretant）把再现体（representmen）表征为对象（object）的认知过程，在此意义上，对象始终已经渗透进了主体的概念运作。相关的讨论请参见李斯卡：《皮尔斯符号学导论》，赵星植译，四川大学出版社 2014 年版，第 159—173 页。

② See C. S. Peirce, “Perceptual Judgments”, In *Philosophical Writings of Peirce*, Justus Buchler (Sd. and Ed.), New York: Dover Publications, INC., 1955, p.303.

③ 皮尔士：《皮尔士论符号》，胡普斯编，徐鹏译，第 158 页。

④ See C. S. Peirce, “Perceptual Judgments”, In *Philosophical Writings of Peirce*, Justus Buchler (Sd. and Ed.), New York: Dover Publications, INC., 1955, pp.308—309.

⑤ 这里似乎涉及一种循环性：只有具有了规范性条件才能表达实在，但只有实在对主体施加效果（effects）时，规范性才有可能生成，实在与规范似乎互为条件，哪一方才是实际的起点？皮尔士认为是规范性的知觉判断，因为这是我们一种别无选择的起点，但我们并不会因此割断自身与实在的连续性关系。进一步的讨论可参见埃科：《康德与鸭嘴兽》，刘华文译，上海译文出版社 2019 年版，第 124—227 页。

是取决于任何人为的东西，而取决于某种外在的永恒之物——取决于某种不受我们思想影响的事物……存在着一些真实之物，它们的性质不依赖于我们对它们的看法；这些真实之物按照固定不变的规律影响我们的感官，尽管我们的感觉随我们与对象的关系的不同而不同。”[①]如上所述，皮尔士承认实在的存有，但这种实在不是康德意义上不可知的物自体，而是“……那种，或早或晚，信息与推理终将产生，因而独立于你我的奇思异想的东西”[②]。故而，在皮尔士看来，实在是所有认知在未来最终指向和实现的东西，实在构成了认知的目的，目的性构成了理解实在的第三个关键轴度。

如果实在是真正实存的，它必然能够或已经对当下的认知活动（包括知觉活动）产生了影响。在此意义上，一方面，与基于心理知觉的意见不同，我们实际具有的信念在根本的层次上以实在为内容，从而在我们寻求知识的过程中起到切实的引导作用；另一方面，在这种探究的过程之中，我们所作出的判断可被理解为关于实在 M 在具体时间 t 的部分表达，此时它已然是一定程度上的知识，但由于我们的认识是一个无限朝向 M 的探究过程，在之后的时间 $t'$ 时，相关的判断可能会变得更为精致和丰富；此外，也由于有了朝向 M 的指向性，这一过程才会是知识累积和增长的过程，而非是意见生成和被选择、放弃的偶然过程。

诸多学者（例如麦克道威尔）认为，皮尔士式的实在只不过暗示了一种理想，它相对于现实的知觉判断而言有着理想的超越性，因而也与物自体那样，不能作为证成的基础，我们完全可以用奥卡姆的剃刀将它剃掉。然而，如果实在在每一知觉中均有着现实效用，根本地，如果还有可被称为知识的认识，如果我们的信念和习惯没有把我们引到怀疑主义的草原上任由我们恣意而为，渐进的知识的

① 皮尔斯：《皮尔斯文选》，涂纪亮、周兆平等译，社会科学文献出版社 2006 年版，第 81—82 页。

② 皮尔士：《皮尔士论符号》，胡普斯编，徐鹏译，第 102 页。

增长无论在任何节点上也不会变成空想，习惯从来就是实在的习惯(a Real Habit)。[①]理想性只不过预示了认识过程的漫长，以及实在向我们的不断敞开。在这样的图景下，最初的知觉判断甫一被给予心灵，它便以一种可为心灵认知的方式被接收，我们自身已然参与到对实在的认知事业之中。在这样的事业里，皮尔士强调以科学的方式确定信念，认为我们可以借由推理和对固有规律的认知来丰富经验、强健理性，从而最终获得一个真实的结论。[②]

这里体现了皮尔士另一个十分关键的洞见，即将形而上学奠基在逻辑学的基础上。皮尔士指出："除非自然界中一直有某种逻辑过程，借此能产生那些自然法则。……由此可以推出：我们一定得希望，在自然界中是可以发现这样一种有关法则进化的逻辑过程的，而且我们科学人的职责就是要寻找到此种过程。"[③]逻辑是万物运行所遵循的轨道，科学的任务恰是将"万物逻辑"揭露为科学规律，受制于规律、法则或逻辑的科学探究必然在进化的过程中结出一个"实在"的果实来。[④]信念尽管关涉实在，但它的确可能以错误的方式关联实在，这便要求我们在探究的过程中在共同体的范围校准信念，实在依赖于理想共同体的最终决定。认知实在的过程是无限漫长的，共同体也将随之完善并发展为一种无限理想的共同体。[⑤]

总结而言，皮尔士的知觉理论将具有规范性的知觉判断，而非物自体施加于心灵的心理状态作为认知起点。皮尔士的实在论则

---

① 参见张留华：《皮尔士哲学的逻辑面向》，上海人民出版社 2012 年版，第 240—241 页。

② 参见皮尔士：《皮尔士论符号》，胡普斯编，徐鹏译，第 198 页。

③ 皮尔士：《推理及万物逻辑：皮尔士 1898 年剑桥讲坛系列演讲》，凯特编，张留华译，复旦大学出版社 2020 年版，第 249 页。

④ 同上书，第 267 页。

⑤ See C.S. Peirce, *The Essential Peirce: Selected Philosophical Writings, Vol.I* (1867—1993), Nathan Houser and Christian Kloesel(Eds.), Bloomington: Indiana University Press, 1992, pp.54—55, pp.150—151.

将实在理解为不受我们观点影响，通过一定规律影响我们的外在的恒在之物，它是科学的探知最终指向和实现的真实之物；它施加于主体的强制性，知觉判断上的规范性，以及作为认知目标的目的性构成了理解实在的三个必不可少的维度。

（四）略论塞拉斯和皮尔士实在论思想的同异

塞拉斯与皮尔士有诸多共识，他们均不把实在理解为某种认知范围之外的物自体，否认这类物自体作用于我们的刺激可以作为知识的根基；他们均强调以科学的方式认知实在，保留对实在的谈论。但是，他们之间也有着关键差异，这主要体现为：塞拉斯更为强调（自然）科学在认知实在上的独特作用，实在受到科学框架的制约，而皮尔士意义上的实在则不受人的观点的影响，它是科学的探究最终达到的目标，因而有着相对于科学框架的超越性。此外，皮尔士科学概念的内涵也要宽泛许多，它指借助推理而获得充分的经验和足够的理性，从而不仅局限于自然科学的探究；从后果上看，皮尔士哲学因为有着更多地通往实在的方式，从而实在概念有着更为宽广的外延。

我们难以思考实在，造就这一困难的事实或许在于，我们仅能在思维中通过语词间接地思考实在，仅能借助"词"（word）来抓住"物"（thing）。皮尔士问道，人与词（man and a word）究竟有何区别？他的回答是："人和词互惠地促进彼此；人的信息的每一次增加都包含了词信息的相应增加。"①人制造了词，词的意义受到人的限制；但是，既然人能够运用语词思考其他词以及外在符号，那么，反向地说，我们必须借助词来进行思考，故而人和词成就彼此。词中收纳了人的信息，词实质上成为人—符号（man-sign）。词是关于实在的思想符号，人运用词表达思想，词是人—符号，人在思想之中，

① C.S. Peirce, *The Collected Papers of Charles Sanders Peirce*, C. Hartshorne, P. Weiss, & A.W. Burks(Eds.), Cambridge, MA: Harvard University Press(electric versions), 1994, 5.313.

从而人也是关于实体的符号。语言是词的整体，从而也是人自身的整体，是思维的整体——这实际上已经是一个形而上的判断，这一判断根本地斩断了词/物的二元分裂，承诺了两者之间的直接性和连续性，从而语言的范围便是世界的范围，是思维的范围，也是人的范围。①人—整体的语言（词—整体）因此才能提供关于实在的完整信息（此时，整体的人也具有关于自身的完整信息），与此相应的人的整体不是指具体的个人，而是未来的共同体，“至于实在是什么，它是在理想的完整信息状态中最终被认知的东西，从而实在依赖于共同体的最终决定……按照这种理解，思维的实存在当下依赖于今后的状态；所以，实存仅具有潜在性，它依赖于共同体的未来思维”②。个体的人，在皮尔士看来，有着“如玻璃般脆弱的本质”，从而易于犯错和被否定，他需要依据共同体的力量来规约自己，并依据这种规约对自己的思维作出调整。

我们容易看到，塞拉斯能够容纳皮尔士实在论思想中的如下两个观点，(1.141)共同体是规约个体的力量，我们应该在主体间的交往中增进知识；(1.142)人与词的关系表明，当人们运用语词来表述世界时，世界从未失落，人—词—世界一道生长。塞拉斯认为存疑的地方或许在于，(1.143)对于塞拉斯而言，皮尔士所指的实在范围似乎比他承诺的要大许多。

① See Floyd Merrell, *Peirce, Signs, and Meaning*, Toronto: University of Toronto Press, 1997, pp.61—64.

② C.S. Peirce, *The Collected Papers of Charles Sanders Peirce*, C. Hartshorne, P. Weiss, & A.W. Burks(Eds.), Cambridge, Mass.: Harvard University Press(electric versions), 1994, 5.316.波兰尼(Michael Polanyi, 1891—1976)版本的科学实在论对共同体的“良心”提出了要求，波兰尼认为人类科学发现的规则更像是一种艺术规则，因为其中有着“人”的属性——而人类的行动纯粹是偶然的——但在“人”努力猜测实在为何物的过程中，“唯有当科学家们坚持对科学理想的忠贞，而非仅追求成功赚取同行的信任之时，他们才能组成一个坚持科学理想的共同体”（波兰尼：《科学、信仰与社会》，王靖华译，南京大学出版社2020年版，第49页）。波兰尼的科学实在论主要是一种常识性的设定或承诺，而没有形而上学的况味，但他对“共同体”作出了更多具体的讨论，对之提出了道德上的要求，从而尝试在人之社会维度下保证对科学真理的寻求。

关于(1.143)，塞拉斯的确认为哲学最终会完成一个单一的模式，这体现了一种"规范的理想"，那时，具有这种单一模式的科学图像能够再现人类的全部认知活动[①]，并且，那时，我们将能理解关于"真正存在的事物"的"真理"。[②]然而，在塞拉斯那里，最终实现的只不过是科学描述对日常生活描述的完全取代。就实在而言，尽管我们可以认为最终的单一模式下的科学框架完成了对实在的最终表述，在此意义上，塞拉斯与皮尔士持一致意见；但是，日常生活却被放弃了，科学框架的权力被放大至无限；我们有理由认为，皮尔士不会同意这种做法，在他那里，人—词—世界的互动关系在共同体的成长中始终持续着，在最终阶段，它们均得到了理想的发展。塞拉斯意义上的实在只能覆盖皮尔士式的实在的一部分，在皮尔士那里，能被思维的存在均具有实在性(the real)，这大大超出了塞拉斯意义上的科学所保证的实在(reality)范围。[③]

## 第二节　对塞拉斯的挑战

### 一、麦克道威尔的批评：思维与实在的无界性

塞拉斯、麦克道威尔和布兰顿因为观点上的相似、对共同哲学问题的关切，以及均在匹兹堡大学任教这一事实，他们的思想被认

---

① Wilfrid Sellars, *Notre Dame Lectures 1969—1986*, The Bootleg Version, independently published, p.87, pp.265—266.

② See Wilfrid Sellars, *Philosophical Perspectives: Metaphysics and epistemology*, Atascadero: Ridgeview Publishing Company, 1959, p.173.

③ 如果引入对皮尔士符号学的讨论，我们将能更为深刻地认识到两人对实在理解的不同。塞拉斯那里的实在主要指科学实在，而皮尔士那里的则是符号实在(semiotically real)。符号是比概念更为基本的单位，恐龙化石、烟火、温控计上显示的数字、衣服的款式等都是符号，我们可以从符号的意义生产中(部分地)"窥探"实在。意义，在某种意义上，寄生于实在。因而，可以说，意义昭示实在(the real)。显然，意义的范围大大超出了科学探究的范围；相应地，皮尔士那里的实在范围大大超出塞拉斯那里的相应范围。限于本章的讨论主旨，不展开进一步的讨论。

为构成了一个具有鲜明特征的流派，即“匹兹堡学派”①。塞拉斯是这一学派的“家长”，然而，他们思想之间实际上有着明显的差异，这些差异尤其体现在对实在概念的理解和理论态度上。笔者将会在第三章第三节和第四章第一节等处作出更为详细的讨论，在本节中，我们不妨先围绕他们对塞拉斯实在论思想的批评作出简要讨论，以澄清他们在实在论立场上的差异，从而能够进一步理解表征论问题。

根据麦克道威尔的解读，塞拉斯在《经验主义与心灵哲学》中在理由的逻辑空间与自然的逻辑空间之间划出了一道分界线，这条线之下的对象，例如所予表征，不能作为认知的对象。②这里的分歧在于，我们能否解释线下对象？麦克道威尔正确地认识到，在塞拉斯那里，科学解释的对象也是线上对象，它至少具有可被认知的“形态”，从而可被带入理由的逻辑空间。然而，麦克道威尔认为没有必要设置这样的一种界限，塞拉斯正确地认识到即便是非推论报告中已经被渗透了概念能力的运作，我们实际上便可以将理由的空间一路扩展下去，使之包含实在，因而最低限度上的经验已然是感性接受性与理性自发性协作的结果，前一种因素使得经验保持了对世界的应答性，后一种因素则保障了（作为一种前判断的）经验对知识的证成身份。在此意义上，麦克道威尔试图为某种无罪所予辩护，这种所予体现的是世界对于我们的粗野作用以及对我们思维的一种合理限制③，而正是这种限制为我们提供了来自世界的摩擦力。④麦克道威尔批评塞拉斯太过强调经验推论的一面（但并未否认这一面

---

① See Chauncey Maher, *The Pittsburgh School of Philosophy: Sellars, McDowell, Brandom*, New York & London: Routledge, 2012.

② John McDowell, *Having the World in View: Essays on Kant, Hegel, and Sellars*, Cambridge, Mass.: Harvard University Press, 2009, p.5.

③ 参见麦克道威尔：《心灵与世界》，韩林合译，中国人民大学出版社 2014 年版，第 69 页。

④ 同上书，第 31 页。

向的合理性)，他的概念推论主义易于将他引向失去来自世界摩擦的融贯论。①

稍有争议地说，麦克道威尔所谓的线下对象和线上对象实质上分别对应于塞拉斯那里的显像图型和科学图型。塞拉斯的确认为前者是人之为人在自然中最初遭遇的东西，然而，人在历经丰富的经验和反思之后，我们不仅在经验上，也在分类上(categorically)对显像图像作出加工。②塞拉斯的学生德弗里斯提醒我们注意，塞拉斯实际上不仅把物理对象和生物，他还把人称(persons)当作显像图型。③人称的图型结构包含身体和心灵两个部分，这便意味着：向下，心灵可以通过身体以使得概念作用于物理对象；向上，身体可以通过心灵把物理对象带入人的认知研究范围。④这也意味着显像图型本身已经包含有规范性。塞拉斯举例说："认为无毛的二足动物是人类就是把它看作是权利和义务的网络中的存在者。从这一视角看，人称的不可还原性如同不可把'应当'还原为'是'一样。"⑤"应当"对应于规范的维度，由显像图像所表达；"是"则对应于事实的维度，由科学图像所表达。佩雷格林(Jaroslav Peregrin)解释道："因此，认为显像图型和科学图型不同的基本理由在于，前者不是描述，或者说不是纯粹的描述。然而，当我们展现科学图型时，我们对'什么在那里'作出了判断；在某种意义上，当我们展现显像图型时，

---

① See John McDowell, *Having the World in View: Essays on Kant, Hegel, and Sellars*, Cambridge, Mass.: Harvard University Press, 2009, pp.185—186.

② See Wilfrid Sellars, "Philosophy and the Scientific Image of Man", In *In the Space of Reasons: Selected essays of Wilfrid Sellars*, Scharp K. and Brandom R. (Eds.), Cambridge, Mass.: Harvard University Press, 2007, p.375.

③ Willem deVries, *Wilfrid Sellars*, Kingston: McGill-Queen's University Press, 2005, p.11.

④ Jay Rosenberg, "On Sellars's Two Images of the World", In *Empiricism, Perceptual Knowledge, Normativity and Realism: Essays on Wilfrid Sellars*, Willem deVries(Ed.), Oxford: Oxford University Press, 2009, pp.292—293.

⑤ See Wilfrid Sellars, "Philosophy and the Scientific Image of Man", In *In the Space of Reasons: Selected essays of Wilfrid Sellars*, Scharp K. and Brandom R. (Eds.), Cambridge, Mass.: Harvard University Press, 2007, p.39.

我们则在主张‘应该有什么’。因此，显像图型……已经是规范性的。”①根据这一解释，显像图型为科学图型提供了来源，即根据“应当”作出“是”的判断。但我们不应忘记，显像图型也是关于经验的，因此相应的判断应该是在更为清晰的层次上阐明经验内容。

然而，值得注意的是，在塞拉斯看来，科学图型既不是显像图型在概念领域内的延伸，也不是关于显像图型更为精致的说明；科学图型只是在方法论上(methodologically)依赖于显像图型，即显像图型是构成科学概念和方法发展的必要条件。如何理解这里所谓的“方法”呢？简单地说，由于显像图型是“一种框架，在这个框架内人们觉识到自己是在世界中的人”②，因此，人必须通过显像图型来观察、认识和解释世界，在这个过程中发现的关于自然的基本模式和规范构成了科学图像的基础，科学图型也需要承继相应的观察和思考方法。塞拉斯的另一名学生罗森博格(Jay Rosenberg)总结说：“保留显像保证了人既作为主体，亦作为规范的来源……关键的地方在于，还需认识到，任何规范秩序最终只有在成熟的科学图型中得到解释。”③

总结而言，在显像图型和科学图型的关系上，一方面，后者受到来自前者的限制；另一方面，前者为后者提供了资源，并使得自身所包含的规范在后者的范围内被清晰化。在此意义上，两种图型处于连贯和互动的关系之中，世界的自然和概念两个面向因此也不存在实质的分裂。

根据这种理解，麦克道威尔与塞拉斯的相关思想究竟有何区

① See Jaroslav Peregrin, *Inferentialism: Why Rules Matter*, Basingstoke: Palgrave, 2014, p.128.

② Wilfrid Sellars, “Philosophy and the Scientific Image of Man”, In *In the Space of Reasons: Selected essays of Wilfrid Sellars*, Scharp K. and Brandom R.(Eds.), Cambridge, Mass.: Harvard University Press, 2007, p.373.

③ Jay Rosenberg, “On Sellars's Two Images of the World”, In *Empiricism, Perceptual Knowledge, Normativity and Realism: Essays on Wilfrid Sellars*, Willem deVries(Ed.), Oxford: Oxford University Press, 2009, pp.292—293.

别？塞拉斯认为，对实在的知觉是直接的；相应地，在麦克道威尔那里，经验的最低限度体现为世界对思维的限制。如果麦克道威尔认为，必须强调这种限制才能解释知识终究是关于世界的，那么，在塞拉斯认为知识是关于实在的意义上，麦克道威尔所谓的世界与塞拉斯意义上的实在有何区别？麦克道威尔的如下评论饶有趣味："就一个概念和构想的系统在其历史发展过程中的某个特殊时刻所处的状态来说，我们不能保证世界完全处于其所及的范围之内。事实恰好相反。正因如此，**这种反思的责任是永久性的。"**[①]反思的责任要求我们增进认识，扩大世界的范围。而在塞拉斯那里，认知的增进以改善科学框架的方式让我们接近实在。

在笔者看来，两者观点体现的更多是表述上的差别，麦克道威尔以存在论的方式表述我们—在世界中—存在，经验是打开世界的方式，经验的丰富打开了更为丰富的世界；而塞拉斯也强调对实在的直接把握，但他在方法论上强调以科学的方法认知实在。麦克道威尔"思维无边界"的表述表明，思维与实在之间无本体论界限，思想和思维活动的范围是一致的，概念空间和理由空间的范围一样大，从而任何对思维的限制都不是外在于思维的。[②]类似地，实在在塞拉斯那里也处在思维活动的范围之内。笔者认为，塞拉斯那里并不存在一个麦克道威尔所认为的分界线。

## 二、布兰顿的批评：放弃实在概念

相比之下，布兰顿则不受如何理解线下对象问题的困扰，他认为塞拉斯的关键洞见在于其思想中线上的推论主义一面。布兰顿认为塞拉斯所谓的（经验）观察具有两个层次，其中一个层次是基本

---

① 麦克道威尔：《心灵与世界》，韩林合译，中国人民大学出版社 2014 年版，第 66 页。

② 同上书，第 50—51 页，第 30 页。

的认知层次,例如“铁在潮湿的环境中生锈”这种对环境的可靠的、有差异的反应;另一个层次是观察性的知识,它是关于观察的信念或知识。这两个层次的差别体现了动物所具有的感性能力(sentience)和理性生物所具有的智识能力(sapience)间的差别;布兰顿认为,前一个层次的认知尚不是知识性的,哲学的探究应仅从后一层次开始,因为在此层次上,理性生物已经使用概念对反应作出分类和表述,知道什么与这些反应相容或不相容等等。[①]理性的最小单位是判断,因为这是我们可以为之负责的最小单位,也是语力可以附着其上的最小单位,从而我们应该从概念在判断中所起到的推论作用来推知内容,这便是布兰顿推论主义的基本立场。[②]故而,布兰顿十分强调塞拉斯哲学中理性主义和推论主义的一面,就塞拉斯哲学中的自然主义面向而言,他直言不讳地表明,塞拉斯对实在的谈论是从他的父亲老塞拉斯(Roy WoodSellars, 1880—1973)那里继承的一个糟糕想法。[③]

然而,或许会令人稍感奇怪的是,布兰顿却试图保留经验和表征概念,尽管这两个概念并不是他实际使用的哲学语汇。布兰顿哲学的起点是概念性的,故而,他在其巨著《使之清晰》[④]中完全弃用了经验概念,但弃用不意味放弃。布兰顿承认我们嘴中发出的不是某种噪声,而是的确在说出什么,这里的经验不是指因果刺激,而是理性生物所能参与的实践。[⑤]布兰顿所坚守的经验概念实际上是指

---

① See Robert Brandom, *From Empiricism to Expressivism: Brandom reads Sellars*, Cambridge, Mass.: Harvard University Press, 2015, pp.100—104.

② See Robert Brandom, *Articulating Reasons: An Introduction to Inferentialism*, Cambridge, Mass.: Harvard University Press, 2000, p.80.

③ See Robert Brandom, *From Empiricism to Expressivism: Brandom reads Sellars*, Cambridge, Mass.: Harvard University Press, 2015, p.96.关于老塞拉斯和塞拉斯之间的思想互动,可参见孙宁:《匹兹堡学派研究:塞拉斯、麦克道威尔、布兰顿》,复旦大学出版社 2018 年版,第 32—53 页。

④ Robert Brandom, *Making It Explicit: Reasoning, representing, and discursive commitment*, Cambridge, Mass.: Harvard University Press, 1994.

⑤ See Robert Brandom, *Between Saying and Doing: Towards and Analytic Pragmatism*, Oxford: Oxford University Press, 2008, pp.178—180.

实践概念[①]，实践中的实质语用学构成了推论的形式语义学的表达资源。在布兰顿那里，在主体间的社会性推理活动中被推知的表征是善的（good）推论中被替换的诸单称词项所指向的项目（item），也是我们在实践中遭遇的项目。[②]在《信任的精神》[③]第八章中，布兰顿则将意义（significance）的起点设置在（下降到）动物性的欲望性觉识（orectic awareness）层面上，试图以一种黑格尔式的基于互惠的承认（recognition）模式而发展出一道从自然欲求迈向理性理由的解释进路。我们将在第五章第二节以及第六章第二节中对此作更多讨论。如此一来，"推论"只是布兰顿的哲学方法，他实质上并未在实践中"触摸"到的经验对象和在推论中谈及的语义表征之间划出一道界限，两者根本上是一枚硬币的两面，有着被表达和表达关系而非表征和被表征关系（此处的表征是指表征的动词性用法）。

根据上述理解，布兰顿和麦克道威尔对塞拉斯的解读差异便被大大缩小了。麦克道威尔对塞拉斯过于强调推论一面的批判同样适用于布兰顿，但正如我们已经看到的那样，塞拉斯和布兰顿均未放弃世界（经验）——如果麦克道威尔坚持认为，塞拉斯和布兰顿均遗失了一部分世界，那么，麦克道威尔意义上的额外世界，即多出塞拉斯和布兰顿意义上的可被认知和可被表达的范围之外的东西，它究竟是什么呢？[④] 布兰顿批评塞拉斯保留实在概念的做法，对麦克道威尔试图"恢复对世界的应答"的做法感到困惑，在布兰顿看来，

① 在笔者与布兰顿的一次私下交流中，布兰顿指出，经验概念已经是一个歧义丛生的概念，所以他不太喜欢使用"经验"这一概念，而更愿使用"实践"这一概念。

② See Robert Brandom, *Articulating Reasons: An Introduction to Inferentialism*, Cambridge, Mass.: Harvard University Press, 2000, pp.157—184.

③ Robert Brandom, *A Spirit of Trust: A reading of Hegel's Phenomenology*, Cambridge, Mass.: Harvard University Press, 2019, chapter 8.

④ 这一困惑让他的学生加思金（Richard Gaskin）认为，麦克道威尔在概念空间和某种隐秘的外在空间之间设置了界限，从而引入了一种新的二元论。See Richard Gaskin, *Experience and the World's Own Language: A Critique of John McDowell's Empiricism*, Oxford: Oxford University Press, 2006, p.38.

他与麦克道威尔两人都是概念实在论者，世界从未失落，只不过我们的探究不再以关于世界的经验为起点。[1]

塞拉斯将科学视作实在准绳的观点让布兰顿更感困惑，在布兰顿看来，这一观点实质上设定了作为本体的实在的存在，科学提供了认知它的方法。布兰顿不认为实在论与非实在论之争是一个关键问题，**如果人们的问题只是"人们使用这些语汇(即实在论和非实在论)"表达了什么意思这样的语义问题，那么，我们探究的只是在什么意义上或如何谈论实在。**[2] 从而，实在只是某种语义对象或语义表征，而不是某种本体性的实存。

在此方面，麦克道威尔也反对实在论的思想，他曾引用斯特劳德的话说："关于世界的知识这一传统的问题，人们所做的最糟糕的事情是，试图回答它。"[3]他的直接实在论版本析取论(disjunctionism)表明："经验主体无中介地向'外在'实在敞开的先验论证并不需要走向实在论的设定(更多的讨论，请参见第四章第一节)。换言之，析取论探讨的是认知模式，而不是本体论模式。"[4]布兰顿和麦克道威尔均否认本体意义上的实在的存有。

## 小结　表征的实在面孔

我们发现，皮尔士、塞拉斯、麦克道威尔和布兰顿均认为实在内在于认知范围，从而它有别于物自体。他们之间的关键区别在于，

---

① 参见陈亚军访谈，周靖整理：《匹兹堡问学录——围绕〈使之清晰〉与布兰顿的对谈》，复旦大学出版社 2017 年版，第 199 页。

② 同上书，第 41 页。

③ John McDowell, "The Disjunctive Conception of Experience", In *The Engaged Intellect: Philosophical Essays*, Cambridge, Mass.: Harvard University Press, 2009, p.235.

④ 孙宁：《如何成为一个深刻的析取论者？——对麦克道威尔析取论的一项研究》，载《哲学动态》2015 年第 7 期，第 72 页。关于析取论的直接讨论，请参见第四章第一节。

皮尔士和塞拉斯认为实在是本体性的，它具有不可修正性，可修正的只是我们关于它的信念和借以探究它的科学框架；麦克道威尔和布兰顿则似乎认为实在仅是一种形而上的虚构，我们可以放弃实在论问题。于是，问题的争论点在于，是否需要实在概念；如果需要，需要怎样的实在，或者说，如何理解实在？

在导论中，笔者曾区分表征的名词性用法和表征的动词性用法。根据麦克道威尔和布兰顿的理解，显然我们只能合理地谈论表征的名词性用法，名词性的表征就是融合了理性自发性和感性接受性运作的经验内容，或推论地谈及的语义对象，其中不涉及对处在认知范围之外具有独立性的实在的承诺。关于名词性表征的理解，笔者将会在第三章和第四章中作出更多的阐释。然而，如若我们承诺某种具有独立性的实在存在，表征就必然具有了它的动词性用法，即概念或认知是对某种外在于它们的对象的再现。

在笔者看来，更为紧要的是对表征以及实在的理解。根据本章的讨论，我们还可以追问一个可以揭示如下关键特征的问题：既然即便像皮尔士和塞拉斯这样的强实在论者(因此也是强表征论者)，他们并没有认为在认知的当下(某段时间内的)活动中可以完成对实在的理想认知，那么，我们是否可以说服麦克道威尔和布兰顿接受如下观点：他们所谓的经验和语义表征是对那类实在的不完全揭示？我们已经看到，麦克道威尔和布兰顿均会予以否定的回答。对于麦克道威尔而言，实际的经验活动并不是一个越来越精细地呈现实在的过程，而是一个为我们提供越来越丰富的世界的过程。“精细”这一语汇为认知活动设置某种作为目标的外在对象，这种对象与我们呈现的世界之间具有某种本体论界限。在麦克道威尔看来，根本不存在这样的界限。对于布兰顿而言，实质语用学层次接触到的对象可被后来的语义推论活动所表达，从而自始至终在认知的范围之内，即便通过语义和语用实践的自我纠正的事业，并进而使得人们获得越来越精致的语义语汇，以致能够对实质对象作出更为精确的表达，但这实现的也只是对世界越来越丰富的敞开，在此意义上，布兰顿的思想与麦克道威尔一致，也与詹姆斯和杜威这样的实用主义者相一致。

本小节中的一些判断——尤其是对自然主义实在论的相关讨论——需要作进一步的阐释和审查，笔者将会在下文中继续展开相关讨论。不过，已有的讨论已经足以让我们认识到，表征有着它的实在面孔，并且这一面孔在对表征论的讨论中十分醒目，它还实质地影响到了我们以理性的方式认知世界的认识论事业，即叩问什么是实在，以及如何认识实在？

# 第二章　普莱斯反大写的表征论

按照导论中对表征论垫脚石式的简洁定义，表征论讨论的是世界对于我们的呈现与我们对这些呈现的再现之间的关系，从而它既涉及关于世界理论身份的本体论问题（向我们呈现的是"什么"？），又涉及认识的方法论问题（我们"如何"处理呈现？）。上一章中，塞拉斯指出，尽管我们仅能在理由的空间内呈现外在对象，但理由空间内的科学图型终须对自然空间内的显像图型负责。相比之下，普莱斯则认为我们仅能合法地谈论表征论定义的后支问题，因为当我们询问"什么"向我们呈现时，已经无可避免地牵涉主观的构造；此外，我们发现在世界的范围内无法找寻与数字、道德事实、心理事实、模态事实、虚构事实等相应的真之制造者（truthmaker），这一事实使得普莱斯进一步放弃外间世界，转而倡导一种全局的表达主义，这种观点认为语言表达的范围就是世界的全部范围。

从后果上看，普莱斯的全局表达主义致使人们放弃外表征（e-representation，其中"e"代表 external，即外在于语言的）语汇或自然语汇，取消外间世界的本体论身份。这种与罗蒂立场相近且有些激进的观点引致了诸多批评，霍维奇、吉伯德和布兰顿等人均则认为，主观的言谈不是无源之水，我们的确说出了世界中的事实；他们支持普莱斯反大写的表征论——即外间世界中有着真之承担者(truthbearer),它们对我们的概念和判断起到证成和解释的作用——但反对普莱斯放弃所有外表征语汇的做法,试图为某些自然语汇的合法性做辩护。稍微具体地说,普莱斯借用紧缩论(deflationism)以支持他取消外表征的做法,然而作为紧缩论当代主要倡导者的霍维奇则指出,紧缩论并未取消内容的作用;吉伯德和布兰顿均认为表达式有着表达资源,前者认为世界有着独立的结构,表达需要以之为基础或根源,后者则认为推论的表达主义的资源来源于实质的(material)语用层面,体现为在世界中实践的做的活动;两人均认为,我们的确说出了世界向我们呈现的“什么”。

相关的争论体现了内嵌于表征论理论的典型张力,即世界的本体论身份和方法论身份之间的张力。实用主义传统作为一种反哲学传统,诱使我们放弃对那种独立于人类心灵的大写真理和实在的寻求,从而放弃对“物的追问”的形而上学问题;典型地,詹姆斯、杜威、维特根斯坦,以及罗蒂等人均引导我们将哲学探究的重点放在方法论上,普莱斯无疑坚定地响应了这一号召。然而,随着本书讨论的慢慢展开,我们会发现实在论问题或多或少地仍然困扰着当代哲学家们,包括那些回避或超越却难免仍然受此问题侵扰的新实用主义者们。从而,我们对表征论所涉及的本体论问题和方法论问题均应该加以关注。

## 第一节 普莱斯的全局表达主义纲领

### 一、对大写的表征论的批判

普莱斯的全局表达主义首先体现在对大写的表征论(**R**epresentationalism)的反驳,用他的“配对隐喻”说,传统的哲学事业将陈述视为拼图游戏中的拼图片,而将世界之中的事物视为拼图版上的形状，同拼图游戏的目标在于将拼图片安置在正确的位置上类似，哲学事业的目标乃在于为陈述在世界中找到相应的对象。①大写的表征论就是奉行这类哲学事业的立场，这种立场认为，(2.111)陈述与世界中的事实(即真之制造者)有着一一对应的关系，语言的功能是表征世界；(2.112)真之制造者是外在世界中的实在对象。因为(2.112)，大写的表征论者设定了形而上的实在对象。②

与罗蒂一样，普莱斯攻击这种大写的表征论所蕴含的镜像隐喻以及相应的形而上学承诺。他否认语言可以作为反映世界的一面镜子。③其中的原因不仅在于，并不存在可供这面镜子反映的独立且有结构的外间世界，还在于镜像(即陈述)和它所反映的对象(即真之制造者)存在基数不配对的问题，例如，数字、道德判断、审美判断、模态判断等，我们无法为之在世界中找寻真之承担者。语言表述的范围似乎比自然世界的范围要大许多。

既然陈述在世界中找寻不到相应的位置，那么，我们应该将陈述的起因放置在何处？普莱斯称此为“位置问题”(Placement Issue)。④大写的表征论者认为位置问题的起因在于外在的自然对象本身，这种观点被普莱斯称为“物质观”(material conception)或客观自然主义。与之相对，他提出了“语言观”(linguistic conception)或主观自然主义，这种观点认为当我们讨论词项 X 时，我们不是在探究它在自然世界中的位置，而是在探究它的“用法”问题。⑤普莱斯认同后一种观点而将语言的“用法”放在关键的位置上，认为重要的是去“解释不同的语言在我们的生活中起到了什么作用”。⑥词项的

① See Huw Price, *Naturalism Without Mirrors*, Cambridge: Oxford University Press, 2011, pp.3—6, pp.187—188.

② Ibid., p.5.

③ Ibid., p.32—33，以及罗蒂：《哲学和自然之境》，李幼蒸译，商务印书馆 2006 年版，第 193 页。

④ See Huw Price, *Naturalism Without Mirrors*, p.187.

⑤ Ibid., p.188.

⑥ Ibid., p.198.

用法或功能是多元的，如果撇开大写的表征论，我们会因此得到自然的多元性。普莱斯也正是在此意义上，(2.113)持有多元的功能主义立场；(2.114)认为科学语汇也是解释世界诸多语汇中的一种；也因此，(2.115)自然不是客观的，关于它的理解是在主观的领域内进行的，因而具有主观性。普莱斯持有的是主观自然主义的立场，认为对自然的认知根本无法避开主观的构建，主观自然主义是在先的。[①]

## 二、表达主义的全局化

基于对大写表征论的批驳，普莱斯试图将表达主义全局化(global)。在笔者对普莱斯所做的一次访谈中，普莱斯指出了理解主观自然主义的另一个要点，即尽管对自然的展现无可避免地渗透主观视角，但“我们人类是自然生物，我们的语言和思想是自然世界的一部分，这里的自然世界是科学探究的对象。……这里的想法是，所有的东西都存在于自然之中。所以，这是一种本体论的或形而上学的论题。但主观自然主义是休谟式的论题，它是关于我们人类的。该论题是，我们是自然生物，我们是自然世界的一部分”[②]。从而，主观自然主义并不意味着绝对唯心论。这样一来，如若我们是自然的一部分，那么我们语言的“呼吸”也在自然之内，那么并不存在超越于这类主观自然之外的，需要我们去进行表征的外物。此时，普莱斯合乎时宜地提出表达主义(expressivism)思想，认为我们仅是在运用语汇，通过对语句意义、语词用法等的阐明来表达说话者的态度或观点；由于说话者是自然的一部分，他在表达关于世界

① See Huw Price, *Naturalism Without Mirrors*, Cambridge: Oxford University Press, 2011, p.186.

② 普莱斯、周靖：《全局实用主义和表征主义的限度：普莱斯教授访谈》，载《哲学分析》2019 年第 1 期，第 188 页。

的态度或观点时，尽管他是以主观的形式来表达，但他实际上亦在表达世界，在此意义上，世界并未像罗蒂所认为的那样“失落”了。

我们可在此对表达主义作出进一步的区分，以获得更为清晰的理解。反大写的表征论意味着，不存在外在可被表达的对象，因此关于外在对象的因果分析无法构成现实讨论的起点。随之而来的表达主义视角中，我们探究的起点是语言性的，然而，在表达说话者的态度或观点时，我们能否——无论以何种语言性的方法，例如第一章第一节中我们曾讨论过的从存在量词到存在陈述的方案——进一步将这些态度或观点归因于一个外在对象？我们有着如下可能的选项：

(2.121) 取消论，认为语言表达便已经穷尽全部事实，削除掉外在对象不影响表达主义的效力；

(2.122) 虚构论，认为语言表达便已经穷尽全部事实，并且那些虚构的事实也有着现实的效力；

(2.123) 准实在论，认为语言表达未能也无法穷尽全部事实，但我们仅能对那些语言表达范围之外事实作出形而上的承诺，这些承诺保障了语言表达范围内陈述的意义；

(2.124) 全局的表达主义，认为我们是自然生物这一形而上学事实消解了语言和世界本体对立的二元论，从而语言表达的范围已经穷尽了全部事实，并且不存在需要消除的外在对象。

普莱斯持有观点(2.124)，在否认(1.121)的意义上，我们认识到，对于全局(global)表达主义者而言，将说话者的态度进一步归因于外在对象这项事业并不存在。有意思的是，在对(2.122)的反驳中，普莱斯强调虚构论和表达主义的区别在于，虚构论认为一些事实(例如“伤害儿童比伤害犬类更加可恶”这一道德事实)是虚构的且可能是错的，但即便是错的事实也有着道德效力。相比之下，表达主义者并不在先地承诺这类事实的对与错，而在“字面意义”上认为该道德事实是真的，因为关于对与错的在先承诺隐在地进一步承诺了存有真正为真的客观事实，而这为大写的表征论敞开了大门。[1]

关于(2.123)，普莱斯将布莱克伯恩(Simon Blackburn，1944— )的准实在论(quasi-realism)[2]解读为区域性的(local)表达主义，认为这种思想保留了关于外在对象的实在论直觉，因为根据准实在论，词项、陈述或判断仍然对某类形而上的事实作出承诺，这类承诺为理解和支持具体的判断提供了“更高”的依据和基础。但是，在这类事实到底是什么的问题上，准实在论者保持沉默，成为寂静主义者。在寂静的领域里，准实在论者承诺了道德事实，因此回避而不是解决了配对隐喻中的基数不配对问题。普莱斯认识到准实在论的理论优势，即关于善、可能性、偶然性、因果性，或诸如此类问题的讨论上，准实在论既无需向自然主义还原论妥协，也无需贬损或放弃讨论中所诉诸的道德真理，从而“鱼与熊掌兼得”[3]。然而，普莱斯指出，“准”实在意义上的“真”之用法已经不同于传统意义上那种有着超越论意义的真理之用法了，“准”“真”的意义体现在现实的具体用法之中，对“真”之实在论的承诺毫无必要。放弃对“真”之实在论承诺便会导向他所倡导的全局表达主义。普莱斯因而对布莱克伯恩所保留的实在论直觉感到不满，他敦促布莱克伯恩使得他的表达主义全局化，走向他的全局表达主义，即一方面认为语言的表达已经表达了全部的事实，不存在没有被表达到的区域，因而需要放

---

① See Huw Price, *Naturalism Without Mirrors*, Cambridge: Oxford University Press, 2011, p.8.

② See Simon Blackburn, *Essays in Quasi-Realism*, Oxford: Oxford University Press, 1993.

③ See Huw Price, “Review of Essays in Quasi-Realism”, in *Philosophy and Phenomenological Research* 56, no.4(1996): 966.

弃准实在论所承诺的实在领域；另一方面，不同于罗蒂得出“世界的完全失落”这一结论，普莱斯认为，我们依然可以使用科学所使用的物理语汇，虽然这种语汇仍然是语言性的，但我们可以用它来对物理环境做出描述，不过这类描述未对可被描述范围之外的对象作出任何承诺，因为我们依旧是基于物理语汇的用法来作出科学探究的。①

总结而言，大写的表征论引诱人们将陈述还原为世界中的真之制造者，从而在两者之间建立起一一对应的（动词性的）表征关系，普莱斯在反驳这种观点时认为，我们仅能从主观的探究出发理解自然，语言的任务不在于表征世界，因为根本不存在不可被表达的（从而不可被认知的）外部世界，人们所探究的世界范围应该被缩约为或限定在语言可表达的范围之内，从而表达的范围构成了世界的“全局”范围，表达主义的效力因为不存在外在不可被表达的世界而被全局化了。

普莱斯的立场与罗蒂的立场十分相近，这不仅体现在二人对传统认识论的批判、对维特根斯坦的解读之上，还体现在使得表达主义全局化这一关键后果上。众所周知，罗蒂亦反对将语言视为反映世界的一面镜子，反对将语言视为某种横陈于我们以及非人格化的实在之间的东西②，“人们不可能超越语言。也就是说，人们不可能在所有的语言架构之外发现某种观点；因为这个世界正是在这些架构中‘如其所是’地显现出来的。如果不是在某种语言之中思索，人

① See Huw Price, *Naturalism Without Mirrors*, Cambridge: Oxford University Press, 2011, pp.30—32.

② 参见罗蒂：《偶然、反讽与团结》，徐文瑞译，商务印书馆 2005 年版，第 20—21 页。罗蒂的表述“非人格化的实在”十分有趣，尽管罗蒂本人不承认任何意义上的人格化的实在存在——因为如若实在可以被人格化，那么实在便失去了人们原先认为实在所具有的独立性，从而，取消了自身。然而，我们在第一章第一节第二小节中看到，塞拉斯试图将某种人格(man)放入实在之中，从而致使相应的显像图像既具有人格性，也具有独立性。

们就根本不可能进行任何思索。”[1]语言由此构成了架构和打开世界的方式，当然，这种意义上的世界全然在普莱斯所谓的表达范围之内。此外，我们还需看到普莱斯思想中自然主义的一面，即主体作为自然中的存在，从而普莱斯版本的自然主义者与罗蒂一样放弃了外在于表达范围之外的世界，但他承诺了用科学语汇表达自然事实这项可行的事业。究竟如何由科学语汇所表达的事实，这构成了理解普莱斯哲学的一个难点，对他的诸多批评也多集中于这一点上。下文中，我们将先来讨论霍维奇、吉伯德，以及布兰顿等人对普莱斯的典型批评，而后再回到对普莱斯思想以及表征论问题本身的思考上。

## 第二节　对普莱斯的挑战

### 一、霍维奇的批评：内容之于紧缩论的必要性

根据前一节中的阐述，普莱斯的全局表达主义蕴含了如下观点：(2.211)我们仅能从语言一方出发来进行哲学探究；以及(2.212)由于我们只能从语言一方出发来进行探究，并且我们无法穿越语言之幕谈及外在对象，因而大写的表征论或客观自然主义是错误的。普莱斯将(2.211)称为主观自然主义的“优先性论题”，将(2.212)称为客观自然主义的“无效论题”。然而，这两个关键论点却招致了一些反对意见，相关的批评将我们引向普莱斯哲学中一个令人感到不安的一点，即(2.213)过于强调语言一面的作用，以至于否认外间世界的存在，这使得他有可能因为失去来自世界的制约作用而使得他所谓的表达空间成为空中楼阁、镜花水月。

---

① Richard Rorty, “Realism, Categories, and the ‘Linguistic Turn’”, *International Philosophical Quarterly* 2.2(1962)：307—322.转引自鲁玛纳：《罗蒂》，刘清平译，中华书局2003年版，第23页。

关于(2.211),霍维奇认为,我们没有理由认为探究的起点必然是语言性的,“我们以特定的方式使用特定的词项,也就是说,我们接受某些语句所蕴含的用法时,我们有着某些关于世界的承诺”①。实际上,普莱斯援用为兰姆赛(Frank Ramsey, 1903—1930)、奎因和霍维奇所提出和发展的冗余论或紧缩论来支持他的观点。一般而言,紧缩论者认为,“‘雪是白的’是真的,当且仅当雪是白的”只不过意味着“‘雪是白的’当且仅当雪是白的”,其中,“是真的”并没有带来什么额外的理论实体,因为对某物X本身的言谈与对关于X的指称项的言谈之间没有什么差别,从而我们无需以将言谈与对象本身相对照的方式——在这类传统事业里,人们需要对之负责的“真”构成了“意义”的基础——来谈论“真”。②紧缩论取消的是关于对象的自然语言与谈论对象的元语言之间的界限,认为关于X的言谈和X本身之间根本不存在一道需要跨越的本体论界限。从全局表达主义的视角看,普莱斯认为,紧缩论保证了我们关于X的谈论就已经能够表达关于世界的全部事实了,超出言谈的界限,而认为存在一个外在的对象本身,这是大写的表征论所犯的一个实质错误。③

普莱斯对紧缩论的运用十分强调言谈的一面,他“紧缩”掉了对象本身,即论题(2.212)。作为紧缩论当代主要代表人物的霍维奇则认为,普莱斯弱化了紧缩论对内容的关切,取消了世界一面的作

① Paul Horwich, “Naturalism, deflationism and the relative priority of language and metaphysics”, In Huw Price, *Expressivism, Pragmatism and Representationalism*, Cambridge: Cambridge University Press, 2013, p.124.

② See Paul Horwich, *Truth-Meaning-Reality*, Oxford: Oxford University, 2010, p.14.霍维奇在此处给出了紧缩论的四点特征:(1)“真”不是一种实体;(2)“真”不可以作为语义基础或探究的出发点;(3)“真”仍然有着语用的用法,例如起到强调、认同、回指等作用;(4)“真”有着确认意义的重要作用,它以可观察的内容(而非直接的经验表达)为基础。因此,取消“是真的”并不意味着“真”不发挥任何语用上的作用。下文将继续阐明这一点。

③ See Huw Price, *Naturalism Without Mirrors*, Cambridge: Oxford University Press, 2011, pp.191—192.

用，他从我们只能以语言为起点从而需要取消外间世界的形而上学身份，这是普莱斯未经反思且非法的一步推理。霍维奇指出，“色块是红色”当且仅当色块是红色的，这一判断是由一套真之普遍装置所保证的，这一判断的真实依据在于，色块真正是红色的——其中，所谓的普遍装置是从诸如“如果他断言火星上存在生命，那么火星上存在生命；并且如果他断言火星上没有生命，那么火星上没有生命；并且如果他断言说谎是错误的，那么说谎是错误的……等等”可以联结的命题中得出“对于每一命题 x 而言，如果他所说的＝x，那么是真的”，即“他所断言的一切都是真的”。[①]这种普遍化的陈述有两个值得注意的要点，首先这一普遍陈述是一套真之装置，在霍维奇那里，“真”不是一个没有作用的概念，他否认的仅是具有统一功能和某种本质的大写的真（即绝对真理，Truth），在此意义上，这里的普遍装置起到的作用不是解释性的或表征性的，而是表达性的。[②]其次，它所表达的正是信念的内容，内容并未被“紧缩掉”。世界中的事实仍然具有认识和解释上的优先性，是判断需要对之负责的东西。紧缩论的确取消了言谈和对象之间的本体论界限，这在肯定的意义上认可了对象的可认知性；但在否定的意义上，它并未像普莱斯所认为的那样，取消了对象的形而上学身份，乃至进一步鼓励我们仅以语言的素材为探究的起点；它否定的只是存在一个不可认知的对象，这类对象与我们关于它的言谈之间存在一道泾渭分明且不可跨越的本体论界限。[③]

---

① See Paul Horwich, *Truth-Meaning-Reality*, Oxford: Oxford University, 2010, pp.1—13.霍维奇在接受《三点》杂志的访谈时，曾对自己的紧缩论思想及其优点作出过简要概括：Paul Horwich, *Deflationism and Wittgenstein: Paul Horwich interviewed by Richard Marshall*. [online] 3: AM Magazine. Available at: http://www.3ammagazine.com/3am/deflationism-and-wittgenstein/[Accessed 11 Jun. 2018].

② 这种类似于以具有普遍性却无超验性的“真”指导意义的戴维森式策略，以及这种真之装置概念本身均存在争议，相关的讨论请参见第三章第二节。

③ See Paul Horwich, “Naturalism, deflationism and the relative priority of language and metaphysics”, In Huw Price, *Expressivism, Pragmatism and Representationalism*, Cambridge: Cambridge University Press, 2013, p.122.

霍维奇的反驳或许会让普莱斯感到有些困惑①，在后者看来，如果紧缩论缩约掉了对象的形而上学身份，那么这便足以促使我们放弃对对象本身和关于对象的言谈之间本质性的表征关系的寻求，但我们并未放弃两者之间的认识论关系；相反，放弃对象的形而上学身份为我们带来了丰富的方法论上的多元性，因为我们不再被要求寻求唯一且正确的表征关系——这种唯一性和正确性是对象旧有的形而上学身份所要求的——多元的表达关系依据于我们如何使用表达式来表达对象，此时，表达式的用法或功能成为焦点。例如，对于某物来说，我们既可以宏观地对它的体积和重量作出解释，也可以微观地对它的分子构成作出解释；不同的解释只具有方法论上的差异，但这并未带来对象本身的差异（解释仍然是关于同一个对象的）。故而，在普莱斯看来，霍维奇的解释并不能得出他承诺的“表达主义失去了关于对象或内容的责任”这一结论。

然而，普莱斯的解释或许仍会令人感到不满，因为他的起点终究是语言性的，他所谓的对象至多仅能是概念内容或语义对象。在这一点上，威廉姆斯（Michael Williams，1947—　）指出，普莱斯诉诸“真”所起到的功能，认为（2.214）真之谓词是一套重要且独有的做出推论的装置，它使得我们能够做些事情：认同或否认一些我们

① 如下事实或许会让普莱斯更感困惑，即霍维奇认为实在是必要的，其理由有三个：首先，承认达米特策略，即对意义的理论说明能够确认“何物存在”[在达米特看来，实在为何物，不取决于什么对象存在，而取决于什么样的命题行得通，世界是事实的总和，“应作为支配着语言的任一给定片段的东西接受下来的逻辑规律依赖于这一片段中的句子的意义，尤其依赖于用在这些句子中的逻辑常项的意义。因此，可根据这些句子所具有的意义的一个正确的模型来确定它们。”（达米特：《形而上学的逻辑基础》，任晓明、李国山译，中国人民大学出版社 2013 年版，第 15 页。）也就是说，达米特通过对句子意义的分析来刻画如何理解相应的实在，这在霍维奇看来，仍然是以语义的方式来解释实在，而不必一定设定实在的必要性，从而这一点理由在他看来是不充分或不令人信服的]；其次，实在具有解释价值，即帮助我们理解命题；最后，我们的许多概念都与实在有着深层的概念关联，即事实体现为实在和概念一种纠缠状态（参见 Paul Horwich, *Truth-Meaning-Reality*, Oxford: Oxford University, 2010, pp.292—293）。或许，这里最具启发性的是第三点理由，这一理由仍然不足以让普莱斯，包括许多其他哲学家，接受对实在的设定。

无法明晰陈述的状态，例如，当我们不知道某物是什么时，我们可以相信另一个人，相信他告诉我们的一切都是真的。实际上，普莱斯虽然放弃先天的真之概念，但他却保留了真，将它作为一种有助于会话的规范概念，起到引导和制约我们话语实践的作用，从而保证参与对话的人不会“胡言乱语”[①]，进而保证了(2.215)语言内的推论的善(the goodness of *intra*-linguistic inference)，例如，从“雪是白的”到“雪是白的是真的”是一个好的推论。其中，“是真的”的角色是规范性的，然而，威廉姆斯指出，普莱斯同时潜在地承诺了“是真的”的认识论作用，即(2.216)这种推论最初(primitively)是可以接受的，即我们不是在推论游戏中随便作出这些推理。[②]“是真的”在普莱斯那里既具有规范身份，也具有认识论身份；关于后一身份，普莱斯似乎难以解释“最初”一词的意思，因为“最初”承诺了世界有着本然的状态，规范只是对本然性的法则的表达。

或许，普莱斯不会承认“最初”承诺了在语言未入场之前，事物有着某种本然状态。然而，在笔者看来，普莱斯的思想能够容纳“是真的”具有认识论身份这种观点，“事物具有本然的状态”并不意味着存在不可认知的外在对象。运用语言的表达的确受到事物的限制，从而迫使我们对之作出承诺，我们因而也的确说出了什么(saying *that*)，而非说的是空话。但是，在此意义上，事物仅作为表达的来源，而非某种需要对之作出表征的先验对象。普莱斯的确正确地认识到，对象不外在于我们的认知范围，但他或许太过强调语言和主体性的一面，从而忽视了我们至少需要某种对象或客体作为表达的资源，这类资源是我们在实践的“做”的活动(doing)中获得的，我们随后“说”的活动(saying)是对那类资源的表达。我们可以

---

① See Huw Price, *Naturalism Without Mirrors*, Cambridge: Oxford University Press, 2011, pp.163—183.

② Michael Williams, “How pragmatists can be local expressivists”, In Huw Price, *Expressivism, Pragmatism and Representationalism*, Cambridge: Cambridge University Press, 2013, pp.134—135.

在下文将会论及的布兰顿的"逻辑表达主义"思想中获得更为清晰的理解。吉伯德在类似的意义上试图容纳某种外表征语汇。我们接着讨论吉伯德和布兰顿对普莱斯全局表达主义纲领的两种批评或修正。

## 二、吉伯德的批评:外表征语汇具有独立的结构

吉伯德承认普莱斯在外表征和内表征(i-representation,其中"i"指 inner 或 inferential,即语言内的或通过推论所谈及的表征)之间作出的区分是有效的[①],但他将外表征和内表征理解为两种不同的范式,从而在吉伯德那里,(2.221)不存在将两类表征一一进行关联的传统压力,因为内表征和外表征只是体现了我们理解对象的不同方式,我们不需要(或许也无法)在范式之间实现严格的翻译。并且,吉伯德认为,(2.222)有些内表征的确是没有相应的外表征的,例如伦理语言;(2.223)由于外表征和内表征的差异体现在范式上,吉伯德将自己版本的表达主义同样理解为全局的,即关于全然关于心灵状态的;然而,(2.224)这种意义上的全局表达主义并未取消外表征范式,它只强调了,(2.222a)关于心灵状态的表达,即内表征范围内的表达可以穷尽所有事实,包括没有相应外表征的伦理事实等,但是,(2.222b)它并未否定外表征的实际存有,以及部分外表征与内表征处在某种可能的关联之中,即(2.225)外表征有着自立的结构,我们实际上可以表达它们,其中,"外"的意义在于,外表征可以帮助我们追溯世界中的事实,"表达"体现的是外表征和内表征两种语汇之间的关系,从而吉伯德版本的全局表达主义也未放弃外表征语汇。

关于吉伯德的表达主义,简要地说,他试图在自然性的倾向

① See Huw Price, *Naturalism Without Mirrors*, Cambridge: Oxford University Press, 2011, pp.163—183.

(disposition)和规范性的应当之间建立联系;意义,在某种程度上,既是倾向性的,也是应当性的——“意义的概念是规范性的,而意义的性质则是倾向性的”①——从而有意义的陈述既有其规范基础,也有其自然基础。

吉伯德认为,意义毋庸赘言是规范性的,我们是在一个由共同体形成的规范空间内谈论诸如“天在下雨,我要带伞”这样的语句的意义;当别人询问你为什么要带伞时,“天在下雨”这一陈述便可以构成理由,而无需要求此时天正在下雨。与此相关,吉伯德一个独特的观点在于,某些陈述之间的推论关系是“应当的”,例如,如果我们接受“雪是白的”,而且有根据这样做,那么,我们应当直接推论出“某物是白的”。在作出直接推论时,我们不必负有认知责任,也不必像布兰顿要求我们的那样,需要参与给出和索取理由的游戏(参见第三章第三节),其中的缘由在于,应当是一种“理想的应当”,这里的“理想性”不是由理想化的规则——诸如戴维森所承诺的作为解释某一具体因果陈述的完全形式的因果律(参见第三章第二节),霍维奇所诉诸的理想化的成真条件,乃至布兰顿所追求的在所有可能世界中都保持稳健性的(robust)真势模态语汇,或者简单的“其他条件均正常的情况下”的条件句——而仅是“作为这些应当断言基础的自然事实中主要的一类是我们倾向于作出的直接推论”。②

倾向性显示了我们可靠地做的活动,“言行一致”要求我们相信应当做某事时一定做某事,吉伯德意义上的“做”比下文中将会阐明的布兰顿的理解或许更加“自然”,他认为:“我们是亘古不息的基因变异、自然选择、千年人类社会的发展以及我们每个人与周围的人频繁互动的结果;这种互动以极其精练复杂的方式引导我们每个人从婴儿长大成人。自然环境与人为抚育使我们具有大量的系统性

① 吉伯德:《语义表达论:意义与规范》,刘龙根、梅轩译,外语教学与研究出版社2016年版,第25页。

② 同上书,第100页。

倾向，我们用以表征周围世界的特征并追求目标。我们可以从自然论的角度理解表征与目标追求。”[①]吉伯德的这一表述耐人寻味，我们可以对之作出一些可能超出吉伯德本人思想的解读。

倾向是在自然中形成的，它建立起了我们可靠地表征周遭世界的能力。“表征”或许是一个容易令人产生误解的语汇，该语汇往往引诱我们预先设置自然与规范之间的二元关系，然后试图描述之；吉伯德本人使用的则是“表达主义”这一语汇，他在这里恰体现了与布兰顿思想的共鸣：应当是对倾向的表达，两者之间没有本体论的界限；但由于倾向的确可以作为某些行动或判断的直接理由，例如天正在下雨可以构成“我要带伞的”直接理由，而这一理由可以仅代表一个自然事实而尚未在规范空间内占据一席之地。这类似于布兰顿对“语言的转化入口”的理解[②]，天在下雨在语言转化的入口处是一个非推论的观察报告，我们可以基于它作出一个直接判断，然而，讨论该直接判断的意义则是语言内的事务，我们需要能够知道该判断在推论中占据怎样的一个环节，此时，随着推论乃至背景信念等规范特征的变化，直接推论是可修正的，吉伯德同样同意这一观点。[③]值得注意的是，由于应当和倾向之间不存在本体论界限，我们便无需将应当还原为倾向，与倾向对应的自然只是为与应当对应的规范提供依据而非证成，修正判断的工作仍然是在规范的空间内进行的，就此而言，吉伯德首先是一名规范主义者，而后他试图保留自然的作用。在前一方面，他分享了普莱斯的诸多洞识，但在后一方面，他则比普莱斯要更为强调自然语汇或外表征语汇不可或缺的作用。

---

① 吉伯德：《语义表达论：意义与规范》，刘龙根、梅轩译，外语教学与研究出版社2016年版，第201页。

② See Robert Brandom, *Making It Explicit: Reasoning, representing, and discursive commitment*, Cambridge, Mass.: Harvard University Press, 1994, pp. 221—222, p.235.

③ 参见吉伯德：《语义表达论：意义与规范》，刘龙根、梅轩译，第100页。

## 三、布兰顿的批评：外表征语汇可作为语义表达的资源

布兰顿与普莱斯共有的一点关键洞识在于，以概念或推论而非表征或指称作为哲学探究的起点，从而两人均认同以推论的方式阐明内容的语义推论主义方法。普莱斯高度评价布兰顿的工作，认为布兰顿具体完成了他想要做的事情；[①]而布兰顿也曾借用普莱斯的主观自然主义思想来表明自己类似的理论立场。[②]然而，两人之间的思想有一点重要的不同，即普莱斯对表征论的反对是全局性的（global anti-representationalism），他也因此在相反的方向上迈向了全局化的表达主义，相比之下，布兰顿反对全局化的表征论（anti-global-representationalism），后者是一种比前者更弱的立场。布兰顿借用塞拉斯的相关讨论指出，并不是所有的陈述句都是用来表征事态的，例如，模态判断的表达功能在于使得推论的规则变得清晰化，而不在于说出事物如何或是什么。普莱斯使得反表征论的范围全局化了，然而，表征论本身并不是一项全局性的事业。故而，布兰顿所谓的反对全局化的表征论比普莱斯的观点更弱的地方在于，从正面看，他认为表征论是区域性，而不是全局性的，因而反表征论并不会必然导致一个全局性的结论。[③]

令普莱斯感到困惑乃至不满的地方在于布兰顿进一步的判断，即有些区域的表征论语汇是合理的。[④]需要强调的是，和普莱斯相

① See Huw Price, *Naturalism Without Mirrors*, Cambridge: Oxford University Press, 2011, p.20.

② See Robert Brandom, *From Empiricism to Expressivism: Brandom reads Sellars*, Cambridge, Mass.: Harvard University Press, 2015, pp.90—92.布兰顿曾受邀于 2018 年 4 月于复旦大学哲学学院杜威中心担任“杜威讲座”第二期的主讲人，在提问环节，他也曾多次运用普莱斯在主观自然主义和客观自然主义之间所做的区分来澄清自己的观点。

③ See Robert Brandom, “Global anti-representationalism?”, In Huw Price, *Expressivism, Pragmatism and Representationalism*, Cambridge: Cambridge University Press, 2013, pp.88—90.

④ Ibid., pp.85—88.

同，布兰顿也未将自然语汇视为一类根本的、作为逻辑语汇基础和具有证成功能的语汇。然而，布兰顿却强调某些自然语汇不可忽略的重要作用，在笔者看来，这乃是因为他需要在自然的语汇和逻辑的语汇之间建立起表达的关系，前者是后者的表达资源，后者是对前者的表达，从而避免了普莱斯过于强调语言的一面而带来的语义封闭性。或许正是出于这样的考量，布兰顿试图保留自然语汇，但是，我们需要铭记的是，这类自然语汇不是关于物理对象的语汇，实际上，自然语汇是我们自身在置身于环境中时，通过做的活动而获得的实践语汇，这是一种与世界直接相关的语用语汇，而我们关于这类语汇的逻辑表达或在推论中使得实践内容变得清晰时所使用到的语汇则是一种语用元语汇。语用语汇和语用元语汇之间的层次体现了“行”与“言”的关系，两种语汇在语用和语义的双维互动中变得丰富，旧有的元语汇可能由于出现了新的或更高级的表达语汇而变成需要被进一步表达的语汇，语汇的“元”身份是相对的和可变的，就在这样的一种动态关系中，世界、语汇、语言、认知等携手并进，一起丰富和发展着。①

布兰顿的上述思想体现了浓厚的实用主义色彩。沿着这一理解，我们可以接近布兰顿的逻辑表达主义思想。在笔者看来，表达主义的逻辑与仅关注形式正确性的传统逻辑的关键不同之处在于，它强调推理的规范性和实质推理的非单调性。就前一点而言，表达主义的逻辑将与推理相应的实质语用层次的后果(consequence)或蕴含(implication)关系视为规范的核心，认为我们在做的活动之中已经具有了“知道如何”的能力，即知道什么与某一做出的行为相容或不相容；这类隐含(implicit)于实践中的规范性结构是表达主义逻辑的前逻辑结构。就后一点而言，传统逻辑过于关注形式正确性，是一种单调逻辑，例如“如果 p→q 且 q→r，那么 p→r”。这种推

① See Robert Brandom, *Between Saying and Doing*: *Towards an analytic pragmatism*, Oxford: Oxford University Press, 2008, pp.176—200.

理忽视了活生生的实践中我们所面临的丰富且偶然的事件的作用，例如 q 所置身于的环境中有诸多可能因素使得我们在实质推理中从 q 得出不同的结论，或者 q 的内涵的轻微变化可能影响 $(p\rightarrow r)$ 的真值——在此方面，形式逻辑无法对实践活动中造成影响的偶然因素做出直接的或及时的应答。相比之下，表达主义的逻辑不以词项和对象之间的表征或映射关系为依据，与仅停留在形式的领域探寻如何进行正确地推理的传统形式逻辑不同，它始终保持对实质语用层次的表达性和应答性，在“做”与“言”之间不设置任何界限或分裂，从而，我们逻辑上明晰地表达的内容也是我们实质拥有的内容。①

在此方面，普莱斯争论道，既然逻辑表达的内容就是我们实质拥有的内容，那么，我们就可以认为表达的范围就是全部的范围了。布兰顿对实质内容的强调不禁让普莱斯怀疑他是否承诺了具有某种形而上身份的世界。②在上述阐释中，我们发现布兰顿并未对任何认知范围外的世界作出承诺，他对自然语汇以及实践概念的强调为表达主义提供了丰富的表达资源，这在一定程度上缓解了普莱斯所面临的困境，即失去了来自世界的制约，我们无法保证我（以及作为共同体的我们）在推理活动中不是在“胡言乱语”。在此方面，我们可以根据普莱斯哲学中的自然主义维度来“消除”布兰顿和普莱斯之间的思想分歧：“我们”是自然的一部分，从而我们的推论语汇直接便是实质语汇。然而，无论如何，普莱斯并未像布兰顿所做的那样（尽管他指明布兰顿的这项事业恰是他想做而未做的事业）清晰地厘清语义表达语汇和实质语用语汇之间的分层，以及它们之间的关系，从而招致了一些批评。

① 布兰顿：《推论主义、规范主义与元语言语汇》，孙宁、周靖、黄远帆、文杰译，上海人民出版社 2019 年版，第 95 页。

② See Huw Price, “Expressivism for two voices”, *Pragmatism*, *Science and Naturalism*(2011):100—110.

在与普莱斯和布兰顿的私下接触中，他们均曾向笔者表示过对彼此的赞赏和认同。普莱斯的主观自然主义的确为布兰顿的语义推论主义提供了支持，两种观点的共同依据在于，我们仅能依据主观的语言，从理性生物所具有的智识能力出发来进行哲学理论工作。但普莱斯走向的是全局表达主义，而布兰顿则强调了有着可被表达的资源，避免了普莱斯的表达主义可能面临的“无源”困境。在此意义上，布兰顿认为某些表征论的语汇是可以保留的，这类语汇是在实践的语用层次中所获得的经验语汇，在此方面，布兰顿明确吸收了杜威式的实用主义思想；而普莱斯则由于放弃表达资源而强调用法和功能的重要性，他自认为吸收的是维特根斯坦式的实用主义思想。由于对实用主义的认可，普莱斯有时将全局表达主义称为总体实用主义(total pragmatism)，与之相对，布兰顿承诺的区域表达主义可被称为区域实用主义(local pragmatism)。

总结而言，霍维奇、吉伯德以及布兰顿对普莱斯的批判尽管有着细节上的不同，但他们均忧心于全局的表达主义放弃了关于外间世界的外表征语汇。关于外表征语汇的理解，即这类语汇所关涉的究竟是怎样意义上的世界，构成了问题的关键。本章余下部分将围绕这一问题，对目前已有的讨论进行梳理与再探。

## 第三节　表征语汇的界限问题

### 一、表征关涉世界的限度

吉伯德和布兰顿方案的确比普莱斯策略有着更为丰富且合理的细节，两人对外表征语汇的处理也显得更为温和。然而，谁的观点更为“正确”则有待进一步的商榷，原因在于，我们仍需确认表征论的“限度”问题，即表征在何种程度上能够关涉(of/about)世界，或者世界有着怎样的本质？

我们看到，第一种答案来自普莱斯和罗蒂（如果考虑到普莱斯自然主义的一面，那么将他与罗蒂并置在一处便显得不那么合宜，此处仅关注于两人共有的思想），他们认为，既然世界不再能起到基础的证成和解释作用，那么我们便可以放弃世界和经验概念，放弃认为语言是反映世界的一面镜子的镜喻哲学。然而，这种理解带来了麦克道威尔所谓的失去世界的焦虑，即我们的概念空间会因为失去外界的制约而无摩擦地凌空自旋（参见第四章第一节）。麦克道威尔认为，思维应当受到外在的限制，经验应该有着世界中的来源。康德的经验理论构成了麦克道威尔的思想基础，在康德那里，将感性杂多统觉为直观的经验过程已经渗透了范畴的先验使用[①]，在这种意义上，对物自体予以我们的因果刺激的接受中已经结合了理性自发性和感性接受性的运作。然而，让麦克道威尔不满的是，康德依旧保留物自体概念，保留了一个外在对象对经验的撞击作用[②]，在物自体和经验之间留下了一段距离；在麦克道威尔看来，我们在经验中与世界无中介地接触，经验将世界直接呈现给我们。不难看出，麦克道威尔对经验的改造不同于布兰顿的逻辑表达主义思想，布兰顿从概念而非经验出发，以语义推论的方式展开对实践中涉及的经验的表达。

布兰顿哲学中对世界的承诺在麦克道威尔看来是间接的，更为直接的承诺或许来自语义外在论者，例如普特南[③]、克里普克（Saul Kripke，1940—　）[④]，以及伯奇（Tyler Burge，1946—　）[⑤]等人，

---

① 参见康德：《纯粹理性批判》（康德著作全集第4卷），李秋零编译，中国人民大学出版社2004年版：A249—A256。

② See John McDowell, *Mind and world: With a new introduction*, Cambridge, Mass.: Harvard University Press, 1996, pp.6—7.

③ See Hilary Putnam, "The Meaning of Meaning", In *Philosophical Papers, Vol.II: Mind, Language, and Reality*, Cambridge: Cambridge University Press, 1975.

④ See Saul Kripke, *Naming and Necessity*, Oxford: Blackwell, 1972.

⑤ See Tyler Burge, *Origins of Objectivity*, Oxford: Oxford University Press, 2010, p.344, p.386.

他们认为信念内容和状态是外在地被决定的，只要其内容是被个体化的（individuated），换句话说，某一主体 S 获得关于对象 O 的属性 P 时，这部分取决于 S 与她的外部环境 E 所具有的关系 R[①]，因而处在关系 R 一端的表物是实在的。克里普克的模态论证、普特南的孪生地球论证，以及伯奇的关节炎论证[②]等均是旨在为语义外在论作辩护的著名论证。与语义外在论相对，语义内在论者，例如布兰顿、博格西安（Paul Boghossian，1957—　）等人则强调主体 S 及其所具有的语言或文化的重要性，认为我们可以内在地谈论意义和真，博格西安提出了直接反对孪生地球论证的干涸地球论证。[③]语义遵从现象也有效表明，即便说话者没有完全理解某个言语表达，他完全可以通过诉诸拥有相关知识的语言专家来获得完全的理解。PhilPapers 的一项调查显示，超过半数（51.1%）的分析哲学家支持语义外在论；[④]而专注于呈现意识研究各类进路的 canonizer.com 网站则表明，认为意识是表征的和实在的这种观点在心灵哲学中占据主流位置。可以看出，世界或外表征并不如罗蒂和普莱斯所期待地那样，可以被轻易地放弃。

布兰顿、麦克道威尔、伯奇、博格西安等人为表征关涉世界的“限度”问题提供了第二种答案，不同于罗蒂和普莱斯，他们认为表征在一定限度上涉入世界——虽然他们对世界重要性的强调程度有所不同。对世界的极致强调或许来自如德维特（Michael Devitt，1938—　）这样的强实在论者。（普莱斯在他的《无镜的自然主义》

---

① See Lau, J. and Deutsch, M. “Externalism About Mental Content”, *The Stanford Encyclopedia of Philosophy* (Winter 2016 Edition), Edward N. Zalta(ed.), URL=〈https://plato.stanford.edu/archives/win2016/entries/content-externalism/〉.

② 参见凯乐斯特拉普：《语义外在论》，李龚译，华夏出版社 2016 年版，第 66—83 页。

③ See Boghossian, P.A. “What the externalist can know a priori”, In *Proceedings of the Aristotelian Society*, Aristotelian Society, Wiley, 1997(97):161—175.

④ See Lau, J. and Deutsch, M. “Externalism About Mental Content”, *The Stanford Encyclopedia of Philosophy* (Winter 2016 Edition), Edward N. Zalta(ed.), URL=〈https://plato.stanford.edu/archives/win2016/entries/content-externalism/〉.

前言部分将德维特的观点视为自己所批判的典型观点,他们同为澳大利亚人,而在澳大利亚哲学中实在论是主流思想。[①]笔者将在下一小节中详细讨论德维特的观点。)德维特"极力主张"将实在论的形而上学(本体论)问题与任何语义学问题相区分,认为在解决任何认识论的或语义学问题之前,应当先解决实在论问题,后一问题的解决构成了解决前一问题的基础[②]——这似乎也是当前讨论所面临的问题,即只有先解释清表征论的"限度"问题才能决定哪种方案更为合理。

德维特的主张在为"限度"问题提供最强的第三种答案时,也提醒我们将探究焦点转向世界的本体论身份问题。诚然,经过奎因对经验主义两个教条的拒斥、塞拉斯对所予神话的批判,以及戴维森对经验主义所予神话的批评[③],很少有人仍会持有强还原论或描述主义立场,即认为认知是一项描述外在世界的事业,我们应该以将认知还原为世界中的经验或刺激的方式来判断其真假。但是,诸多语义的探究工作保留了对语用层次应对的世界的应答;心灵哲学领域,来自世界或自然的刺激、信息等因为起到某种功能而成为知识的来源和基础。在这种情形中,世界的理论身份问题变为表征论理论的核心问题,关于它的本体论考察有由否存在物自体问题转变为是否存在实在——物自体是不可认知的,而实在是可被认知的,虽然它也对当下的具体认知保持超越性——这类考察不仅与形而上学的命运有关,也与认识论(以及表征论问题)的命运休戚相关。这一讨论将会随着本研究的深入而逐渐变得清晰起来,在那之前我们必须容忍问题和相关讨论的复杂性。

---

① See Huw Price, *Naturalism Without Mirrors*, Cambridge: Oxford University Press, 2011, pp.x—xi.

② See Michael Devitt, *Realism and Truth*, Cambridge: Princeton University Press, 1997, pp.3—4.

③ 参见周靖:《世界的失落与重拾:一个分析实用主义的探讨》,复旦大学出版社2019年版,第1—3章。

## 二、再议表征的实在面孔

如上所述，我们无法摆脱自身的主观性，这一事实成为普莱斯、罗蒂等人反对大写的表征论的一个关键理由。大写的表征论认为，外间世界中有着真之承担者，它们对我们的概念和判断起到证成和解释作用，这些真之承担者往往被视为独立于我们主观认知的客观实在。相应地，大写的表征论预设了大写的实在（**R**eality），认为认知的最终任务在于达到对那类独立于主体认知的实在本身的精确描绘，这种理解实际上蕴含了一个关键却未经反省的哲学预设：

(2.321) 认识论中关于对象的探究最终达到关于对象的一个本体论的结论。

这一预设假定认识论的探究和本体论的探究是一个连续的过程，认知探究对对象现象模式的揭示最终实现的是对本体(Noumena)之所"是"的揭示，根本地，认识论和本体论密不可分。恰是基于对(2.321)的承诺，戴维森、罗蒂、布兰顿等人才会得出一个否定性的判断，即从

(2.321a) 任何形式的认识论探究均无法解释对象实际之所"是"；

推论出，

(2.321b) 不存在对象"本身"。

这一推论基于这样的洞见：实在予以主体的刺激起不到证成作用。

塞拉斯清晰地揭示了这一点，如有一本体刺激某一主体，该主体获得关于该本体的“感觉材料”，在认识论的分析中，感觉材料既是直接来源于本体的，从而具有“非认知性”；但如若感觉材料能够提供关于本体的知识，它又必须具有可为主体理解的某种“认知性”；就此而言，我们在希冀感觉材料充当连接本体和主体的通道时，易于潜在地赋予非认知性的感觉材料以某种认知性，从而非法地要求感觉材料兼具关于本体的非认知性角色，以及可为主体所把握的认知性角色。[①]根据布兰顿的解读[②]，塞拉斯实际上不仅斩断了本体和主体之间的感性通道，也取消了系连在因果之链另一端的本体世界。在理解世界时，无可避免地“万物皆着我之色彩”，罗蒂因而指出，“认为知识就是精确的表征的看法，与认为现实具有一种内在的本性的看法是不可分离的，而实用主义者们对这两种看法都持反对态度”[③]。从(2.321a)到(2.321b)的推理后果在实用主义那里更为激进地体现为，放弃世界“本身”，放弃世界具有一个本质的看法，从而求知的目标不再是获得关于外间世界的精确表征，而在于获得主体间“协同性”的话语[④]，用普特南的话说，“我们拥有的是更好的和更坏的说教，而那就是客观性”[⑤]。

然而，如果(2.321)是非法的，即如下相反的命题是可能的：

> (2.322) 从对象的现象模式中得不出关于对象的本体论的结论，根本地，两种模式之间存在不可逾越的鸿沟。

---

① 参见塞拉斯：《经验主义与心灵哲学》，王玮译，复旦大学出版社 2017 年版，第 14 页。

② See Robert Brandom, *From Empiricism to Expressivism: Brandom Reads Sellars*, Cambridge, Mass: Harvard University Press, 2015, p.53.

③ 罗蒂：《实用主义哲学》，林南译，上海译文出版社 2016 年版，第 9—10 页。

④ 参见罗蒂：《偶然、反讽与团结》，徐文瑞译，商务印书馆 2005 年版，第 269—281 页。

⑤ 普特南：《实在论的多副面孔》，冯艳译，中国人民大学出版社 2005 年版，第 68 页。

那么,我们仅能有权认同(2.321a),而无法进一步承诺(2.321b),即认识论的探究——无论是肯定性的或否定性的——仅能就关于本体的现象作判断,而未就本体作任何判断,包括否认本体的实有。这一事实使得我们有可能持有反大写表征论的认识论立场,但对本体无动于衷。如果这确实是一种可能的实情,那么实用主义的结论或许显得过于激进而有待反省。

第三章的讨论将会使我们看到,戴维森、布兰顿等人所采取的自上而下的解释顺序则从理性的主体一方出发,试图以语句为基本元素,以推理为基本步骤,以共同体范围内主体间的成功交往为基本准绳:那些在成功的语义活动中稳定指向对象的表达式可以实质地(materially)关涉对象。这里所谓的实质突出的是维特根斯坦或古典实用主义意义上,在学习语言的语用活动之中,实践地接触到的外在对象。布兰顿指出,在实践的语用层次,我们隐在地对内容作出承诺,在后来的语义推论中我们才能使之显明并对之具有资格。布兰顿对推论语义学和实质语用学的融合体现了实用主义的一个基本思想,即言与行的活动是连续的。言、行在实践中的动态关系不仅取代了心、物之间的静态关系,还将语义活动的有效范围(心的能力)扩展及世界中的实质内容。

布兰顿的做法与麦克道威尔对经验概念的改造、析取论等思想(参见第四章第一节)有着异曲同工之处,在后者那里,理性自发性和感性接受性在经验中的融合使得思维的界限与世界的界限成为同一个界限,世界范围内的感性运作与心灵范围内的理性运作是同一个过程。此外,麦克道威尔的析取论表明,"显像,作为主体的一种状态,体现在主体能够以特定的方式使得对象向她显现"[①]。事物必然以如此特定的方式向我们显现,我们因此拥有的并不只是关于对象的纯粹心理状态,而是与对象处在一种直接的认知模式之中。

---

① See John McDowell, "Tyler Burge on disjunctivism", In *Philosophical Explorations*, 2010(3):244.

如若追问布兰顿和麦克道威尔是否会进一步承诺(2.321),我们将会得到否定的答案。在布兰顿看来,不存在认知范围之外的物本身,他对塞拉斯保留本体做法的不满最为典型地体现了这一点。麦克道威尔进而拒绝将自己作为认知模式的析取论理解为一种消除本体与现象界限的本体论或存在论模式,或许对他而言,更为重要的问题不是对象本身是什么,而是对象如何向我们呈现?

然而,如若我们对实在论问题怀有热忱,那么我们可能从布兰顿和麦克道威尔的观点中得出一种放弃大写实在的实在论,即一种观念实在论,认为我们对概念的成功使用能够保证对某类独立于我们的实在的认知。显而易见,这种意义上的实在已然不同于(2.321)意义上的大写的实在。

颇为有趣的是,在某种意义上,我们在认同(2.321)时很容易会否认大写的实在,理由在于,诸如语言的、科学的理性探究最终大都只能在现象范围内有效,**现象和本体有着根本的存在模式上的不同,跨越从现象到本体的存在论鸿沟如何可能,这是一个根本的问题。**布兰顿和麦克道威尔的做法实质上否认这条沟壑存在,将实在拉进现象的、可认知的范围,从而否认大写的实在存在。

德维特对这类做法颇为不满,他明确为一种非常强的实在论立场作辩护。在逻辑的次序上,他根本地否认(2.321),即否认以语义的或科学的方式,通过对对象的现象模式探究来解释对象的本体模式。他强调,在考虑实在论问题时,

> (2.323) 我们应当在解决任何认识论的或语义学的问题之前,应当先解决实在论问题。

德维特的观点有些微妙,我们不妨聚焦于他对如下两个关键问题的回答来领会他的思想:如何理解实在,以及语义的探究为何与实在论问题无关。

首先，根据(2.323)，实在为语义的“真”或推论的“善”奠定基础，对实在的描绘为真指引方向，而非相反。德维特为之辩护的是从经验形而上学到经验认识论的解释进路①，一方面，“经验形而上学”而非“先验形而上学”，这既暗示了实在于经验中直接显现的可能，也否决了将实在理解为某种超越论意义上的理念的可能；另一方面，从经验形而上学到经验认识论的解释次序与布兰顿式的反向进路截然相对。根本地，在德维特看来，语义的探究可以是一项无关乎表征内容的事业，关于物理世界的实在论问题与语言的语义问题毫无关联。②

其次，与此相关，德维特指出了实在的两个关键维度，即实存性(existence)和独立性(independence)。“独立性”强调物理对象客观地独立于心灵而存在，实存性则对诸如石头、树木、猫，以及电子、μ介子等这样的科学实体作出承诺。③实在的两个维度经常被混淆，或它的实存性维度被忽视。按照德维特的标准，布兰顿式的语义推论主义的探究至多只能对独立性的实在作出承诺，而无法保证实在的实存维度。德维特主要提供了如下三个理由，前两个理由有些琐碎，第三个理由则甚为关键：

(a) 语言能力可以完全无关于表征而得以培育，因为在语言系统中被谈及的表征完全可以是语义内容，例如“燃素”“独角兽”“詹姆斯·邦德”等；再者，我们可以用 Fido 代表(represent)狗，福多代表认知科学，这里的“代表”并未表征任何外间对象，但它显然拥有语义的用法。④

---

① See Michael Devitt, *Putting Metaphysics First*: *Essays on metaphysics and epistemology*, Oxford: Oxford University Press, 2010, p.3.

② Michael Devitt, *Putting Metaphysics First*: *Essays on metaphysics and epistemology*, Oxford: Oxford University Press, 2010, pp.45—46, pp.64—65.

③ Ibid., pp.32—33.

④ See Michael Devitt, *Ignorance of Language*, Oxford: Clarendon Press, 2006, pp.5—6.

(b) 但是,我们并不能在对"真"的语义探究中逾越那一存在论鸿沟,从而在本体论上对"对象本身"作出承诺。如威廉姆斯所指出的那样,论述"猫存在"的真,并没有在本体论上让你承诺于猫。[①]根本地,那些不直接对实在作出承诺的理论大都试图通过理论的完善或成功来保证实在。以科学实在论为例,成功的科学理论的汇聚往往被视为提供了关于世界的真实说明,从而一步步地帮助我们逼近实在。然而,在德维特看来,科学理论的汇聚性和逼真性是以对大写的实在的承诺或直觉为前提的,如不然,科学家们——除了诉诸达尔文主义,即认为好的理论是那些导向有利于生存一面的真理[②]——将无以说明科学理论缘何进步。然而,德维特指出,达尔文主义仅要求我们在经验层面上有一个恰当的理论,而不要求相关的理论为真。[③]科学实在论如若仅诉诸理论在经验层次暂时的合理辨明,那么,它实际上并未真正承诺实在。在此意义上,科学实在论——包括许多其他承诺了实在的理论,诸如建构主义、布莱克伯恩的准实在论、普特南的模型论的实在论等——至多只能算作为一种弱实在论,"弱实在论的世界是一个连纳尔逊·古德曼也会承认的世界,一个'没有种类、秩序、运动、精致或模式'的世界……相信它会造成什么差别呢?它是一个我们无法认识或谈论的世界"[④]。对"实在"的相信"态度",仅为诸如布莱克伯恩这样的准实在论者提供了谈论"真""事实""独立性""客观性""知识"等提供了实践依据,而他们却逃避了直接阐释理论与实在之间关系的责任。[⑤]这类不发挥任何直接作用的实在世界在德维特眼中只不过是唯心论无聊的附加物,那些"伪实在论者"们借以隐蔽起自身的反实在论立场。

---

① 参见德维特:《实在论与真理》,郝苑译,科学出版社 2017 年版,第 271 页。

② 同上书,第 142—143 页。

③ 同上书,第 64 页。

④ 同上书,第 12 页。

⑤ See Simon Blackburn, *Essays in Quasi-Realism*, Oxford: Oxford University Press, 1993, p.5, p.34.

(c) 关键地，德维特极具洞见地指出语义实在论者对如下两个立场的混淆：

> (c1) 强科学实在论：大多数不可观察到的科学类型(types)中所包含的殊型(tokens)，它们客观地独立于心灵而实存，并且(大致)遵从科学法则。
>
> (c2) 真理符合论：语句有着符合论的成真条件。[①]

德维特解释道，强科学实在论是一种形而上学立场，它就一般意义上的世界的本质持实在论的立场，承诺该立场让我们有理由相信，科学能够带领我们探查那些未知却具有实存性的领域。然而，真理符合论，在德维特看来，是一种关于语句的内容和语句的思想之间关系的理论，符合关系即是关于这两者之间关系的一种解释；对内容的语义探究不必然使用科学语汇，语言的"理论语言"也必不然关涉具有实存性的内容或强科学实在论所蕴含的形而上学问题。强科学实在论和真理符合论实际上有着不同的理论旨趣，它们寻求的理论证据也不尽相同。[②]对两者的混淆，使得持有真理符合论立场的语义学家理所当然地认为，对语义内容作出外在的归因便已足够，但这种对外在性的承诺仅凸显了实在的独立性维度，而遗失了实在的实存性维度，从而，真理符合论者或许并不比布兰顿式的谈及语义内容的推论主义的策略做得更好，对外在内容独立性的强调也未将我们带到完全的形而上学实在论立场上。

再次，基于(a)—(c)这三点理由，德维特对实在的独立性和实存性两个维度同时提出了要求。其中，德维特依仗科学实在论以保证实在的独立性维度，这主要体现在科学对那些日常不可观察到的

① Michael Devitt, *Putting Metaphysics First: Essays on metaphysics and epistemology*, Oxford: Oxford University Press, 2010, p.37.

② Ibid., pp.36—38.

或尚未被认知的实在对象的探究之中；而对实在实存性的保证则依赖于常识实在论，它对花丛鱼虫这样可观察的实体作出了承诺。[①]科学实在论和常识实在论共同保证了那些可观察和不可观察的对象的独立性和实存性。

最后，既然德维特承诺的是一种形而上学实在论，那么，相应意义上的实在如何进入认识过程，以及在认知论中扮演怎样的角色，这些便是随之而来的问题。德维特指出，我们的常识以及科学均假定了一些实在，但不同于库恩和费耶阿本德等人的建议，即科学每一次理论的彻底变革都会带来本体论中的变革，德维特为在任何时刻 t 的"实在论(t)"作辩护，即在具体时间内(例如 2020 年)理论中所谈及的实在，其本体论属性并不会因为在未来时间(例如 2220 年)中理论的变革而被取消，或被视为是假的。有意思的是，德维特承认现实时间 t 关于实在的理论可能是错的，但他并未向怀特(Crispin Wright，1942—　)眼中的皮尔士那样[②]，承诺时间的终点 T，某个理想的共同体将会实现对实在的完备(complete)表达。这便带来了一个让人感到困惑的问题：德维特甚至不诉诸共同体对关于实在的知识的修正作用，在接受可错论的前提下，何以保证实在呢？

这里恰恰体现出了德维特一个关键的独特立场：德维特由于对立场(2.323)的承诺而调转了理论的关注点——不同于对终极实在的寻求，因为追寻实在仍然是以认识论的方式追寻一种形而上的结论，例如立场(2.321)——德维特试图立足于对大写实在的强定义而调转解释的方向，形而上学实在论是在先的，从而对具体作为当下科学假设的实在论(t)作出批判并不会有损实在在先的形而上学

---

① Michael Devitt, *Putting Metaphysics First*: *Essays on metaphysics and epistemology*, Oxford: Oxford University Press, 2010, p.57.

② See Crispin Wright, *Truth and Objectivity*, Cambridge, Mass. Harvard University Press, 1992, p.45.

身份，这里的依据体现在如下观点中："将实在论等同为关于物理世界的知识，这是一种错误的观点。"①"我所谈及的实在论是一种形而上学学说。……它仅是有一点认识论的意味。"②"实在论，像其他形而上学理论一样，仅对具体的理论问题起到限制作用，而不对任何具体的理论作出判定。"③从而，实在论(t)实际上仅是关于实在的一种理论，实在对这种理论起到限制而非判定作用，从而实在论(t)即便在未来为实在论(t′)所取代，这也无损于实在本身，根本地，实在论(t)是一种认识论理论，它在德维特那里，不会带来形而上的后果。

德维特的这一转向或许会让那些有着形而上学热情的人们感到悻悻然，如若我们跟随他放弃(2.321)的立场，我们也随即放弃将实在视为认识探究的对象，实在仅能作为一种形而上的力量对知识的探究过程起到限制作用，而我们对这种"限制"不仅能言甚少，也只能以现象的方式呈现之，这里体现出了一个深层的矛盾：实在只能以可知的方式被认识，但实在却不是认知的对象，那么，我们究竟所知"何物"？

从德维特的视角看，关键的问题并不在于是否存在外部世界，而在于是否需要赋予这种世界以独立的本体论地位——**我们可以通过取消外表征与内表征之间的本体论界限而承认前者，但这并不意味进一步承认世界独立的本体论身份。**吉伯德和布兰顿的表达主义让我们注意到一个有趣的事实，作为规范主义者，他们所面临的一个关键困难在于，如何在不脱离自身规范立场的前提下，保证规范语汇对自然语汇的实质关涉性；由于规范立场的探究起点是在规范空间之内的，规范主义者既无法直接诉诸自然事实，也不能不

① Michael Devitt, *Putting Metaphysics First: Essays on metaphysics and epistemology*, Oxford: Oxford University Press, 2010, p.43.

② Ibid., p.42.

③ Ibid., pp.47—48.

加论证地直接设定某种外在的自然，从而以自然与规范的关系为探究起点。这样一来，取消自然与规范之间的本体论界限，认为规范空间内的判断有着非证成性的直接的自然依据似乎变成唯一可行的选项了。这一选项实际上也是两人至少隐在承诺的选项；倾向和应当，语用语汇和语言元语汇之间是不存在本体论界限的，因而对于吉伯德和布兰顿来说，似乎没有必要承诺世界独立的本体论地位。

## 小结　表征、实在和认知的界限问题

行文至此，塞拉斯、普莱斯、麦克道威尔、布兰顿、霍维奇、吉伯德，以及德维特等哲学家相继入场，他们不同的理论视角已如乱花，几欲迷人眼了。我们此时需缓下脚步，厘清一下诸如实在、世界、自然这类概念在他们解释中的意义。

关于“世界”，当怀疑论者追问世界存在与否时，确然是在追问这一时刻予以我们感官刺激的外部存在是否如我们所视之为的样子，从而，“世界存在么?”这一问题更为精确的表达是，“世界本身真如我们对它的呈现那般么?”，这实际上是表征论的根本问题。这一问题的当代成因在于，哲学家们不再将世界和我们之间的因果关系当作知识的基础，而试图寻求关于因果关系新的解释模型。我们已有的讨论已经呈现了如下几种主要选项：

(i) 罗蒂立场，认为放弃关于世界的经验语汇，我们仅能从自身的语汇出发，这样的语汇并不会将我们带出自身的范围之外；

(ii) 塞拉斯立场，认为我们的确是自然生物，我们也的确只能运用自身的语汇来表达外在自然中的对象，我们寄希望于科学语汇在自我纠正的事业中更新，慢慢实现关于外在对象的完全表达；

(iii) 普莱斯立场，认为既然我们是自然生物，那么我们的理性语汇便已然是一种自然语汇，它表达的对象与范围已经穷尽所有；

(iv) 布莱克伯恩立场，认为我们的确仅能从语言陈述出发，提供关于外在事实的判断，虽然外在事实无法在语言范围内现实地被获知，但对实在的承诺为现实的判断提供了限制和依据；

(v) 麦克道威尔立场，认为思维无边界，思维的界限就是世界的界限，不存在外在世界；

(vi) 布兰顿立场，认为理性实践活动中，理性生物将外在世界中的内容纳入自己的命题陈述中，但我们仅能以使用语句的理性推论主义方式来表达出那些内容；

(vii) 德维特立场，认为语义探究同实在论问题无关，语义探究(包括科学探究)无法完成那一从方法论探究到存在论探究的"本体论之跃"，形而上学实在论仅能从实在本身出发，它对现实陈述起到限制而非判定的作用。

我们将在接下来的第三章和第四章中对布兰顿和麦克道威尔的立场将作出更为细致的探究。笔者所总结出的这七种主要立场虽不完全，但似乎已足以能让我们理解"世界"或"实在"了。中立地说，世界就由单纯地在那里的某物(something simply out there)构成的，它有着独立性、客观性和实存性，实在亦如此。然而，由于哲学家们基于各自不同的理论视角，世界呈现出了不同的面孔，或者说，他们在不同程度上"取用"这个世界。如果从常识视角出发，很少有人会对这个世界存在与否产生怀疑，而在哲学的论述中，理论论证却试图界定世界的合法面孔，即表征。接下来的讨论还有很长的一段路要走，笔者期望能在终点处给出关于表征的一种令人信服的理解。

# 第三章 戴维森和布兰顿的语义表征论

如何或是否可能谈及外间世界中的对象？这一问题在语言哲学中的提问方式是，语词如何或是否可能在外间世界中有一个指称。用我们熟悉的表征论的方式提问则是，是否存在一个位于外间世界中的表征物（represented），该物构成了语义言谈的最终指向。在此意义上，指称论与表征论有着密切的联系，本章在一定程度上（主要是在弗雷格的语义学语境中）将指称理解为语义表征，笔者也将根据讨论的具体情境而可互换地选用这两个表述。然而，本章将会揭示，语义表征的内涵似乎并不总是清楚的，谈论语义表征的方式也不是单一的。在本章中，笔者试图从弗雷格的语句分层思想出发，进而讨论戴维森和布兰顿对弗雷格思想的承继和改造，以期为语义表征在语义和语用之间的“流转”勾绘一条基本线索。

弗雷格的句子分层理论蕴含了以句子为基本单位，以“真”为起点，以谈论句子真值的方式谈论词项的指称等基本洞见；相关的阐释将表明，弗雷格哲学中的“真”有着先验性。戴维森和布兰顿对弗雷格的思想均有所继承，也有所背离。戴维森以先验的“真”保证意义，但他同时发展出了彻底的解释理论，丰富了后验的语用维度。布兰顿则丢弃了“真”之先验性，将“真”视为推论的“善”的属性。他试图结合推论语义学和实质语用学的哲学事业将确认词项的语义表征活动放置在开放性的社会实践活动之中。布兰顿以此方式既丰富了确定语义表征的(社会)广度,也增进了语义表征的(语用)实质深度。此外,布兰顿在新著《信任的精神》中吸收了黑格尔思想,进一步赋予了语义和语用纠缠在一起的"深度"以厚重的历史蕴意,这也更进一步地拉开了他与弗雷格思想间的距离。

在讨论中我们发现,语义表征有着在世界之中和在言语中被言说的两面性,用认知的语汇来说,表征的两副面孔体现为事物在自身之中是什么(what things are *in* themselves)(本体,自在存在)和事物在意识中呈现为什么(what things are *for* consciousness)(显像,自为存在),表征的结构体现为两副面孔之间的关系。相关的问题在于,语义表征能否超出语义的范围而具有外在性,即它是否能够或在何种程度上关涉外间世界,换句话说,本体和显像有着怎样的关系。这一问题与上一章讨论的相关之处在于,如若语义表征能够切实地关涉世界,那么我们便可合理地指责普莱斯的全局表达主义过于激进。然而,我们将会看到,语义表征似乎难以实现直接的关涉性,究其原因是,戴维森和布兰顿的讨论起点均是概念或概念性的,而探究活动进一步展开的方式则主要是主体间的交流和推论,如此一来,关于外间世界的谈论似乎依旧只能获得隔靴搔痒的效果,这让诸多学仁感到不满。麦克道威尔的相关批评将引导我们步入下一章关于"何以能将世界直接纳入理性视野"这一问题的讨论。

## 第一节 弗雷格句子分层理论的洞见

在写给胡塞尔的一封信中,弗雷格画了如下一个图[①],王路称

① Gottlob Frege, *Nachgelassene Schriften und Wissenschaftlicher Briefwechsel*, Felix Meiner Verlag Hamburg, 1976, S.96.转引自王路:《语言与世界》,北京大学出版社2016年版,第17页。为了讨论方便,笔者把原翻译中"涵义"(Sinn)改写成了"意义",把"意谓"(Bedeutung)改写成了"语义指称"(虽然这种改写不甚恰当)。下文出现的相关引文,亦同。

之为“弗雷格图示”，认为我们可以从这个图示中看出两点普遍的东西，“一点是语言层面的东西：句子、专名、概念词。另一点是与语言所表达的东西相关的东西：句子的意义、句子的指称。这样……语言与语言所表达的东西得到十分明确的区别”[1]。笔者认为，这两个要点也能够帮助我们认识到弗雷格思想中甚为紧要的三点洞见，即将句子视为基本单位的“语境原则”、将“真”放在首要位置，以及根据“真”来理解意义和指称的关系。这些洞见对后来的语言哲学（就本章来说，尤其是戴维森的真之语义学与布兰顿将实质语用学和形式语义学结合起来的哲学事业）产生了深远的影响。

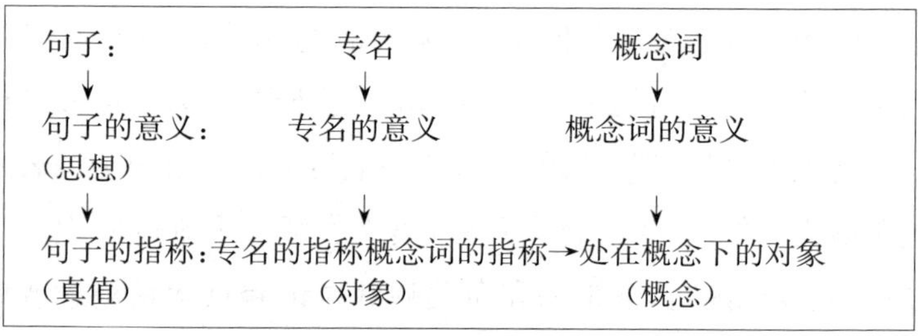


**图 3-1　弗雷格图示**

## 一、弗雷格的三个洞见

弗雷格的第一个洞见在于，把语句作为语义研究的基本单位。在近代认识论传统中，哲学探究的起点是语词与对象之间的因果关系；但弗雷格认为，“必须在句子联系中研究语词的指称，而不是个别地研究语词的指称”[2]，这一表述即著名的“语境原则”。弗雷格提出这一原则主要是为了确认“数”也是一种客观对象。根据传统的理解，我们无法通过经验、直观、抽象等方法，像确认“苹果”这类

① 王路：《语言与世界》，北京大学出版社 2016 年版，第 17 页。

② 弗雷格：《算术基础：对于数这个概念的一种逻辑数学的研究》，王路译，商务印书馆 2001 年版，第 9 页。

对象的存有一样来确认“数”作为对象的存有。弗雷格试图以界定数字出现于其中的语境的涵义的方式来谈及它的指称。这一思想对布兰顿产生了重要的影响。布兰顿提道，19 世纪 90 年代的弗雷格的语义探究是从推论，而非从指称开始，他在《概念文字》一文中，也以推论的方式来阐释“概念内容”(conceptual content)。[①]本章第三节将会讨论这一思想对布兰顿有着怎样的具体影响。

弗雷格的第二点洞见在于，将真值当作句子的指称，这一做法表明了“真”在弗雷格思想中占据着关键位置，“真”较之于“意义”有着某种优先性。按心理主义的解释方式，尽管像“独角兽比骏马更强壮”这类语句有意义，我们却无法确认它们的真值，因为独角兽、金山这类概念有意义却无指称。但是，根据弗雷格的方法，我们可以合理地“谈及”这类概念的指称(即对象)，谈及它们所在的语句的指称(即真值)。以“奥德赛在沉睡中被放到伊萨卡的岸上”这个语句为例，弗雷格写道：“这个句子显然有意义，但是由于无法确定这里出现的名字‘奥德赛’是否具有一个指称，因此同样无法确定整个句子是否有一个指称。但是却可以肯定，所有当真认为这个句子为真或假的人都承认，‘奥德赛’这个名字不仅有意义，而且有一个指称。因为这里谓词肯定或否定的正是这个名字的意谓。……一般来说重要的是句子的真值。”[②]根据弗雷格的解释，如果我们有了一个语句的真值，那么，我们便能确定该语句中的词项，例如“奥德赛”的指称，因为，我们恰是就该词项的指称作出了判断。

弗雷格的这一解释中有两个值得注意的次要点，其一，较容易看出的是，弗雷格是以谈论语句真值的方式来谈论词项的指称，对于他来说，如果仅考虑句子的意义，那么追问奥德赛的指称则是多余的，因为“奥德赛”显然具有意义；我们只有在考虑整个句子的真

① See Robert Brandom, *Articulating Reasons*: *An Introduction to Inferentialism*, Cambridge, Mass.: Harvard University Press, 2001, p.50.

② 弗雷格:《弗雷格哲学论著选辑》，王路编译，商务印书馆 2013 年版，第 102 页。

值时，才需要(也才能够)讨论“奥德赛”的指称。故而，语句的“真”在弗雷格哲学中有着优先于“意义”的位置，我们是以语句层次上的“真”而非“意义”为根本依据来讨论语句内含的词项的指称的。其二，以“真”为前提而“不得不”被“谈及”的指称(语义表征)不再是(例如)实在论的经验论者所说的指称(例如，物理对象)了，词项与指称之间的关系也不再是因果关系，而转变为语义关系。诚然，我们可以使用弗雷格的方式谈论虚构对象，但认识论者可能会追问，还存在着物理对象和语义对象之间是否同一的问题么？就布兰顿来说，人们可以在实践中通过实质地(materially)使用语句的方式来谈及对象，这种在实质语用学中所谈论的对象，是哪一类对象？达米特判断道：“我们最多能说，名称的指称，或者说它所属的语义等价的表达式的类，是有名称的承载物(如果存在的话)所决定的。”[①]然而，在外延语境中的某物不实存的情况下，名称的承载物只能是内涵语境中的语义表达对象，即语义表征，从而通过语义关系对世界中某物的承诺——至少在弗雷格那里——并不必然走向表征物。笔者将在下文的讨论中关注这一问题。

从第二点中可以推知出一个可能有争议的(但出于当前的探究目的，暂且不涉及进一步的相关讨论)第三点洞见，即弗雷格式的“真”有着先验的内涵。对于弗雷格来说，当我们从真值的角度来思考句子时，我们便进入了对句子的“科学的思考”，摆脱了对句子在意义层次上的“艺术享受”。[②]以真值作为起点或前提，意味着句子以及句子的实质组成部分都有着明确的意义和指称，句子有了确定的成真条件，我们可资得出真值；例如，当句子的真值为“真”时，我们知道自己正确地使用了这个语句。有意思的地方在于，获得语句的成真条件的过程是在后验的生活中进行的。在日常的生活实践里，我们知道“天空是蓝色的”这个句子的成真条件，但是，弗雷格将

---

① 达米特：《弗雷格：语言哲学》，黄敏译，商务印书馆 2017 年版，第 530 页。

② 弗雷格：《弗雷格哲学论著选辑》，王路编译，商务印书馆 2013 年版，第 102 页。

“真”作为起点，意味着他只可能将成真条件缩约为“‘P’是真的当且仅当P”这类形式，意味着所有具体的成真条件都可以被取消，乃至所有语句的“现实细节”(例如，“雪是白的”是真的当且仅当雪是白的)都可以“消失”，最终只剩下先验意义上的“真”。只有先验意义上的“真”才能保证它之于意义的优先性，保证语句是有意义的，笔者认为，戴维森也是在这个意义上坚持认为“真”先于“意义”；此外，基于这种意义上的“真”，人们依旧可以通过逻辑的运作——用王路多次引用的弗雷格的话说，“真为逻辑指引方向”①——来谈及词项的指称。但这里仍然有着方才提及的问题，即如何理解此时被谈及的指称？

## 二、理解指称的语义和语用维度

本章下文中，笔者试图将弗雷格意义上的语句的意义和指称两个层次粗糙地对应于语义和语用两个维度，在这两种维度上，我们谈论指称的方式是不同的，所得到的指称由此也有着不同的内涵。我们可以基于语句的用法来谈论其意义，而无需考虑它所包含的词项的指称(即对象)与它自身的指称(即真值)。实际上，在日常生活的大部分时候，我们不需刻意凸显指称的问题。例如，当我说“苹果是红色”的时候，我仅可以通过“说出”(utter)就能有意义地使用这个语句；根本地，按照戴维森和布兰顿的理解，使用语言是打开世界的方式，我们对语言的使用是实质的，即天然地将自然中存在的对象纳入语词的效力之内，我们不妨将这种意义上的对象称为指称1。但是，当我们以语句为基本单位，基于真来谈论意义时，语词和对象的天然关系变成了语义关系，“对象”此时在逻辑的运作中“间接地”出场，我们可以称这种意义上的对象为语义指称或指称2。

① 王路：《弗雷格思想研究》，商务印书馆2008年版，第2页。

上文已经多次提及的问题因此可被重新表述为指称1和指称2是否同一的问题。此外，我们还需要额外关注一个琐碎的问题，即指称1是否意指在自然中独立实存的物理对象，这类对象经过因果刺激的链条而被传递至我们的概念空间之内。本章的基本（但未对之作直接或充分阐明）取向是，将指称1视为物理对象，但需注意，这并不意味着这种意义上的指称可以作为辨明知识的基础，第五章将对这一问题作出更多的讨论。

此外，就表征论而言，指称1可以被理解为外表征，指称2则可以被理解为内表征。这里的问题便是，语义表征是指指称1（外表征）还是指称2（内表征），抑或兼具两种指称的内涵？①

## 第二节　以先验的“真”贯通内/外表征的戴维森策略

“真”在戴维森哲学中也有着首要的位置，并且，在笔者看来，“真”在戴维森哲学中也有着先验的内涵，其理由近似于认为弗雷格式的“真”有着先验性时所持的理由。但是，较之于弗雷格，戴维森也强调在语用的层次上（即弗雷格所说的句子的意义层次上）来谈论语义表征（指称）（下文中将主要使用语义表征这一术语）。然而，戴维森只保留了对象之于概念的因果刺激，这种刺激仅对概念起到限制而非证成的作用②，因此，他不能以诸如还原论的方式来证成概念，他最终还是以先验的“真”来保证对语句的意义，以及语句与事实之间的关联。

---

① 笔者承认，此时这种简单的对应已经偏离了弗雷格的思考，因为在弗雷格那里，与“主观的”（subjective）相对立的概念是“实存的”（existential），主观的我思伴随着表象（representation）；但弗雷格不是从这种心理学层面上的主观性出发，而是从逻辑的“思想”中把握“指称项”（reference，即本章所谓的语义表征），逻辑中客观的（objective）也是实在的（objective），但不一定是实存的。从而，严格来说，与本章此处表征1和表征2的关系相对应的应该是有着实存性的实在和语义表征（指称项）之间的关系。

② 参见戴维森：《真理、意义和方法：戴维森哲学文选》，牟博编译，商务印书馆2008年版，第254—275页，第336—359页。

## 一、完全因果律保证的形式"真"①

为了能够更为简单地理解戴维森相关的哲学特质，笔者的讨论从戴维森对休谟因果理论问题的处理开始。戴维森迈出的第一步是将语句视为"原因"(以及"结果")的基本单位。举"史密斯从楼上摔下导致了史密斯的死亡"为例，旧有的休谟理论认为，"史密斯从楼上摔下"是"史密斯死亡"的原因，在对该事件进行解释时，休谟主义者面临的问题是，难以基于这个偶然性的事件推知该事件必然在所有的可能世界中都会发生，即"史密斯从楼上摔下"必然导致"史密斯死亡"。戴维森的处理方式是，他不试图解释这个事件中的因果性本身，而是试图解释"为什么史密斯在时间 t 会死亡"，如果把史密斯死亡的诸可能原因共同具有的属性记作 F 的话，那么，在所有可能世界中导致史密斯死亡的原因 $e_1$，$e_2$，$e_3$，……所构成的事件集便是导致史密斯死亡的必然原因，可记作 $F(e_1, e_2, e_3, \cdots)$，如果有 n 个事件构成了史密斯在时间 t 死亡的原因的话，可以把原因记作 $(\exists !e)(Fe \& t(e)=n)$。(其中，!e 表示在时间 t 发生的唯一的事件集。)于是，我们可以用逻辑的形式(而这个形式相应于一类语句表达式的集合)来表示原因。

我们可以对结果作出同样的理解，提出"在 t′，史密斯从楼上摔下会导致什么"之类的问题，以对所有可能世界中的结果作出完全的(full-fledged)描述。尤为需要强调的是，我们对原因的描述越完全，原因便能越充分地导致唯一可能的结果；我们对结果的描述越完全，结果便越能必要地限定唯一可能的原因。具有完全的逻辑形式的原因和结果是互相限定的，因此，戴维森迈出的第二步是，得出完全的因果律形式：

① 本节前两小节内容已出版于周靖：《"世界"的失落与重拾：一个分析实用主义的探讨》，复旦大学出版社 2019 年版，第 4 章。

$$
L: \begin{cases} (S)(e)(n)(Fe \,\&\, t(e)=n) \rightarrow (\exists !f)(Gf \,\&\, t(f)=n+\varepsilon \,\&\, C(e,\ f)) \\ \text{and} \\ (N)(e)(n)((Ge \,\&\, t(e)=n+\varepsilon) \rightarrow (\exists !f)(Ff \,\&\, t(f)=n \,\&\, C(f,\ e)) \end{cases}
$$

其中，!e，!f 表示存在的唯一事件集，n 表示事件集中事件的数目，F，G 是对应于原因和结果的事件性质的函数，C(e，f)读作 e 导致了 f，t 表示事件发生的时间。[①]在函数 F 中，t 作为一个具体的赋值函项，一旦 t 作为具体的数值被输入到函数中，那么，就会输出一个或有限数目的具体事件。该形式中的(S)能够说明 a 的充分性，(N)能够说明 b 的必要性。如果我们对原因描述得越充分，我们便能越更好地阐明结果的必要性，反之亦然。由于对原因和结果的描述是对称的，因此，L 所示的因果律是一个充分必要的因果律，原因和结果都是充分必要的原因和结果，因此有了 L，我们便可以解释"史密斯从楼上摔下导致了史密斯的死亡"这个唯一的现实事件必然发生。[②]

戴维森的完全因果律形式是**先验的**，它不是从经验中归纳出来的，而是完全出自逻辑的运算。完全因果律的形式"真"在戴维森哲学中之于因果事件就如"真值"在弗雷格哲学中之于语句。此外，在弗雷格哲学中，我们可以从语句的真值出发谈及词项的指称；在戴维森哲学中，我们可以从完全的因果律形式出发谈及一个具体的因果事件。

## 二、维系了意义和指称关系的"真"

笔者认为，戴维森修改后的塔斯基 T 语句具有的"真"，与完全

① See Donald Davidson, "Causal Relations", In *Essays on Actions and Events*, Oxford: Oxford University Press, 2001, p.158.

② Ibid., p.157.

因果律的形式"真"和弗雷格意义上的"真"，有着本质上的共通性。并且，正是基于这样的"真"之概念，笔者进一步判断，戴维森同弗雷格对指称概念有着共通的理解。

众所周知，戴维森对塔斯基 T 模式作出了两点基本的修改：他将 s 改造成场合句；并且，他将时—空—人坐标引入 p。"讲有待被解释的语言的人认为各种各样的语句在某些时间和某些场合为真"①——这构成了认为语句为真的证据。于是，戴维森将塔斯基的 T 语句：

(T) "p"是 t 当且仅当 p，

改造为：

(T′) s 是 t 当且仅当 p。

其中，t 表示谓词"真的"，"p"表示元语言，p 表示对象语言，s 则表示一个场合句。根据 T′，可以有：

(T′) 当"Es regnet"这句话由 x 在时间 t 讲出时它在德语中为真，当且仅当在 t 时在 x 附近天在下雨。

支持该 T′语句正确性的证据乃是无穷递归的同类事件中的一个具体事件，例如：

(E) 库特属于讲德语的语言共同体，库特认为"Es regnet"这句话在星期六中午为真，并且星期六中午在库特附近天在

① 参见戴维森：《真理、意义和方法：戴维森哲学文选》，牟博编译，商务印书馆 2008 年版，第 189—190 页。

下雨。

戴维森认为，我们需要对（E）进行普遍化（全称量化）的处理，以得出：

> (GE) (x)(t)如果 x 属于讲德语的语言共同体，那么，x 在 t 时认为“Es regnet”是真的，当且仅当在 t 时在 x 附近天在下雨。

此时，（GE）已然不是偶然性的经验证据，它实际上是（T′）的改写，其中，场合句 s 指的是“如果 x 属于讲德语的语言共同体，那么，x 在 t 时认为‘Es regnet’是真的”，p 中的时—空—人因素对应着 t，附近的雨天以及 x。

在将先验的“真”赋给（GE）和（T′）之前，我们需要思考一个进一步的问题，即仅以共同体的信念为依据，似乎我们就可以获得有意义的谈话。这里的情况与弗雷格那里类似，如果我们只在意义的层次上谈论语句，那么指称的问题便是无关紧要的。如果要谈论指称，弗雷格认为，必须从“真”出发，**“真”维系了意义和指称的关系。**戴维森也认识到了类似的一点，即在彻底解释的情况中，参与交流的两个理性生物，如果他们能够成功地交流从而语句有着共有的(shared)意义，那么他们必须承诺存在他们共同谈论的客观对象，即弗雷格意义上的指称。在此意义上，对于戴维森和弗雷格而言，他们的解释顺序均是**“真→意义→指称”。**接下来，我们需要结合彻底的解释理论来理解“真”在戴维森那里为什么必须是先验的。

## 三、作为宽容原则根本依据的“真”



让我们先回到为什么戴维森会对塔斯基的 T 语句进行改造这

一问题上来。塔斯基将T模式当作一种真之理论，戴维森则把该模式视为一种意义理论；塔斯基认为意义在真之先，而戴维森认为真在意义之先——把成真条件作为意义的基础便是所谓的“戴维森纲领”——**“真”是戴维森哲学的逻辑起点。**以“‘雪是白的’是真的当且仅当雪是白的”这句话为例，塔斯基首先假定它的意义是清楚的，然后讨论它何以为真；戴维森则首先关注于“雪是白的”（又如，“史密斯死亡”）是什么意思，追问我们如何解释这句话，然后我们才能理解这句话的意义，而解释需要以“真”为前提。

然而，**“解释”是戴维森哲学的实际起点。**他所关注的解释是一种彻底的解释（radical interpretation），即甚至连奎因所谓的“翻译手册”尚未存在的情况下，对他者的可观察的行为作出解释。在彻底解释的情形中，戴维森把信念和真看作是基本的，因为只有在把他者的某些言语表达看作是真的之情况下，我们才能结合具体的环境以及他者的其他行为作出进一步的解释。对他者某些言语表达的“持真态度”（认为……是真的）是解释得以开始的第一步，“持真态度”打破了“除非我们知道某人所相信的东西，我们就不会知道他所意谓的东西；除非我们知道某人所意谓的东西，否则，我们就不会知道他所相信的东西”这一循环。[①]持真态度的部分依据在于戴维森所谓的“宽容原则”。宽容原则在此并不是作为一种选择而出现，它是作为一种必然而强加于我们。倘若我们想要理解他人，我们则必须秉持宽容原则，必须假设参与交流的人必须具有理性，必须假设我们与他人在很多问题上的看法是一致的。

但是，宽容原则的必然性仅体现在作为启动一段交流的必要性么？笔者认为，情况没有那么简单。虽然戴维森没有明确表明，但我们可以合理地将先验的“真”作为宽容原则的依据。上文中我们谈道，具体语句（E）的正确性依据在于（GE），而（GE）有着（T′）形式

---

① 参见戴维森：《真理、意义和方法：戴维森哲学文选》，牟博编译，商务印书馆2008年版，第29页。

上的“真”，且(GE)是将无数个例进行普遍化后所得到的形式，因此具有逻辑上的必然性。故而，可以推测，在戴维森那里，宽容原则的必然性有着逻辑上的深层依据。(T′)的“真”可被合理地视为宽容原则的根本依据，以及彻底的解释活动的前提和依据。

## 四、戴维森与弗雷格的同和异

基于上述讨论，我们可以认为戴维森和弗雷格一样，在逻辑上以“真”作为解释和交流的前提，“真”保障了宽容原则，保障了理性生物的行为，包括他们所说的语句和词项，是可被理解的。根本地，“真”打破了意义和意谓(指称，语义表征)之间的循环，如弗雷格哲学中的情形那样，如果从“真”出发，我们才能保证对语义表征的谈论。

在这里，戴维森和弗雷格之间有着两点明显可见的不同。首先，戴维森所谈论的语义表征是主体间的理性生物所共同“谈及”的对象，而不是指在句法上构成语句内容的词项所对应的指称，即指称 2 或内表征。其次，戴维森认识到了“意义(信念)—指称(信念内容)”的循环，即弗雷格所谓的语句意义的层次上，以“信念”作为负载意义的基本单位，我们可以在理性生物的社会性的交往活动中谈及“内容”，即指称 1 或外表征。戴维森对人称、主体间性、三角测量等问题的讨论，无不表明他比弗雷格更为强调在社会性的活动中谈论意义。或许，对弗雷格来说，只要语句的真值是确定的，那么意义就是自明的。但情况是，我们有时(或者说，许多时候)起初并不知道某个语句的真值，我们需要在语句的意义的层次上先*习得*某个语句的成真条件，即从事戴维森式的将与语句(E)同类的诸语句普遍化为(GE)的工作。

在学习语句的成真条件时，我们需要注意到戴维森独特的“语言观”。传统的语言观认为，语言是反映世界的一面镜子，语言折射或反映实在。戴维森的观点与此不同，他认为，“在拥有眼睛、耳朵和拥有语言之间有一种可靠的相似:这三者都是我们用于直接与环境交往的器官。它们不是中介物、屏幕媒介或窗户”,“我们不是通过(through)我们的眼睛,而是用(with)它们看”①。在戴维森看来,语言不是认知世界的中介,它将世界直接带给我们,我们用语言直接与世界打交道,因此,语言和世界处在密不可分的关系之中。戴维森的语言观强调了指称1和指称2之间密不可分的联系,这无疑超出了弗雷格谈论指称的方式。同时,这也让我们联想到了在第二章第二节中讨论到的,吉伯德和布兰顿取消合法的自然语汇和规范语汇之间本体论界限的做法,如若语言是打开世界的方式,那么指称1和指称2必然就是一枚硬币的两面。语义表征在此同时兼具两种面向,且这两者面向有着根本上的同构性。

## 第三节 以非先验的“真”保障外表征的布兰顿策略

尽管戴维森在语义和语用的双维度上谈论指称1和指称2,试图紧密联系起两者;但是,从语义的层面出发,戴维森似乎只能保证对指称1的“本体论承诺”,毕竟他在这个层次上承袭了弗雷格式的先验的“真”。而在语用的层次上,戴维森更多是在存在论的意义上来谈论指称1和指称2之间的直接关联,他未能对从指称1到指称2这个连续过程或两者之间的关系(如表达和被表达关系)的细节进行说明。相比之下,布兰顿在对弗雷格思想有所继承的同时,更为清晰地表明了他结合起这两类指称的热望。

### 一、对弗雷格的重要背离:实质推论优先于形式推论

在把实质语用学和形式语义学结合起来的事业上,布兰顿实际

① 戴维森:《真理、意义和方法:戴维森哲学文选》,牟博编译,商务印书馆2008年版,第320—321页。

上部分继承了弗雷格的思路，即把作为推论一环的“从言的”(*de dicto*, from what is said)断言同实践中所使用的“从物的”(*de re*, about the thing)信念结合起来，以使得形式的序列和实质的序列(言语和对象，即指称 2 和指称 1)能够一致起来。[①]

以推论的方式谈论指称，他认为弗雷格是这种思路的“方法论之父”[②]。这种方法要求人们从可在推论中起到一个环节的概念开始，概念的内容可能初始是内隐的(implicit)，内容将在推论的过程中被明晰化(making explicit)，诚如函数中的空位[如($\exists$x, Fx→b)中，x 是一个空位]本身虚席以待，而在具体的运算中等待被赋值一样；布兰顿接着认为，那些保持了推论的“善”(goodness)的被替换项共指向(co-refer)了一个对象，而弗雷格认为，那些能够被填充在空位上的变量也共指向了一个对象。具体的方法上，布兰顿以替换的框架的方式谈论语义内容，即在一个语义结构中通过对其中可变项的替换来发现那些能够保持“善”的被替换项，这些替换项具有相同的语义内容(即指称 2)。在此意义上，布兰顿承袭了青年弗雷格的语境原则和推论的方法论，即“不是从指称观念而是从推论观念”开始语义学的探究，“内容被推论所决定，表达的推论将清晰地表达任何一种内容”[③]。由于本章聚焦的问题是指称 1 和指称 2 之间的关系，我们不妨对布兰顿如何具体讨论指称 2 的问题存而不论。[④]

然而，需要注意的是，上述简化的表述中，“共指向”这种说法并未必然设定对象是实存的外物，更为确切地说，所指向的是“弗雷格图示”中“处在概念下的对象”或在“思想”中所把握到的东西。在这

---

① See Robert Brandom, *Making It Explicit*. Cambridge, Mass.: Harvard University Press, 1994, pp.67—140.

② 参见布兰顿：《阐明理由：推论主义导论》，陈亚军译，复旦大学出版社 2020 年版，第 44 页。

③ 同上书，第 44 页，第 53 页。

④ 相关的讨论请参见周靖：《“世界”的失落与重拾：一个分析实用主义的探讨》，复旦大学出版社 2019 年版，第 5 章；以及刘钢：《真理的话语理论基础：从达米特、布兰顿到哈贝马斯》，人民出版社 2015 年版，第 293—317 页。

一点上，认识论者会提出的问题是，从推论而非指称观念开始探究，原先横陈于心灵与世界之间的因果铁幕变化为由以推论为方式、以概念为原材料而织成的语义铁幕，我们能否刺破这层铁幕而达至关于外在对象的讨论，这是需要回答的问题。

对于弗雷格而言，认识论者提出的这一问题犯了心理主义谬误。弗雷格在心理的层面定义“主观的”(subjective)这一概念，“主观的”与外间世界的实存(existence)对立，主观性的我思伴随着表象(representation)；但他在逻辑的意义上理解“客观的”(objective)这一概念，思维中的客观对象是实在的(real)。从而，在传统心理主义者或此处的认识论者那里，语义表达是主观的，语义内容需要从主观进展到实存和实在的维度；而对弗雷格而言，逻辑意义上阐明的客观对象便是实在的，但它不一定是实存的。①澄清了这一点，我们将能理解为何弗雷格会说道，我们无法脱离表象来思维，但对我们思考什么而言，表象无关紧要，因为“尽管我们的思维伴随着表象，思维的内容无需符合我们表象的内容。弗雷格总结道，如果我们无法找到与语词相关的表象，这并不意味着语词是没有意义的。换句话说，语词拥有意义，这并不意味着有一个关于该语词的表象。因为我们无需诉诸表象来确定意义”②。心理主义的谬误本质在于，混淆了思维的内容和表象的内容。

然而，对布兰顿而言，关于表象的谈论仍是重要的哲学问题，在这一点上，布兰顿步入到对弗雷格的第一个背离，他将形式推论放置到主体间的社会交往活动中，从而试图发展出一道从推论到表象的社会路径。

具体地说，布兰顿对弗雷格的背离体现在对如下思想的批判

① See Michael Dummett, *The Interpretation of Frege's Philosophy*, Cambridge, Mass.: Harvard University Press, 1981, p.120.

② Wolfgang Carl, “Frege—A Platonist or a Neo-Kantian?”, In *Building on Frege: New essays on sense, content, and concept*, eds. Albert Newen, Ulrich Nortmann, Rainer Stuhlmann-Laeisz. Stanford: CSLI Publications, 2001, pp.14—15.

中:实质的阐明(material articulation)是逻辑的阐明(logical articulation)的衍生物,他写道:“人们经常将**推论的**阐明等同于**逻辑的**阐明。实质推论因此被看作是一个派生的范畴。这种观点认为,所谓合理的(being rational)……可被理解为一种纯粹的逻辑能力。”[1]就此而言,布兰顿认为成熟时期弗雷格的错误在于,从对推论的关注进一步迈向了对“真”的关注,将“真”定义为一个原初的和不可定义的起点,从而将“真”视为指引纯粹的逻辑运作的原力,此时的“真”有着先验性。

与弗雷格相对,布兰顿指出:“推论的**形式的**好来自推论的**实质的**好并根据推论的实质的好得到解释。”[2]布兰顿这里体现了一种实用主义的洞见,即形式层次的语义实践源自实质层次的应对外在世界的实践活动。由之而来的实质推理在发生的次序上先于形式推论。在布兰顿那里,实质推理指的是像“如果有闪电,就会有雷声”“如果北京在上海的北边,那么上海在北京的南边”这样的推理,它实际上是一种“知道—如何”(knowing-*how*)的实践推理,它是我们前反思的行事的基本模式。这类推理的真值取决于其前件与后件所包含的实际内容,而不必涉及或要求有任何成熟的逻辑能力。[3]布兰顿批判的如下“教条”也无疑是弗雷格所秉持的思想:“这种‘教条’表达了对于一种解释次序的承诺,它只是根据其形式而把所有推论看作好的或坏的,断言中所包含的内容仅在关涉(隐含的)前提的真时才是重要的。”[4]

总言之,布兰顿对弗雷格的背离体现在,将实质推论放在实际的在先位置上,根据实质推论来解释形式推论的真,而非相反的解释次序。形式推论仅具有方法论上的优先性,即它是我们具体阐明

---

① 布兰顿:《阐明理由:推论主义导论》,陈亚军译,复旦大学出版社2020年版,第44页,第47页。

② 同上书,第44页,第50页。

③ 同上书,第47页。

④ 同上书,第48页。

实质推论时首先需要采取的方法。

我们可以对布兰顿思想中的实用主义特征做进一步阐述，以阐明布兰顿与弗雷格思想的不同。首先，虽然布兰顿明确强调哲学事业应该从感性与理性的断裂处开始，即从人所独具的智识能力(sapience)出发，将语效可以附着于其上的次语句表达式或判断——而非感性刺激——视为哲学探究的起点，但是，这并不意味着布兰顿否定作为感性对象的外间世界的实存，布兰顿认同实用主义的一个基本观念，即“最根本的那类意向性(在指向对象的意义上)是指在世界中包含对象，这些对象是感性(sentient)生物所娴熟应对的世界中的对象”①。他对语言一面的强调，实际上只是带来了方法论上的改变，在此意义上，布兰顿也将自己的哲学立场称为“方法论的实用主义”②。但这并不意味着放弃关于世界的谈论。③

其次，方才指出，布兰顿对实用主义的关键继承还体现在他将实践放在优先位置的做法。实质推论是我们在与世界实质接触的实践活动中自然地拥有的推论，它体现了我们实践行事的能力，是后续的形式化的语义表达的依据与根源。但是，布兰顿的哲学方法却是语义推论，从而他需要将实质语用学和形式语义学结合起来——这恰是布兰顿哲学事业的基本特征。然而，如若我们认为形式语汇和实质语汇之间存在本质的差别，那么，我们在使用这些语汇谈论对象时，也将获得有着本质差别的两类对象：语义对象(语义指称)和世界中的内容(外指称)。如何保证语义对象和世界内容的同一性，这是认识论者所提出的问题。布兰顿对这种思路持批判态

---

① Robert Brandom, *Between Saying and Doing*: *Towards an analytic pragmatism*, Oxford: Oxford University Press, 2008, p.178.

② See Robert Brandom, *Making It Explicit*: *Reasoning*, *representing*, *and discursive commitment*, Cambridge, Mass.: Harvard University Press, 1994, p.592.

③ See Robert Brandom, *A Spirit of Trust*: *A reading of Hegel's Phenomenology*, Cambridge, Mass.: Harvard University Press, 2019, chapter 8.

度，认为两种语汇之间只有相对的清晰程度上的差别，而无本质差异。将世界纳入理性视野，并以形式的方式使之明晰的过程体现为如下的动态过程：(1)在语用实践 P 中纳入世界中的内容，获得直接关联内容的语用语汇 V；(2)而后使用语用元语汇 V′中表达 V——语用元语汇是用于解释语用语汇的语汇——从而使得 P 中的实质内容被更为清晰地呈现；(3)V′可以进一步影响我们的实践方式 P，从而带来一种更为丰富的语用语汇。[①]在这样的一幅图景中，语用语汇保证了世界从未失落。从 P 经由 V 到 V′，再到从 V′到新的 P，这一循环路径使得我们在越来越丰富的推论语汇的语义活动中获得关于世界越来越丰富的理解。V 与 V′只有清晰程度上的差别，而无实质分野，旧的语用元语汇自身变为解释对象时，可能变为新的语用语汇。逻辑的形式阐明只是一种更为高阶的阐明，它追根究底地需要保持对实质阐明的应答。用塞拉斯“夹层蛋糕”的隐喻来说，“不可以认为学会一种语言就像制作一个夹层蛋糕：首先是对象语言，然后是元语言，再次是元元语言，等等，或者首先描述表达式，其次描述逻辑语词，然后是意向表达式，等等。语言学习者同时在所有这些维度上摸索。而且，每一层次上的成就同时体现了各个维度，而非加盖的全新一层”[②]。

布兰顿这里直接体现出了他对实用主义实践概念的继承：形式语义的探究与实质语用的实践活动之间不存在本体论界限，根本地，形式语义的探究是实践活动的一种特殊形态，这表明语言和世界之间不存在本体论界限，新实用主义的语言转向并未在语言和世界之间设置某种二元论；在言(saying)和行(doing)，语言和世界之际，语用语汇和语用元语汇的动态循环体现了后验实践的直接性、

---

① See Robert Brandom, *Between Saying and Doing: Towards an analytic pragmatism*, Oxford: Oxford University Press, 2008, p.10.

② 塞拉斯：《自然主义与存在论》，王玮译，复旦大学出版社 2019 年版，第 73 页。译文略有改动。

丰富性、动态性和生产性，世界和语言由此共同发展和丰富起来。弗雷格思想中无疑没有这层实用主义的底色。

在与陈亚军的一次对谈中，布兰顿确认道："概念内容决定语义内容。这里的思想图景是：某种语用学的理论以及某种言语行为的理论会把概念的语义内容当作是其表达式的输入部分，而后它们才会告诉你所施行的、有着那一内容的言语行为有着怎样的语用含义。"[①]也就是说，逻辑地表达出"知道什么"（knowing-*that*）是后来的一项工作。关于弗雷格，布兰顿直截了当地指出，弗雷格并不像塞拉斯那样对实质上正确的推论有着清晰的理解。[②]弗雷格的这一思想特质既让他的一些追随者认为，我们可以无需指称便可谈论意义。[③]在布兰顿那里，弗雷格遵循着"真→意义→指称"这样的解释次序。虽然布兰顿实际上接受了这种解释次序，但他在用主体间推论的"善"替代"真"，从而将主体的实质语用活动纳入考量时，他已经背离了弗雷格。

## 二、弗雷格式的原子语义学和黑格尔式的历史语义学

布兰顿在近著《信任的精神》中对弗雷格式的语义学和黑格尔式的语义学作出了区分，从中，我们可以进一步看出布兰顿对弗雷格的背离，以及布兰顿哲学本身的发展。

如果用我们当前所讨论的表征论的语汇来重述问题的话，问题则是，在应对对象的实践活动中，我们用以表达对象向我们"呈现"的语用语汇和用以表达我们对这些呈现的"再现"的语义语汇之间

① 参见陈亚军访谈，周靖整理：《匹兹堡问学录——围绕〈使之清晰〉与布兰顿的对谈》，复旦大学出版社2017年版，第98页。

② 参见布兰顿：《阐明理由：推论主义导论》，陈亚军译，复旦大学出版社2020年版，第55页。

③ See Robert Brandom, *A Spirit of Trust: A reading of Hegel's Phenomenology*, Cambridge, Mass.: Harvard University Press, 2019, p.426.

有着怎样的关系。如果用黑格尔式现象学的语汇来重述认识论者的问题的话，问题则是，事物在自身中是什么（本体，实在，事物的自在存在）和事物在意识中呈现为什么（现象，显像，事物的自为存在）有着怎样的关系。在布兰顿看来，一方面，“关于现象的谈论，即谈论事物向我们呈现的方式，它们向我们呈现为什么，便是去谈论我们在判断和行动中将概念运用于它们时有着怎样的理解”①。弗雷格用“意义”来表示这种理解，在理解和意义中拥有思想，由此把握和领会到的指称项（referents）仅是呈现于意识之中的、使用概念所表达的语义对象（即“处在概念下的对象”）。另一方面，布兰顿指出，我们还需思考对言及和思及（of/about）了什么，即我们对之作出判断的对象真正（really）是什么，这体现了关于对象的指称（referential）关系。从而，我们需要能够提供具体保证，根据意义层面的语义表达过程来逐步明晰地阐明内隐于实践活动中的关于对象的指称关系，即运用形式的推论表达活动来阐明实质的语用活动中所纳入的世界中的内容。

根据布兰顿的解读，在先验性的“真”引导下的逻辑运作中产生的弗雷格式的语义语汇有着独立的本体论地位，因而意义的表达可以仅依靠“真”在“思想”中有“意义”地引导至“指称”，而非通过首先诉诸“指称”来理解“真”。与弗雷格不同，布兰顿认为，我们需要同时考察认知（指称）关系和语义（意义）关系中所包含的内容，并且需要将意义和指称项调和为同一种关系的两个维度，也就是说，把意义和指称视为关于同一种内容的两种不同表达方式，这再度体现了他融合形式语义学和实质语用学的哲学主旨，亦体现了对弗雷格的背离。

在此方面，布兰顿认为我们可以在黑格尔哲学中发现可启迪我

① Robert Brandom, *A Spirit of Trust*: *A reading of Hegel's Phenomenology*, Cambridge, Mass.: Harvard University Press, 2019, p.422.

们这项当代事业的思想资源。[①]简要地说，把意义和指称视为关于同一种内容的两种不同表达方式，这意味着事物在自身中如何将决定事物在我们的意识中应该如何呈现，黑格尔式的语义学呈现了如下两方面的互相制约和引导：一方面，事物在意义中以“指称项”的面貌被呈现给主体时，主体并非全然主动地把握意义，他在那些交织着失败和成功的经验过程中，隐在地被动受到源于事物自在状态的诸感觉片段的引导、制约，乃至控制；因此，主体对内容（指称项）的诸实质承诺之间的相容性需受到经验片段的“首肯”；另一方面，事物本身在主体意识中的呈现方式因此也实质地作用于我们的经验过程，例如在一段“失败”因而是“错误”的经验中，事物呈现给主体的实质内容与主体已承诺的内容不相容，从而促使主体对自身的经验做出进一步的调整；但是，调整的“理由”已然是规范的理由，“在意识中呈现的事物只有已然披上了概念外衣，即已然可以通过实质的不相容性的关系以及（因此也包括）推论来得到阐明，才能得以发展”[②]。其中，黑格尔式的洞察在于，关系的指称和意义两个维度处在动态互惠的关系中，意义层面的表达过程将会逐步清晰地阐明和解释指称层面的关于对象的表象关系，从而语义推论表达的过程也是披露实质语用内容的过程。故而，对于黑格尔式的语义学而言，“真”不是一种状态，而是一种过程，体现了一种历史的进程。[③]

基于上述阐释，我们此时可以理解布兰顿指出的弗雷格式的语

① 布兰顿在《信任的精神》导论开篇处便直接言明，他对黑格尔《精神现象学》的解读不同于人们常见的一般解读，他独特的解读方式仅是可从黑格尔哲学中抽生出的诸多解读方式之一（See Robert Brandom, *A Spirit of Trust*: *A reading of Hegel's Phenomenology*, Cambridge, Mass.: Harvard University Press, 2019, p.1.）。笔者认为，我们不应拘泥于对布兰顿是否“准确”理解了黑格尔的讨论，布兰顿的工作不是单纯地阐释文本，而是在进行创造性的解读，以期发现黑格尔哲学在当代哲学的讨论中能有何用武之地。此外，我们也更应关注布兰顿在这样的解读中体现了自身怎样的哲学思想，即主要去试图理解一种“黑格尔式的布兰顿”。

② See Robert Brandom, *A Spirit of Trust*: *A reading of Hegel's Phenomenology*, Cambridge, Mass.: Harvard University Press, 2019, p.436.

③ Ibid., p.425, p.431.

义学和黑格尔式的语义学之间存在的如下四点不同：

首先，黑格尔式的语义学是一种整体论的语义学，而弗雷格式的语义学则是一种原子论的语义学。布兰顿指出："对于黑格尔而言，概念内容是依据其在一个网络中的位置才被识别和个体化的，而我们对这一网络的阐明则借助于实质的不相容性以及（所以也包括）实质推论……的关系。"[1]这一网络既有着关于事物的自在存在的**内容**上的实质相容性和不相容性，也包括了事物的自为存在的**概念**上的规范推论关系。相比之下，根据布兰顿的观点，在弗雷格那里，"真"静态地制约着意义和指称的关系。其次，黑格尔式的语义学兼论意义和指称两个维度，在指称的维度上强调意义在主体历史性的实践活动中所起到的作用，而弗雷格式的语义学则仅关注于谈论意义的理论活动（例如，判断活动）语境。再次，可从上述两点和已有的讨论中推出的是，弗雷格认为意义的领域是自成一类的，这一领域有着本体论上的独立性，从而可脱离于表象意义上的指称领域。相比之下，黑格尔式的语义学则兼纳两者，试图将意义和指称解释为（本体与显像等之间的）同一种关系的两个维度。最后，在意义的确定性（determinateness）问题上，弗雷格式的对"真"之寻求将会为意义的内涵、为指称项的集合划定一个清晰、确定、闭合的范围，而在黑格尔式的语义学中，意义和指称的确定都处在动态的历史发展中，在行动和认知构成的回环中，在无尽的经验过程中，概念内容获得其确定性，但这种确定性是可错的或可被撤销的；实质的指称序列和形式的意义序列在彼此披露和支持、否定和中介化的过程中，一道发展。"如果从回顾性的记忆视角来看，行动和认知构成的经验回环体现了以渐进地表达概念内容的方式来发展意义的过程。"[2]

总结而言，在布兰顿看来，弗雷格式的语义学和黑格尔式的语

---

① See Robert Brandom, *A Spirit of Trust*: *A reading of Hegel's Phenomenology*, Cambridge, Mass.: Harvard University Press, 2019, pp.425—426.

② Ibid., p.431.

义学不同之处主要体现在关于意义的原子论和整体论的不同视角、是否包含或排除对意义在实践活动中所起到的作用的分析、是否包含或排除对指称(表象)维度的分析,以及对意义的确定性的理解等方面。布兰顿对黑格尔思想的吸收有着复杂的线索,笔者尚无力展开其中的细节,我们似乎可以强调布兰顿在《信任的精神》中的一个关键发展,即在关于心灵和世界的关系问题上,他由原先其思想中主要呈现的实用主义基调转向了黑格尔式的历史主义,这为他融合形式语义学和实质语用学的哲学事业增添了更为直接、具体且厚实的韵味。

## 三、语义表征的本质

对实质推论、指称和表象的维度,以及事物在自身中存在作用于我们的方式的强调意味着,作为概念内容的指称可以在无需考虑其所在的语句的真值的前提下起到作用,乃至决定它所在的语句的真值。冲动的人们很可能急于将此处意义上的概念内容视作为指称1。但考虑到诸多反对的声音,我们暂且将布兰顿所谈论的概念的内容称为"指称 X"或语义表征 X。

布兰顿认为:"无论我们是以真或以理由的方式来思考命题内容,我们都有义务去讨论关涉性和表征。"[①]布兰顿重提了从言的和从物的两种归因方式。在前一种归因方式中,我们思考的是说话者在谈论**什么**;在后一种归因方式中,我们思考的是**什么**被说出、想到或谈及。前者涉及的是思想的命题维度,后者则牵涉到思想的表征(内容)维度。布兰顿提出的问题是:"为什么任何有着命题内容的状态或发生也应该被理解为具有表征的内容。"[②]布兰顿的回答试

---

① Robert Brandom, *Articulating Reasons*: *An Introduction to Inferentialism*, Cambridge, Mass.: Harvard University Press, 2001, p.158.

② Ibid., p.158.

图保证我们所谈论的命题的内容有着表征性的内容(即语义表征X)。我们此时关心的问题是,如何理解语义表征X。

布兰顿在《使之清晰》中提供的方案是,根据在社会维度下、主体间展开的话语性的语义推理方式来阐明和理解表征的内容。布兰顿相信,个体总是出于某种理由而采取行动,行动者是有着意向性的能动者(agent),因此表达行动的命题所具有的内容总包含有意向状态,但是,如果能动者想要证明自己的言语行为是可信的,那么他作出的断言必须能够在给出和索取理由的实践中作为推论的前提和基础,即作为推动活动的一个环节而被理解。例如,某人相信他面前的一个色块是红色的,并作出"这是红色"的断言。同时,这个人的身边还有一只鹦鹉,它同样能够说出"这是红色"这个表达式。并且,此人和鹦鹉都能对红色的色块做出可靠的有差异的反应,但他们之间谁能够谈论概念"红"的对象呢?布兰顿认为,只有具备在推论的链条中定位那种对某一对象做出反应的能力时,即能够知道从红色的某物中推出什么,知道什么可以作为某物为红的证据,什么与红的概念不相容时,我们才能够说某人真正作出了一个断言,该断言在给出和索取理由的游戏中能够走出一步(make a move),这一步骤能够证成其他的断言,也能为其他的断言所证成。相应地,他所持有的意向内容也被证成了。①

以推论的方式谈论语义表征,实际上需要在社会空间中接受他者的询问,作出断言的人有义务提供理由来证明他的断言和内容之间的关系。因此,断言的表征内容不仅要在推论的意义上被阐明,

---

① 刘钢认为,以推论的方式谈论表征意味着放弃单一的直接指称理论,即根据某种单一的因果链条或语义映射关系来直指对象,推论的方式根据次语句表达式起到的多元功能作用而指向了表征,从而"在放弃了表象主义或形式语义学的单一的直接指称理论之后,断言性语句的表征的客观性也只有通过一种在话语共同体内部展开的道义的计分才能判定。因此,一个根本的变化是,在布兰顿的推理主义语义学中,表征的状态正确或不正确、成功与不成功,不是取决于与所做的表征相关的事物是怎样的,而是取决于表征者的态度"(刘钢:《真理的话语理论基础:从达米特、布兰顿到哈贝马斯》,第349页)。从而,语义层面的表征(即表征2)在脱离了说话者的意图的情况下是不可理解的,语义表征最终实现的是对意向内容的表达和证成。意向内容是否等同于表征1,这是另外的一个问题。

也要在社会的意义上被阐明。布兰顿指出:“给出和索取理由的游戏本质上是一项社会实践。”[①]

布兰顿的这些表述或许会让人们想到戴维森,虽然在戴维森彻底解释的情形中,理性生物的交流起点是可以观察到的行为,而布兰顿哲学中的起点则是语言表达式;但是,随后的交往活动都是在社会空间中进行的(戴维森的三角测量模型的基线就是由两个不可互相还原的主体构成的社会之线,这条基线也同样浸透了语言[②])。两人另一个隐微的相似之处还在于,戴维森的语言观强调了语言和世界的直接关系,而布兰顿对实质推论的强调是否也暗示着,我们对实质推论的使用过程也是对把世界中的内容直接输入我们语言的过程?第六章第二节的讨论将会予以该问题以肯定的回答。然而,不管答案是什么,戴维森哲学中承诺了弗雷格式的“真”,这个“真”在先验的意义上保证了指称1和指称2之间的关联。但是,布兰顿哲学如何看待这一问题?抑或说,如何理解语义表征X?

我们上文对布兰顿与弗雷格思想差别的讨论中或许已经能够为我们如何理解语义表征X提供答案。此时直接的问题是,语义表征X与指称1同一么?我们可将现在要着手处理的问题分为两种情况。第一种情况是,语义表征X等于指称1(外表征),那么问题便是,布兰顿如何关联起指称1和指称2?第二种情况是,语义表征X不等于指称1,它等于指称2。情况是哪一种呢?

就第一种情况来说,克雷默(Michael Kremer)认为,未考虑现实对象的推论的说理方式却融合了谈论对象的诸种可能方式,这无异于通过对可能世界的谈论来披露现实世界,然而,我们一般在可能世界[无论根据戴维·刘易斯(David Lewis, 1941—2001),抑或

① Robert Brandom, *Articulating Reasons: An Introduction to Inferentialism*, Cambridge, Mass.: Harvard University Press, 2001, p.163.

② See Donald Davidson, “Three Varieties of Knowledge”, “The Second Person”, “The Third Person”, “The Social Aspect of Language”, “The Emergence of Thought”, In *Subjective, Intersubjective, Objective*, Oxford: Oxford University Press, 2004.

斯托耐克(Robert Stalnaker, 1940— )关于可能世界的理解①]和现实世界之间设置或承诺了一些逻辑关联,以能够保证对可能世界的谈论切实与现实世界中的事实相关,但是,布兰顿单纯地从推论的一方出发,未将对推论关系和事实关系之间的逻辑关联的思考放在首要位置,因而,布兰顿对可能世界的说明并不必然说明我们所栖居的现实世界的性质。②也就是说,运用断言作出的推论无论多么有效,断言的真实内容并不必然被谈及。克雷默继续分析道,即便在那些内容被谈及的情况之中,由于我们只能以推论的方式谈论表征,于是,我们只能获得关于表征的概念性的说明,克雷默因此认为,布兰顿并不能谈及经验意义上的表征,而只能谈论关于表象的形式概念,因此,布兰顿对表征所作的推论的描述只是关于表象的必要描述,而非充分描述。

黑尔(Bob Hale)和怀特更加直接地指出对表征的谈论和对断言的谈论是两个不同的过程。布兰顿认为,提出断言(asserting)和给出理由(reasoning)是一枚硬币的两面,在给出理由证成断言时,我们也对断言的内容进行了说明。然而,黑尔和怀特则认为,证言性(assertibility)与作出断言的人所置身的情境以及相关方面的信息有关,但是,关于内容的判断一般来说则不受上述语境的限制,因而,以推论的方式说明断言的内容和对断言的内容进行说明是两个不同的过程。③故而,两种内容不可能作为同一种内容而分别在两

① 根据斯托耐克的理解,刘易斯对可能世界作了基本的形而上的承诺,而斯托耐克仅把可能世界视为呈现人们的承诺、澄清承诺间分歧的框架,从而谈论不同的可能世界内事物的同一性,仅是在谈论由某种实际条件澄明的世界状态下,世界(某物)是否是如此这般的。参见 Robert Stalnaker, *Ways of a World Might Be*: *Metaphysics and anti-metaphysical essays*, Oxford: Clarendon Press, 2003, pp.7—8.

② See Michael Kremer, "Representation or Inference: Must We Choose? Should We?", In *Reading Brandom*: *On making it explicit*. Weiss, B. & Jeremy W.(Eds.), London and New York: Routledge, 2010, p.234.

③ See Bob Hale & Crispin Wright, "Assertibilist Truth and Objective Content: Still Inexplicit?", In *Reading Brandom*: *On making it explicit*, Weiss, B. & Jeremy W.(Eds.), London and New York: Routledge, 2010, pp.277—278.

类活动中得到说明。克雷默、黑尔，以及怀特都将语义表征X理解为指称2，并认为布兰顿的方式不能保证指称2等于指称1。

就第二种情况来说，麦克道威尔在讨论弗雷格就“从物”和“从言”所作的区分时指出，弗雷格所谈论的“实体”(*res*)只是通过言说而被展示出来的，在此意义上，“实体”在言说中并未直接出场。[①]他也因此认为，布兰顿至多只能获得概念表征，即指称2，这种表征仍然不是世界中的对象(麦克道威尔这里所说的对象是否等于指称1则是另一个复杂问题，相关讨论请参见第四章第二节)，推论地谈论对象的方式不能保证对世界的应答性。[②]普莱斯也认为布兰顿能够合理拥有的是表征2，即他自己所谓的内表征(i-representation)[③]，但普莱斯似乎不太确定布兰顿是否持有表征1。[④]按照麦克道威尔和普莱斯的理解，指称X等于指称2，故而在布兰顿那里不存在指称1和指称2是否同一的问题，因为只存在一种指称。究其原因，或许布兰顿更多地是在强调人际间交流的成功仅要求人们理解彼此言语行为的意义，而非成功传递某种对“什么被说出”(what is said)的共有理解。我们可以借用莱夫勒(Ronald Loeffler)给出的下述例子来稍加阐述：

> D：抱歉，打扰了，请问最近的药店在哪？
>
> E：在市中心市场。
>
> D：走路要多远？我的关节炎快要杀死我了。

---

① See John McDowell, "*De Re* Senses", In *Meaning*, *Knowledge*, *and Reality*, Cambridge, Mass.: Harvard University Press, 1998, pp.214—227.

② See John McDowell, "Knowledge and the internal Revisited", In *The Engaged Intellect*: *Philosophical Essays*. Cambridge, Mass.: Harvard University Press, 2009, pp.279—287.

③ See Huw Price, *Naturalism Without Mirrors*, Oxford: Oxford University Press, 2011, p.19.

④ See Huw Price, "Expressivism for two voices", In *Pragmatism*, *Science and Naturalism*. Berlin: Lang, 2011.

E:47 路公交会带你到那儿。站台在那边。①

D和E的上述会话无疑是一段成功的交流,但如若D是一名治疗关节炎的医生,而E则是一名哲学家,他们对"关节炎"的理解,即就关节炎而言"什么被说出"(考虑到他们的不同身份,以及因之而对"关节炎"所具有的不同程度的认识),是相同的么?药店、市中心市场等诸多日常的生活语词也有着类似的情况。尽管布兰顿承诺语义推论是对实质语用内容的表达,但他并未进一步就内容的同一性提出要求,这或许与他的反实在论立场有关——对在交流主体间持存的同一内容承诺了独立的、外在于主体的客观对象存在,即承诺了实在的实存性。内容的同一性对成功交流而言并不是必要的,重要的是对彼此言语表达的理解,而在这类理解之下,我们或许仅需要以语义方式便可谈及的指称2。与此相关,刘钢指出了哈贝马斯(Jürgen Habermas, 1929— )的一个洞见:"无论是描述还是交往,语言表达总是同时指向两个方向:世界,以及话语的接受者。因此,不能把事实当成是对被给予的对象的反映。事实只是交往层面的东西,因此不应把它当作出自于对象经验,事实与话语表达的有效性要求的主题是分不开的……它的有效性只有通过推论才能得到辩护。"②在我们可以从这种有效性中得出意义,以及一种在言语行为中发挥实质效力的真理性概念,此时真理是一个规范概念,而非认知概念;但这并不意味着,规范性的真放弃了对世界中内容的承诺,在哈贝马斯那里,真理性、客观性,以及表征维度构成了语言三副必不可少的面孔,实在是作为一种外力而被给予我们的,它与我们的关联不仅是因果性的,而且是认知性的。③人际间的交流、

① Ronald Loeffler, *Brandom*, Cambridge: Polity Press, 2018, p.196.

② 刘钢:《真理的话语理论基础:从达米特、布兰顿到哈贝马斯》,人民出版社 2015 年版,第 421—422 页。

③ See Jürgen Habermas, *Truth and Justification*, Barbara Fultner(Ed.), Cambridge, Mass.: MIT Press, 2003.

主体的行动以及表征的认知活动是紧密关联在一起的，因此，相较于布兰顿，在语义的真和语用的成功之外，哈贝马斯对经验内容的有效性提出了额外要求。[①]

上述质疑的共同之处在于，批评者们均认为布兰顿只能合理地论及指称2，其理由主要在于，布兰顿是以推论的方式谈论对象的，推论根本地是一种语言活动，这类活动无从踏足语言之外的自然世界。布兰顿在一些回应或关于相关问题的阐述中指出，从判断出发只是为了我们更好地谈论和理解表征或直观（布兰顿没有使用内涵模糊的“对象”或“感性杂多”这类词，这是一个值得关注的细节，因为表征或直观，在康德的意义上已然渗透了概念形式，根据布兰顿对康德的解读[②]，我们有理由认为，他也在相同于康德的意义上使用这两个概念），我们并未因此使得表征成为一个不可理解的概念。换个说法，我们首先具有关于经验对象的概念，而后以推论的方式阐明经验对象的性质，这种做法并未放弃对表征的探究。[③]再换个说法，布兰顿认为我们有着实践—语汇的充分性（PV-Sufficiency），即我们在实践中的实质推理能够慢慢变得有意义，这个过程中的第一步是理性生物能对周遭的环境进行有差异的反应，例如，在红色的对象出现时说出“这是红色”；但说出的这个表达式是一个维特根斯坦式的语言游戏，我们已经可以“以言行事”，“红色”在这个游戏中经由用法而获得意义；实践—语汇的充分性保证了我们有了“实践能力”（practices-or-abilities），例如，用“红色”这个概念指红色的对象；于是，另一方面，我们还有着语汇—实践的充分性（VP-

---

① Ibid., pp.131—174.关于哈贝马斯对布兰顿的批评，请参见周靖：“再思实用主义的实践概念：基于哈贝马斯与布兰顿之争”，载《实用主义研究（第二辑）》，华东师范大学出版社2020年版，第101—115页。

② See Robert Brandom, *Reason in Philosophy: Animating Ideas*, Cambridge, Mass.: Harvard University Press, 2009, p.38.

③ See Robert Brandom, “Reply to ‘Michael Kremer's Representation or Inference: Must We Choose? Should We?’”, in *Reading Brandom: On making it explicit*, Weiss, B. & Jeremy W.(Eds.), London and New York: Routledge, 2010, p.347.

Sufficiency)，即在“给出和索取理由”的这个语言游戏的中心“城区”中，能够“说出”我们能够“做”的东西。①或许在布兰顿看来，这已经足以说明使用概念的推论活动已经能够保证对内容的关涉性。但是，即便我们能够借助实践能力对世界中的对象做出归因，即便实质语用和语义表达是两个同一的过程，但是布兰顿根本地是以语义推论的方式来“表达”这些内容的，始终让人难以理解的是，尽管内容有着实践上的起源，但是布兰顿根本地是将这些内容作为隐在地可作为推论一个环节的有意义的“符号”(symbol，而非 signal)，此意义上的对象是为具有智识能力(sapience)的理性生物所独具的，而不是人类与具有感性能力的(sentience)的动物所共有的。无论如何，布兰顿所谓的内容不大可能等同于概念范围之外、独立于人的某种实在。

布兰顿曾明确表明，概念范围之外，无物存在；世界是由一系列事实(facts)而非事物(things)组成；事实具有稳定性，我们可以对之做出可靠的有差异的反应，它具有可被断言性(claimable)，即可以作为我们判断的内容，从而在认知的范围之内。②在此意义上，语义推论的任务主要在于，使得事实清晰地被呈现给我们，而非借助事实走向更遥远的事物，例如物自体。布兰顿也在一次访谈中明确指

① See Robert Brandom, *Between Saying & Doing: Towards an Analytic Pragmatism*, Oxford: Oxford University Press, 2008, pp.9—11.布兰顿的这一思想不仅体现了他对古典实用主义思想的继承，我们也可以在塞拉斯的文本中找到该思想的直接来源。塞拉斯指出，“如下假定是错误的，即认为语言的结构就像分层蛋糕：首先是对象语言，然后是元语言，再然后是元—元语言等等……语言学习者同时探寻这所有的维度”(Wilfrid Sellars, “Meaning and Ontology.” In *Naturalism and Ontology: The John Dewey Lectures for* 1974. California: Ridgeview Publishing Company, 1979, p.89)。实践中获得的语用语汇与用以表达内容的推论元语汇之间既不存在本质的断裂，它们之间的层次只是相对并互相交织和修正的，这一实用主义特质被布兰顿称为“基础实用主义”(Fundamental Pragmatism, see Robert Brandom, *Perspectives on Pragmatism: Classical, recent, & contemporary*. Cambridge, Mass.: Harvard University Press, 2011, p.9.)，按照这种理解，表征1和表征2实际上有着相同的理论(实际)结构。

② Robert Brandom, “Facts, norms, and normative facts: A reply to Habermas”, *European Journal of Philosophy*, 2000(3):365.

出，他的哲学目标仅在于获得关于事实的真判断，即某些句子是真的，我们赋予句子以真值的规范能力并没有赋予我们说出“什么造就了事实”的能力。[①]在此意义上，尽管他在《信任的精神》表达了对“事物在自身中如何”的关切，但关于“事物本身”的理解仅能在它呈现给我们的方式中获得，即通过对“事物在意识中呈现为什么”的考量来澄清关于事物本身的事实，此种事物是在可理解的范围之内的，而非退去所有概念外衣的、赤裸的“物自体”。

我们此时需要明确地区分开作为认知对象的事物和心灵之外有着独立的、本体论身份的事物。指称 1 和指称 2 的区别实质上体现了这两类事物之间的区别，随之而来的对布兰顿的质疑在于，他的语义学事业能否完成他所承诺的(尤其是我们上文论及的他在《信任的精神》第十二章中对指称维度的强调)认知工作。如果上述反对者站在一道，我们便会倾向于认为，在布兰顿那里，语义表征 X 等同于指称 2，布兰顿仅在语义学的事业上取得了成功。可以看出，布兰顿没有仅在语义的维度谈论指称，他试图结合语用和语义维度的探究的工作与戴维森的工作有着相似旨趣。但戴维森对物理对象的客观性作出了承诺，而在布兰顿的反对者看来，布兰顿似乎仅能止步于语义对象。但与弗雷格和戴维森不同，布兰顿没有为先验的“真”留下任何位置。[②]

然而，第二章第二节中关于布兰顿表达主义的逻辑的讨论，以及上一小节的讨论让我们看到，布兰顿实际上并未在表征 1 和表征

---

① Tanja Pritzlaff, “Freedom is a matter of responsibility and authority: An interview with Robert B. Brandom”, *European Journal of Political Theory*, 2008(7):373.

② 有意思的是，布兰顿的确在其他地方谈到了“先验”这个词。他对康德“先验”概念的解读是，先验的统觉综合的过程是使用概念进行推论的过程(discursive process)，我们以推论的方式谈论内容。按照布兰顿的进一步解释，形式逻辑只涉及判断的形式，而先验逻辑则关心判断的内容。布兰顿认为我们也应该以推论的方式来理解康德所谓的先验逻辑对于内容的运用。无疑，这里的“先验”概念仍没有“超越论”的内涵。不管布兰顿对康德的解读是否为人所接受，至少这个解读有助于我们理解他本人的思想。See Robert Brandom, *Between Saying and Doing: Towards an analytic pragmatism*, Oxford: Oxford University Press, 2010, p.187.

2之间设置本体论界限，他认为表征2可以是对表征1的表达，根本地，在布兰顿那里，形式有效的推理只有通过实质上正确的推理才能得到确切定义，而实质内容只有在形式表达中才能被确切地捕捉到，这是一个具有生产性的循环，在这个循环中语言和世界之间没有泾渭分明的界限和静止的相对层次。布兰顿取消语言与世界之间的本体论界限，并诉诸黑格尔式的历史主义，语言与世界在彼此中介化的活动中一起丰富和发展。这种消除本体论界限的做法究竟在何种程度上挽救了表征1，或者说表征1因而有着怎样属性上的变化？下一章将会通过麦克道威尔对布兰顿的批评、对麦克道威尔本人思想的分析以及布兰顿的回应，对此问题作进一步的分析，此处暂且不论。

## 小结　表征的语义和语用面孔

戴维森和布兰顿对弗雷格的思想均有所继承，也有所背离。戴维森在继承弗雷格以具有先验性的“真”的同时，他在语句的意义的层次上发展出了彻底的解释理论，虽然彻底的解释理论终究可以将先验的“真”视为依据，但该理论也突出了语用维度中社会实践的重要性，从弗雷格式的“真”抵达的词项的对象（指称项）成为一种保证主体间的交流成功和有效的“客观依据和前提”，在此意义上，后验层次上的“宽容原则”可以承担起先验的“真”所具有的功效。相比之下，布兰顿丢弃了“真”之先验性，在语义推论主义中，他对弗雷格从莱布尼兹那里沿用过来的“彼此可保真互换的东西是等同的”[1]这一原则作出了进一步的发展，他将一个语句框架内可被替换的次语句表达式进行替换，那些保全真值的被替换项指向了一个共同的（语义）对象；但是，布兰顿的替换是在社会性的“你来我往”推论的

① Robert Brandom, *Articulating Reasons: An Introduction to Inferentialism*, Cambridge, Mass.: Harvard University Press, 2001, p.60.

活动中进行的，这便意味着推论的“善”还将受到语言的句法之外的因素，即实践因素的影响，在此方面，布兰顿将确认词项的指称的活动放置在开放性的实践活动之中。布兰顿试图在语句的意义和指称的双层次上来谈论词项的指称，以及他对实质推论的优先性的强调，无疑均体现了对弗雷格精神的背离。

如果将弗雷格意义上的语句的意义和指称两个层次粗糙地对应于语用和语义两个维度，我们可以有这样不甚严格的总结：弗雷格仅在语义内谈及指称；戴维森谈论指称的最终根据在语义内，但兼顾语用，这两个维度在他那里有着某种程度上模糊不清的关系；布兰顿则双轨并行，两个维度并重且具有互动，他试图使得对两个维度上的语义表征的谈论一致起来。

笔者认为，从表征论的视角看，无论是弗雷格意义上，还是戴维森和布兰顿意义上的以语义方式谈及的表征均是内表征（指称 2）；关键的问题在于，戴维森和布兰顿能否保障外表征（指称 1）。关于这一问题，我们再度看到，以概念或可被概念化的为起点终究无法直接保障表征的外在性。如我们已经反复看到的那样，只有取消两类表征之间的本体论界限，才能够将外表征纳入理性的视野。这种处理方式保持了外在的经验之于概念空间的“输入”作用，然而，根本地，它们并未超出概念空间的范围之外。正是在这一点上，麦克道威尔对布兰顿等人的做法感到怀疑，认为他们实质上因为太过强调语义或理性的一面，而削弱了经验的作用，以致实际上放弃了世界。这一问题也与上一章结尾处论及的语义表征与实在的关系相关。下一章将具体讨论麦克道威尔对语义表征的批评，以及他如何保证对世界的直接关涉，以期对相关问题作更进一步的分析和澄清。

# 第四章　麦克道威尔的直接表征论

上一章结尾处提及，麦克道威尔怀疑戴维森和布兰顿所谓的语义表征能否保证对外间世界中经验内容的直接关涉，在他看来，戴维森和布兰顿式的理性主义进路由于过于强调概念的一面而至少潜在地使得我们仍然有着失去对世界的应答的危险。布兰顿在《信任的精神》中作出向黑格尔哲学方向的发展似乎也不能让麦克道威尔感到满意。布兰顿《信任的精神》的题词为，“献给约翰·麦克道威尔，致敬我们三十多年的亲密友谊和同侪之情。虽然他不同意我的观点，我在本书中试图对释义学元概念进行系统化的创造性重构，这种学术写作具有的奇异风格显然也不是他钟爱的那盏茶，但仍要感谢他在本书曲折发展成文的过程中，与我一道艰难前行并提出诸多诚恳建议”。麦克道威尔无疑十分明了布兰顿的思想，但似乎仍然未能同意布兰顿的观点。

众所周知，就心灵与世界的关系而言，麦克道威尔的策略集中体现于试图恢复经验的证成作用，然而这以他对经验概念的新释为基础。麦克道威尔认为，经验不是主体对外间世界的单纯被动的接受，主体在接受来自世界的内容时，理性已经自发地运作起来；从而，经验的过程是一个感性接受性与理性自发性相协作的同一个过程。在这样的一个过程里，经验由于直接涉入世界，从而未失去对世界的应答，经验可以作为知识的来源；又由于理性自发性的运作，经验便已然是可被认知的，从而可以作为知识的基础；这样一来，由于经验既可以作为知识的来源，也可以作为知识的基础，经验便恢复了它对知识的证成作用。

本章第一节主要旨在对麦克道威尔的上述基本观念进行阐释。在笔者看来，最为重要的一点是，经验感受性和理性自发性的融合究竟何以可能？麦克道威尔反对心灵与世界的二分图景，认为对世界的经验中同时运作着感性对内容的被动接受和理性将内容进行概念化的主动、自发整理。就此而言，德雷福斯（Hubert Dreyfus，1929—2017）认可道，如果世界是可知的，那么理性必然自发地参与到感性接受的过程中；然而，他批驳麦克道威尔将概念性弥散至所有对知觉活动中的做法，认为他在将世界“过分理智化”的意义上犯了“心智神话”的错误，并忽略了非概念性的应对世界的涉身行动技能（embodied coping skills）。本章第二节拟具体讨论德雷福斯对麦克道威尔的批评，以及麦克道威尔对德雷福斯的回应，在对两人观点作出进一步澄清后，我们将发现他们共享有亚里士多德和海德格尔（Martin Heidegger，1889—1976）“实践智慧之于理论智慧有着优先性”的观点。对两人哲学中实践要旨的阐释既消解了两人对彼此表面上的误解，也披露了实践转向的深刻蕴意。与此同时，我们也将能借此领会麦克道威尔思想中“世界”概念的深层蕴意。

本章第三节第三小节将着重深入讨论“经验感受性和理性自发性的融合究竟如何可能”这一问题，该小节的讨论表明我们从一开始便不是生活在无意义的**第一自然**之中的，学习和发展语言的过程就是打开世界的过程，我们生活在浸染了教化的**第二自然**之中。从表征论的视角看，**动词性的表征**不是对任何**外在**实在的再现，**名词性的表征**便已然包含了可认知的、渗透了意义的外间世界中的内容。

在麦克道威尔的思想图景中，思维和实在的边界是等同的，在此意义上，我们也可以说“思维无边界”，因此他不能容忍以任何方式对思维之外的事物作出承诺。本章第三节首先讨论了麦克道威尔对戴维森的批评，以及戴维森的回应。麦克道威尔在认同戴维森对经验主义的最后一个教条，即图式/内容二分的教条的批判工作，但不满于戴维森可能因为保留了整体的融贯的信念体系与外在的客观世界的符合关系而引入了一种新的二元论关系，并进而承诺了思维范围之外的对象。有趣的是，在另一个方向上，第三节的后半部分的讨论表明，麦克道威尔担忧布兰顿过于强调推论与规范的一面而无法保证对世界中内容的直接关涉，从而有失去世界的危险。

本章的讨论试图在最大限度上调和麦克道威尔和戴维森、布兰顿思想，实际上，在笔者看来，这是一项颇有希望的尝试。在戴维森和布兰顿对麦克道威尔的回复中，两位哲学家均更多地表明自己的立场与麦克道威尔立场的相似之处：他们均和麦克道威尔一样未承诺某种外在的、不可被认知的实在；均反对所予神话；戴维森认同知觉信念的证成作用，而知觉信念既是关于世界的直接观察，也渗透了概念的运作，在此意义上，知觉信念类似于麦克道威尔的经验概念；布兰顿也认同在实质语用层面的实践活动中将世界中的内容"纳入理性视野"。

或许戴维森、布兰顿与麦克道威尔的基本不同在于，对于麦克道威尔而言，更为重要的是对世界观的转置，即从旧有的世界与概念分立的二元的世界图景转化为世界与概念无分界的连续性图景，在后一图景中，不再存在世界与概念如何关联的问题，这是对传统哲学问题的一种诊疗。实际上，戴维森和布兰顿也未在二元论的范式下进行思考，他们或许只是更为强调对世界的展开是一个渐渐丰富的过程，我们可以探究这个过程的细节。按照这种理解，我们便可以在将三人的思想图景融合在一处，麦克道威尔为我们提供关于宏观构想的表述，而戴维森和布兰顿则阐述了具体的行军路线。



再度从表征论的视角看，我们可以保留表征的动词性和名词性用法。从动词性的意义上说，表征打开和丰富了关于世界的细节，在世界未被敞开的部分，它作为可能性而具有某种外在性，但这种外在性并不是决然异于我们的，外在的世界具有可被认知的可能。从名词性的意义上说，表征是第二自然的另一个名称，它会随着认知、文化、历史等维度的发展而变化，这种意义上的表征是一种动态表征(dynamic representation)。

最后，从表征论的实在论维度说，动态表征并未带来任何独立于认知活动的实在本身，思维与实在的无界性表明，表征对外间世界的关涉是直接的，麦克道威尔的思想向我们呈现了表征的直接性旨要，本章“小结”部分将对此问题进行讨论。

具有直接性的表征在认可罗蒂与普莱斯批判大写表征论的意义上，进一步攻击了认为存在非认知性的外在实在的思想；然而，由于经验世界此时是可被保留的，于是具有直接性的表征认同的是吉伯德、布兰顿在批评普莱斯时所持有的观点，即外表征语汇是合法的(参见第二章第二节)。已有的讨论更多地劝使我们认同以语义表达主义的方式来谈论表征，但是第三章对戴维森和布兰顿策略的讨论揭示出，以语义的方式似乎无法保证对经验内容的直接关涉，而麦克道威尔的策略尽管能予以表征的直接性以直接的理由，但又缺乏相关的细节。为了弥补相关的不足，并进而能在更大的图景中对已讨论合理思想进行融合，我们将在下一章中讨论米丽肯具有原创性和启发性的相关思想。

## 第一节　麦克道威尔对经验概念的改造与世界的直接性

### 一、恢复世界的要求

当我们放弃因果意义上的经验，放弃经验之于概念和命题的证成作用的时候，我们便有着放弃世界本身的危险。罗蒂在《世界的失落》一文中便号召我们抵制“世界”这个词的“实在论”诱惑。①然而，麦克道威尔对罗蒂放弃世界的做法感到不满。麦克道威尔指出，他的经验主义思想的起点是康德的如下思想：“表现内容这个观念本身并非仅仅是有关适当地得到了辩护的判断的观念，需要（requires）概念与直观（即经验接纳的片段）之间的一种相关作用。否则，本来想当作一幅有关概念的行使的图像就只能描绘一个诸空洞的形式的游戏。”②麦克道威尔竭力试图避免的是，在谈论关于经验的概念时，我们仅谈及概念，而未触及经验所接纳的内容，以致理智的游戏成为一种空洞无物的融贯论游戏。麦克道威尔的这一想法显然与罗蒂的思路背道而驰。麦克道威尔应对的困难在于，“……我讨论了一种在一对无法让人满意的立场之间的摇摆趋向：一方面是威胁着将思想和实在隔离开来的融贯论，另一方面是对赤裸的呈现（它们被认为应当构成了经验判断的终极的根据）意义上的所予的徒劳的求助。”③伯德（Graham Bird）在一篇评论麦克道威尔对康德思想解读的文章中认为，麦克道威尔受到康德思想的很大影响，某种程度上，麦克道威尔正是在20世纪的末期充当着康德在18世纪充当的角色，康德清算的是决断论和怀疑论之间，以及洛克式的实在论和贝克莱式的观念论之间的摇摆；而麦克道威尔企图清算的是20世纪哲学在心灵与世界、观念与实体、图式和内容之间的摇摆。④如果要解决这一困难，麦克道威尔无疑要能够将经验内容重新纳入哲学讨论的视野。

在第一章第二节中，我们从麦克道威尔对塞拉斯的批判中看到，麦克道威尔指责塞拉斯在所予和理性的逻辑空间之间设置了太

① 罗蒂：《罗蒂文选》，孙伟平等编译，社会科学文献出版社，2007年，第114页。

② 麦克道威尔：《心灵与世界》，韩林合译，中国人民大学出版社2014年版，第25页。

③ 同上书，第46页。

④ See Bird, G. “McDowell's Kant: Mind and World”, *Philosophy*. 1996(4):222.

过分明的界限，基于相关讨论，麦克道威尔把合理的谈论范围限制在这条界限上方的范围，从而取消了线下经验的作用。与此相关，麦克道威尔试图为某类所予作“无罪辩护”，他认为，放弃所予只是放弃将赤裸的所予视为理性的基础，放弃被加诸在所予之上的神话属性，但这并不意味着放弃所予之于我们的思维活动（thinking）的外部限制作用。麦克道威尔一方面强调，他没有真正在反驳塞拉斯的所予神话，因为他同样认为：“如果我们从发生于概念空间之外的对感性的撞击的角度来构想经验，那么我们一定不要认为我们能够求助于经验来辩护判断或者信念。这样做将陷入所予的神话，后者混淆了辩护和无罪证明。理由的空间并非扩展到了比概念空间更远的地方，以至于接纳了对所予的赤裸的接受（a bare reception of the Given）。至此，这正好就是我极力主张的东西。”①

## 二、经验概念的重构

基于上一小节中的理解，麦克道威尔面临一个艰巨的任务，他一方面需要保证经验来自世界，这种外部性的经验依旧能够对我们的思维起到限制作用，另一方面，这类经验不是以赤裸的所予的形式出现的，经验依旧在概念空间之内。那么，如何同时保证经验之于概念空间的内部性和外部性呢？这一问题有着表面上的矛盾性。

麦克道威尔的策略在于，认为理性自发性和经验被动性是在同一个过程中发挥作用的，“我们需要承认经验本身就是将接受性与自发性无法分开地结合在一起的状态或者发生过程”②。这个观点克服了近代经验主义理论所难以克服的二元论难题：在感性的一

① 麦克道威尔：《心灵与世界》，韩林合译，中国人民大学出版社2014年版，第34—35页。

② 同上书，第46页。

方,经验激活的内容是世界中的内容;在理性的一方,在经验中被动接受世界中的内容时,理性已经运作于其中,从而被动接受的经验为理性所主动地激发和接受。理性在对经验内容的接受之中,接受的即是经验所带来的世界内容。如此一来,在经验世界的过程中,经验已经融合了理性自发性和感性接受性,从而经验既是关于世界的内容——在此意义上,世界并未失落;同时,经验也能够起到理性证成的作用——因为,它已经渗透了理性的运作,它与概念空间处在一种合理性(rational)的关系中。如果麦克道威尔的这一提议如若确实可能,那么当代经验主义理论上的困难便可能得以解决。

麦克道威尔的这一思想似乎并不那么容易理解,或轻易为人所接受。根本地,用麦克道威尔的话说,这一思想涉及**世界观的转置**,即避免将世界视为近代哲学所认为的一种独立于我们的外间存在。传统知识论长期以来的发问方式是,“经验知识何以可能?”这一发问方式是误导人心的,因为“何以可能”的提问预设了经验内容与理性知识的分离(例如怀疑论);如若在接受这种发问方式的前提下来试图给出答案,那么人们也很容易倾向于提供一种“先验论证”,倾向于摩拳擦掌地作出从经验到理性或反方向上的理智跃进。或许正是在这个意义上,麦克道威尔不满于康德的做法。但是,麦克道威尔对经验的理解恰源自康德的洞识,他认为:“我们不应该把康德所谓的‘直观’(经验的接收)理解为一种概念外的所予,而应把它理解为一种已经有着概念内容的发生或状态。在某人接受的经验之中,例如‘看’的经验,事情是如此这般的。人们依据这种经验也可以作出判断。”[1]麦克道威尔认为,康德已经向我们揭示了感觉经验并不是我们被动地接收来自世界的刺激的结果,而是心灵积极地组合感官中被动接收到的感觉材料的结果。然而,麦克道威尔认为康

① John McDowell, *Mind and World*. Cambridge, Mass.: Harvard University Press, 1994, p.9.

德的这一点认知已经足够了，他无须画蛇添足式地保留物自体，从而引入了一种新的二元论，即物自体对概念框架的因果式的撞击，以及概念框架对因果刺激的接受，从而在可知与不可知的现象之间划出了一道新的界限，认为在界限另一侧的概念框架（图式）可用于组织和整理概念框架之外的因果刺激。

近代经验主义的"诅咒"是难以逃离的，麦克道威尔认识到，诅咒体现在两个层次的观点上，即认为"首先，经验内容依赖于对印象的应答性；其次，印象是某种我们不可对之做出应答的东西，因为印象是某种自然现象"①。这种自然现象似乎可以理解为物自体所带来的因果刺激，某种感性杂多，范畴对它的先天使用只能将它合法地设置为直观，直观能对印象（impression）做出应答，但由于印象本身是不可知的，故而，直观和印象之间的机制是暧昧不明的；又因为我们仅能对直观做出应答，而对印象无法做出直接的应答。这种诅咒使得我们未能根本地脱离二元论范式，我们仍然隐在地承诺了一种外间世界。正是在此意义上，麦克道威尔对康德的做法感到不满。

## 三、思想的客观意指

我们已经论述到，在麦克道威尔哲学中，经验的内容（即无罪的所予）既不是赤裸的感觉刺激，也不是理性概念。从"经验是自发性和接受性协作的结果"这一观点中可合理地推测，无罪的所予既具有经验内容的内涵，也具有概念性，在此意义上，作为经验内容的无罪的所予就是思维和判断的内容。

麦克道威尔指出："'思想'（thought）可以意味着思维行为（the act of thinking）；但是，它也可以意味着一段思维的内容（the content

① John McDowell, "Experiencing the World", In *John McDowell: Reason and Nature, Lecture and Colloquium in Munster 1999*, Marcus Willaschek(Ed.), 1999, p.6.

of a piece of thinking);某个人所思维的东西。现在,如果我们要给予实在的独立性以适当的承认,那么我们所需要的东西就是一种来自思维和判断——我们对于自发性的行使——之外的限制。这样的限制不必是来自能够思维的内容(thinkable contents)之外。"①故而,思维和能思(可思,thinkable)的范围是同一的,其原因在于,思维的活动(thinking)既是思想(thought)之内的事务,也是牵涉内容本身的活动,思维的清晰化和阐明内容的过程乃是同一个过程。基于这种认识,思维和判断的范围不会超出经验内容的范围之外,当然,也不会存在哑默的不可被言说的内容。

麦克道威尔的上述思想隐藏着一个预设,即"人们不可能思考他所不可能思考的对象"。这一预设与埃文斯所谓的"罗素原则"类似:"人们不可能思考某一对象,除非他能以某种方式知道对象是什么。"②笔者认为,"罗素原则"也是麦克道威尔在《心灵与世界》(1994)中未能对之作出仔细辨识,而对之作出隐在承诺的观点,麦克道威尔直到《避免所予的神话》(2008)一文中才认识到了自己犯下的这一错误,并作出了相关的修正。

根据埃文斯(Gareth Evans, 1946—1980)的解释,罗素原则是指,关于对象的思考要求我们具有关于对象的基本的辨识性(fundamental discriminating)知识。③而这些辨识性知识在埃文斯那里与被思考的对象有着某种因果关系,在思考者一方,他有能力运用这些因果关系将某一对象从其他对象中识别出来。④更进一步地,埃文斯认为,思考者是根据他在关于环境的认知地图中对自身的定

① 麦克道威尔:《心灵与世界》,韩林合译,中国人民大学出版社 2014 年版,第 51 页。

② Gareth Evans, *The Varieties of Reference*, John McDowell (Ed.), Oxford: Oxford University Press, 1982, p.65.

③ Ibid., pp.89—115.

④ Ibid., p.89.

位来获得关于对象的辨别性知识。[①]埃文斯的这一结论促使他认为存在这类关于心灵的图像模型，即认为“心理状态中所蕴含的因果信息……足以能够决定所关涉的对象是什么”[②]。例如，我们在查看一张绘有人像和花草的图像时，我们可以通过图像所传递的信息知道我们思考的是什么。举“颜色”的概念为例，色谱上的色彩是连续的，而关于颜色的概念则不是，此时我们可以用“这”和“那”来指称某个色度上的颜色，当我们在谈论某个不具名的颜色时，我们可以用“这”和“那”来代替它。在使用它的过程中，我们始终在知觉中始终运用了同一个图像模型，这个模型是我们在与该色度的颜色反复接触中形成的因果性的辨别模式，它帮助我们再度识别和提及原先的那个色度。然而，值得强调的是，这类收纳了信息的辨别模式可以作为概念的内容，但它却是非概念性的，在埃文斯看来，信息需要在一个社会信息系统中才能显明其作用。[③]

麦克道威尔恰是在这一点上对埃文斯的思想感到疑惑不解，他认为我们不需要这样的一个图像模型，因为我们根本不需要假设一种与理性自发性相分离的领域，并试图在这个领域内发现某种意义的基础或模式，从而依据它来提供某种外部限制。埃文斯的做法似乎将交流中保留下的信息当作经验之外的基础，从而有着承诺某种新的所予的可能。麦克道威尔质疑道，

> 为什么埃文斯认为他必须要将经验置于概念事项的范围之外呢？……我们为什么应当接受这点：一个人将颜色纳入其

① See Bermudez, J.L. “Evans and the Sense of ‘I’.”, In *Thought*, *Reference*, *and Experience*: *Themes from the Philosophy of Gareth Evans*, José Luis Bermudez [Ed.], Oxford: Clarendon Press, 2005, pp.164—194.埃文斯在更深的层次上，揭示了罗素原则中蕴含着“我”思的私人性(the privacy of “I” thought)。出于当前讨论的目的，对此不作展开。

② Gareth Evans, *The Varieties of Reference*, John McDowell (Ed.), Oxford: Oxford University Press, 1982, p.78.

③ Ibid., pp.125—127.

> 概念思维范围内的能力局限在像“红色”“绿色”这样的语词和像“赭褐色”这样的短语可以表达的概念之上？……我们为什么不这样说呢：人们因此就能够将色度以这样的方式纳入他们的概念思维范围内，即它们带着与它们呈现在人们的视觉神经经验之内时它们所带有的那同一种确定性，结果，人们的概念恰恰能够像人们的经验清晰地呈现颜色那样清晰地俘获颜色？①

麦克道威尔的这段话表达的意思是，颜色的内容不是必然由颜色的概念所表达的，当色度被带入概念思维范围内时，它以如此这般的形式呈现，此时早已运作的理性自发性已经为它披上了概念的外衣，我们无需在关于对象的图像结构与关于对象的概念之间拉开一段距离，从而为纯粹的因果性留下空间。我们通过使得这一颜色概念化的方式来呈现颜色内容本身。他认为埃文斯无需保留一个外在于概念的内容（信息），因为保留这种意义上的内容易于诱导让人们重新陷入所予神话——尽管麦克道威尔并不认为埃文斯也滑入了所予神话。在此意义上，麦克道威尔再度声明了他的主张，即经验的内容就是思维和判断的内容。（我们需要对埃文斯的观点作出更多的解释，限于当前的讨论主题，此处不多做展开，笔者将在第五章第二节进一步阐述麦克道威尔、埃文斯以及米丽肯之间的思想关联。）

然而，麦克道威尔在《心灵与世界》中也未能防范自己的思想和罗素原则之间的差别。麦克道威尔所犯的错误更为清楚地体现在他于《避免所予的神话》一文中进行的自我批判，他如是写道，“我以前常常作出这样的假定：为了将经验构想成概念能力的现实化，我们需要将命题内容（propositional content）——判断所具有的那类

① 麦克道威尔：《心灵与世界》，韩林合译，中国人民大学出版社 2014 年版，第 83—84 页。

内容——归属给经验。而且，我常常假定：一个经验的内容需要包含的是其主体能够非推理地知道（know non-inferentially）的任何东西。但是，我现在觉得这两个假定均是错误的。”[①]在这里，前一个假定设定了经验已经事先被归属给判断了，这便意味着，我们在理解经验内容之前便已经知道了或至少潜在地知道了经验内容是什么——根据罗素原则，由于设定了我们已经知道对象是什么（即事先装备了关于对象的辨识性概念），我们此时便有可能通过推论的方式具体地显明（making it explicit）经验的内容，这无疑对罗素原则作了隐在的承诺。麦克道威尔举例说，当某只红衣凤头鸟出现时——按照后一个假定——我们不得不拥有一个以红衣凤头鸟为内容的命题，因此有一个关于它的概念出现在这个命题中。但是，麦克道威尔指出，他认识到有可能在红衣凤头鸟出现时，人们并不具有关于它的辨识性概念，它只是在“呈现”的意义上对于我来说是“如此这般的”。当我知道它是红衣凤头鸟时，是我的识别能力能够使得认识到它是一只红衣凤头鸟。麦克道威尔总结道：“在此，没有任何根据让我们坚持如下观点：有关一只红衣凤头鸟的概念必定出现在我的经验本身的内容之中。”[②]根据罗素原则，我们预先知道关于对象的概念意味着已经对对象作出了“区分”，例如红衣凤头鸟不是唐纳雀，红色不是蓝色。但是，实际上，红衣凤头鸟被呈现给我们时，我们可能只是以所看到的那样“是其所是”的方式呈现它，而不拥有红衣凤头鸟的概念。我们只有运用自己的识别能力时，才能区分出这是红衣凤头鸟，而不是其他的鸟类。

那么，这里出现了三个问题：首先，如何理解这里的识别能力？我们如何获取这种识别能力的？以及，识别能力需要援用埃文斯式的基于信息的图像模型么？对于这一问题，麦克道威尔斩钉截铁地

① 麦克道威尔：《心灵与世界》，韩林合译，中国人民大学出版社 2014 年版，第 243—244 页。

② 同上书，第 245 页。

强调，他所说的识别能力未在任何意义上撼动自发性，红衣凤头鸟在被呈现给我们时，我们更为高级的认知官能的诸能力已经在发挥作用了，若不如此，我们将重新陷入所予神话之中。故而，识别能力部分是一种理性能力。[①]但是，正如麦克道威尔对罗素原则的回避所体现的那样，他似乎避免把识别能力完全理解为一种运用概念的理性能力，在他那里，如若缺乏关于对象的清晰概念，我们仍然能够识别出有差别的对象。在此意义上，识别能力可以被理解为一种实践的能力，是一种为理性动物所共有的一种能力，从而麦克道威尔似乎承诺了对事物做出有差异的可靠反应的实践活动中已经隐含有规范——这体现了他与布兰顿思想潜在的共通之处；但他并未因此承诺有着自身独立结构的外在对象——这体现了他对埃文斯的背离。

紧密相关的另一个问题是，识别能力是如何获得的？它与自发性有着怎样的关系？实际上，这两个问题追问的是“自发性和接受性如何能在经验中结合？”这一根本问题。

## 四、经验感受性和理性自发性融合的深层依据

笔者认为，我们或许可以在麦克道威尔对亚里士多德的解读中明白经验感受性和理性自发性融合的深层依据，以及潜藏在麦克道威尔哲学中的伦理学品质。众所周知，巴门尼德认为“存在”是“一”，因而存在是不动者。为了解决不动的“一”如何产生“多”的问题，亚里士多德区分了实体和属性两种“存在”，实体“是其所是”；属性不能独立存在，它是依赖于实体的那类存在。例如，“花是红色的”，属性“红色的”只能依附于“花”这一实体存在。研究者往往倾向于持有属性外在论的观点，认为属性“红色的”是外在于实体“花”

① 麦克道威尔：《心灵与世界》，韩林合译，第245—246页。

的，因而它不是实在。当我们为这一陈述做辨明时，我们需要将属性同实体相联系，属性以实体为基础。当亚里士多德的这一区分被运用到伦理学上时，“善”即是其所是，“恶”即不是其所是。前一个“是”意指判断，后一个“是”意指本质，因此，当我们研究德性行为时，我们需要以德性本质为基础。这种惯常的理解在本质和属性之间设置了二元论，认为后者需要符合于前者。麦克道威尔对惯常的见解不以为然，他指出：“人们倾向于认为，当亚里士多德把德性同人的本质相联系时，实际上，他探求的是德性概念，试图为关于理性的伦理思考找到基础。这一想法即是，伦理诉求必须以那种意义上的德性为基础。……我认为这种对亚里士多德的解读是十分错误的。”①

麦克道威尔对亚里士多德伦理学的解释构成了其思想中最为重要和深邃的部分，他提请我们考虑第二自然（第二天性，second-nature）这个观念：

> 该观念几乎明确地包含在亚里士多德有关伦理品格(ethical character)形成的方式的说明中。因为伦理品格包括实践理智的诸倾向，当品格形成之时所发生的事情的一个部分就是这种实践理智获得了一个确定的形态，因此，对其拥有者来说，实践智慧就是第二自然。我一直主张，对于亚里士多德来说，伦理学的合理需求是自律的；我们不应当感到要被迫从一个已经是伦理的思维方式之外确认它们的有效性。②

按照这种理解，伦理的品格是在实践中形成的，我们无须为这

① John McDowell, “Two Sorts of Empiricism”, In *Mind*, *Value and Reality*, Cambridge, MA: Harvard University Press, 1998, pp.167—168.

② 麦克道威尔：《心灵与世界》，韩林合译，中国人民大学出版社 2014 年版，第 115—116 页。

些品格找寻额外的基础，即如惯常理解中的那类德性本质。既然失去了对德性本质的需求，那么伦理品格便完全是实践生活中的事务了。这里的问题是，如果伦理品格不以德性本质为基础，那么它何以可能？

麦克道威尔指出："作为结果而出现的思想和行为习惯（the resulting habits of thought and action）便是第二自然。"[①]形成品格的实践智慧就是第二自然，品格的拥有者沉浸在这个自然之中。我们可以对麦克道威尔的思想作这样的解释：伦理品格的出现是一个发生学的现象，如果一定要为之找寻一个源泉，我们可以认为它在自身中呈现；这里的意思是，"是其所是"中的第一个"是"不再是判断，而是一个涌现后一个"是"——即经验——的活动，前一个"是"变成实践本身，从它之中涌现出了第二自然。在第二自然中，由于第一个"是"不再是判断词，我们无理由认为呈现物（deliverance）是一种有罪的所予——因为它并不是作为基础而出现，也无理由认为呈现物是概念。**呈现物只能是综合了理性自发性和感性接受性的一元要素。**笔者认为，这正是麦克道威尔认为经验是接受性和自发性的合二为一的深层理由。

麦克道威尔的第二自然有着丰富的蕴意，他对"具身性"的强调或许可以扩展第二自然的蕴意。麦克道威尔认为："一个经验着的并且行动着的主体是这样的一个活的事物，他拥有真正属于自己的主动的和被动的身体能力；他本人就是具身的，以实体的形式呈现于他所经验的并且作用于其上的世界之中。正是这样一种反思框架，它真的有望让传统哲学变成一项过时的事业。"[②]传统哲学分裂了主动的和被动的身体能力，在身体之外设置了一种不受身体控制的异化力量。麦克道威尔正是在消除异化力量的意义上，重新恢复

---

① 麦克道威尔：《心灵与世界》，韩林合译，中国人民大学出版社 2014 年版，第 116 页。

② 同上书，第 149 页。

身体的具身性，恢复物理体验（感性接受性）和精神体验（理性自发性）之间的连续性。第二自然也正是这样的一种祛除异化力量的领域，在它之中，个体的所有能力是本已的和完满的。

于是，当进入到我们需要说出呈现物的阶段时，我们已经带有对世界的直接理解。对于麦克道威尔来说，学习一种语言就是学习一种世界观，“学习第一语言的自然隐喻是‘黎明之光’。光芒照亮黎明就是某人运用语言以停止盲目地对刺激做出反应：他开始把说出（utterance）当作是对思想的表达，并使自己的说出也是表达思想的。……学习语言的方式……是获得世界观的方式……”①在此意义上，语言和世界之间的关系是直接的，语言是对世界的表达，而非动词性的表征。

此外，麦克道威尔指出，

> “思想”（thought）可以意味着思维行为（the act of thinking）；但是，它也可以意味着一段思维的内容（the content of a piece of thinking）；某个人所思维的东西。现在，如果我们要给予实在的独立性以适当的承认，那么我们所需要的东西就是一种来自思维和判断——我们对于自发性的行使——之外的限制。这样的限制不必是来自能够思维的内容（thinkable contents）之外。②

故而，思维和能思的范围是同一的，究其原因，思维的活动（thinking）既是思想（thought）之内的事务，也是牵涉内容本身的活动，思维的清晰化和阐明内容的过程乃是同一个过程。基于这种认

---

① John McDowell, “Anti-Realism and the Epistemology of Understanding”, In *Meaning*, *Knowledge and Reality*, Cambridge, Mass.: Harvard University Press, 1998, p.333.

② 麦克道威尔：《心灵与世界》，韩林合译，第 51 页。

识，思维和判断的范围不会超出经验内容的范围之外，当然，也不会存在哑默的不可被言说的内容。麦克道威尔的这一思想中也包含着实用主义的思想，即实践的呈现内容的活动和内容呈现自身活动是一枚硬币的两面，在应对第二自然的实践中被披露的内容就是思想的内容：世界悬挂在思想的“气息”上。

## 五、析取论和心灵—世界的无界性

装备上了第二自然，心灵概念在麦克道威尔哲学中无疑也同时获得了更为丰富的内涵，它有了教化的支撑。一方面，心灵也不再单纯是理性的领地——如内在论者所认为的那样；它也不是可由经验随意刻画的白板——如经验主义者洛克所认为的那样。另一方面，如方才对自由的自然主义的描绘所揭示的那样，在麦克道威尔看来，心灵能够直接“看到”世界，心灵具体外化（外显）于认知和思维的活动中，它直接地经历世界。在此意义上，表征的面孔是混合的（hybrid），它既具有心灵的一面，也具有世界的一面；既有理性的一面，也有自然的一面。

这个心灵内在于一个“具身化”的身体之中。在麦克道威尔看来，“身体的动作本身是自然中的事件；在一种祛魅的自然主义的背景中，与对于概念事项是自成一类的这点的确信合在一起，这就意味着它们不可能浸透着意图性。它们是自然能力的现实化，正因为如此它们只能作为单纯发生的事情而出现在这种思维方式之中”①。麦克道威尔既强调了身体动作的纯粹性，即不把意图放置在血肉之内，从而避免了诸如神经生理学等提出的有着还原论或赤裸的自然主义（bald naturalism）底色的解释；另一方面，由于身体的动作是纯粹在自然中的，故而它是直接关于世界的，又由于意图是

① 麦克道威尔：《心灵与世界》，韩林合译，中国人民大学出版社 2014 年版，第 123 页。

内嵌于思维的，故而身体的动作也具体体现了思维的对象。故而，身体具身化了思维，它在自然中的动作——包括对经验内容的接受，新的环境因素的拓展等等——都已经渗透了意义。按照这种理解，心灵的界限就是世界的界限。

然而，麦克道威尔同样面临着一个困扰了诸多哲学家的问题，即心灵会被假象欺骗。拨开假象，认识对象本身，这是旧有的认识论的基本目标，但对与麦克道威尔而言，事物是“如此这般”向我们直接呈现的，对经验内容的接受只涉及自发性能力的运作，而尚未涉及使用概念的推理活动。乍看之下，麦克道威尔似乎更难以解释世界对心灵的欺骗。

实际上，麦克道威尔需要应对的仍是怀疑论问题，这里的问题仍然是“经验如何可能”这种康德式的追问。麦克道威尔在此似乎采取的是一种先验论证，该论证以这样的理解为前提：“在知觉中被呈现给我们的关于环境的事实必须是可被理解的，这是经验能够将环境的特征呈现给我们的必要条件。只要人们认为真正具有知识，还在从事认知工作，这一前提就不能被质疑”①。斯特劳德把这种先验地设定知识与对象的必然连接的康德式做法比作在语言和世界之间架设起“必然性的桥梁”，麦克道威尔认为，桥梁隐喻或许不是一个好的隐喻②，基于已有的讨论，我们已经能够推测出他这么认为的缘由。在麦克道威尔看来，经验是自发性和感受性协作的结果，经验中并不存在一个语言和世界之间的间隙，因此，并没有什么桥梁需要架设。关于这一点，我们将在下一小节结合麦克道威尔和德雷福斯之争来作进一步的阐明，基于那里的讨论，我们或许将会认为，“先验论证”的说法不大合宜。

---

① John McDowell, “The Disjunctive Conception of Experience”, In *The Engaged Intellect: Philosophical Essays*, Cambridge, Mass.: Harvard University Press, 2009, p.230.

② Ibid., p.226.

此处我们接着讨论麦克道威尔仍需应对的怀疑论质疑。怀疑论者可能认为，麦克道威尔所认为的经验向我呈现的“如此这般”只不过是“看上去怎样”——其中，前一种情况指的是事物实际所是的样子，后一种情况则指事物向我们显示的样子——人们能够获得的至多只是关于“我们所知觉到的如此这般”和“事物在此情况中似乎如此”的“最大公约数”(最高的共同要素，a highest common factor)。[①]这一观点表达着这样的“析取论立场”，即“我有关于某物的表象≡或者看到了该物(知觉状态下的‘如此这般’)，或者我有关于的显像(某情境，包括‘幻觉状态’下的‘似乎如此’)”，那么，表象便是知觉状态和诸如幻觉状态的共有元素(common factor)。此类析取论基于所谓的“不可区分性”论题，即幻觉和知觉在认识论上无法分开的证成作用，与之相关，“最大公约数”或“最高共同要素”指的是：当某人看到一个红色的斑点时，他实际上看到的是幻相，但是，他此时的经验为这一幻相提供的证成和他彼时的经验为真实的红色的斑点提供的证成在性质上是相同的(即不可区分的)，也就是说，“看到”红色的斑点的视觉经验——不管某人看到的是幻相还是真实的对象——有着某些共同之处，这一共同之处便是最高的共同要素。这种版本的怀疑论无视塞拉斯在“经验主义与心灵哲学”中提出的思想，即“看上去”的逻辑依赖于“是”的观点，这些怀疑论者在“是”与“看上去”设置了分层，认为可以从“看上去”中析取出更接近于对象本身的“是”，同时丢掉“看上去”中不合理的要素。塞拉斯认为，“某物看上去是红色的”与“某物是红色的”两种表达式使用的是关于“红色”的相同概念；在运用前一种表达式时，使用者对“事物

---

① 何志青将“highest common factor”在数学的意义上译为“最大公约数”，他的解释有助于我们对析取论的理解。例如 30 和 42 两个自然数，30 的因数为 2、3、5(30＝2×3×5)，42 的因素为 2、3、7(42＝2×3×7)，30 和 42 的共同因素为 2 和 3，因此最大公约数为 6(2×3＝6)。在类似的意义上，析取论的要义在于，在知觉和幻觉之间析取出这样的最大公约数，这一公约数构成了知识经验性的证成要素。参见何志青：《知识论转折》，台大出版中心 2018 年版，第 25—27 页。

实际是红色的"作出了承诺，因此相应的判断，即后一表达式，也谈论及世界中的对象。[①]因而，这种怀疑论表达了知觉在反映环境中事物实际所是上的无能。

伯奇和麦克道威尔对析取论有着不同的理解。然而，伯奇恰把麦克道威尔的析取论错误地理解为上述版本。伯奇版本的析取论主张的是，真实知觉和指称性的知觉幻相之间不存在共同的心理类型，即在某一知觉出现后，当其他类似或同类的知觉出现时，我们在心理层面缺乏能够辨识这些知觉是同类知觉的能力，故而，我们无从将真实的知觉和错误的知觉区分开来；进一步地，伯奇式的析取论者仅将自身限制在无心理因素渗入的知觉一方，依据重复性的知觉而从中析取出某种作为"共相"的共同要素或最大公约数来。[②]麦克道威尔回应道，如果伯奇的解释是真实的，即主体的因素无法渗入对客观实在的知觉中，那么，怀疑论的挑战便的确是真实的，我们有时的确无法在真的表象和假象之间作出区分，更何况根据伯奇的解释，知觉经验本就是错误的来源，而它又构成了唯一可提供辨明的因素。但是，麦克道威尔认为伯奇的这一解释是不真实的，他认为伯奇直接无视了自己版本的析取论中的关键思想，即"如果我们不理解事物在主体的环境中如何，我们根本无法具体描述事物在世界中如何"，"我们可以用这样的一种分离来表达这个思想：(4.151)一个显像要么是指事物以如此这般的方式向主体显现的，(4.152)要么是指事物在主体看上去是怎样的"，无论如何，我们不能忽视主体的作用，如此一来，我们可以在(4.151)和(4.152)之间析取出一个观点，即"显像，作为主体的一种状态，体现在主体能够以特定的方式使得对象向她显现"[③]。故而，麦克道威尔的析取论结合了主体

---

① 参见塞拉斯：《经验主义与心灵哲学》，王玮译，复旦大学出版社2017年版，第27—42页。

② See Tyler Burge, "Disjunctivism and perceptual psychology", In *Philosophical Topics* 2005(1):25.

③ See John McDowell, "Tyler Burge on disjunctivism", In *Philosophical Explorations*, 2010(3):244.

接受对象的主动性，而不像伯奇所认为的那样，缺少一种心理状态。

麦克道威尔的析取论思想无疑与他的经验观是一致的，主体状态对客观实在的主动性体现在理性自发性在经验接受内容的主动运作之上。依照这种解读，当我们继续追问知觉经验的可错性的原因在哪时，我们便认为错误不可能发生在感性接受性之中，因为错误是一个在概念空间内的判断，接受性是相对于自发性的一种运作，事物在显现给我们时没有错误或正确的问题。那么，错误一定是发生在自发性中，于是，**自发性本身是可错的。**麦克道威尔并不否认这一推论，他直言不讳地指出："无可否认的事实是，我们通过知觉认知事物的能力是可错的"。[①]但是，**可错性并不必然导向怀疑论。**麦克道威尔举例说："当她看到前方有一个红色的色块时，她的经验便就是这样的，即便她的前方没有一个红色的色块。但是，我们需要在这里做个区分。当我们说她的经验可能就是这样的，即便她的前方没有红色的色块时，我们可能只是认为她的经验中有着一个误导性的经验，她尚不能从她实际的真实经验中区分出它来。在这种情况中，我们可以说，我们承认通过知觉经验获得的知识是可错的。"[②]知觉经验的可错性并不会导致怀疑论或损害麦克道威尔版本的析取论。麦克道威尔的析取论蕴含了这样的一种观点，**可证实的经验同对象是直接相关的，而不是一种表征与被表征的关系。**故而，当她经验的事物就是这样时，对象便是如此这般的。借由析取论，麦克道威尔虽然未能保证知觉经验具有是其所是的内容，但他阻断了对"最高的共同因素"的追求，实际上，麦克道威尔也以此阻断了怀疑论。

此外，麦克道威尔认为，他的先验论证已经能够避免怀疑论，并

---

① John McDowell, "The Disjunctive Conception of Experience", In *The Engaged Intellect: Philosophical Essays*, Cambridge, Mass.: Harvard University Press, 2009, p.231.

② Ibid., pp.231—232.

使人们能够理解知觉经验至少旨在获得客观的实在。[1]根据麦克道威尔的经验理论，经验是直接向我们敞开的，它没有借助任何经验，因此，经验在向我们敞开的过程中不会存在任何的曲解或对世界本身的背离。从心灵或意识一方的视角看，它们对经验内容的接受涉及了感受性和自发性的协力并作，它们直接包含了客观事物的实际状态。“知识是关于世界的”，如果从先验的视角看，笛卡尔式的恶魔便不再那么可怕，因为可由它作祟的心灵与世界之间的间隙已经被消除，它已无处容身。

然而，人们仍可能悻悻然地认为，麦克道威尔仍然没有根本地或直接地应对怀疑论问题，因为他至少没有向我们说明客观的实在究竟是什么。然而，这种质疑仍然预设了在我们的概念空间之外存在着自发性不能运作于其中的物自体本身。麦克道威尔举摩尔(G. E. Moore, 1873—1958)论证的例子说，“这里有一只手”足以证明另一只手的存在，我们无需再推及“外在的世界中有一只手存在”。从“看上去”“析取”出“是”即可，“是”即是事物如此这般向我的呈现；我们无须“完全析取”出“对象本身”。在麦克道威尔看来，对外在世界中事物本身的寻求犯了“丐题”错误：我们相信这里有一只手是因为我们已经这么认为了(**知道**了)，但此时追问外在的世界中到底有没有这样的一只手则表明，我们并不知道这里有一只手，我们对已经知道答案的问题发问，这犯了丐题错误。[2]

麦克道威尔因此反对实在论的思想。引用斯特劳德的话说，“在关于世界的知识这一传统的问题上，人们所做的最糟糕的事情是，试图回答它”[3]。传统认识论的问题源于心灵与世界之间的二

[1] John McDowell, “The Disjunctive Conception of Experience”, In *The Engaged Intellect*: *Philosophical Essays*, Cambridge, Mass.: Harvard University Press, 2009, p.232.

[2] Ibid., p.236.

[3] Ibid., p.235.

元对立,但如今两者已具有连续性,我们不必在打消了怀疑论后,仍然试图推进到某种外间世界中,进而重新请回怀疑论。用孙宁的总结说,

> 麦克道威尔认为析取论的确消除了怀疑主义所依赖的支撑物:由知觉经验得来的东西永远不能成为揭示事物之实际所是的根据;但我们不需要在这一消除步骤之后再进一步推进到摩尔的结论:有一个物质性的世界存在。这一思路对于理解麦克道威尔的析取论是至关重要的:对于"经验主体无中介地向'外在'实在敞开"的先验论证并不需要走向实在论的设定。换言之,析取论探讨的是认知模式,而不是本体论模式。①

然而,这一认知模式是否具有本体论上的后果则是另一个问题。笔者认为,在认知上不进一步承诺独立的外间世界的存在,这恰恰承诺了事物在麦克道威尔式的经验中理性地与我们直接相关,从而世界和心灵之间的本体论界限被消除了。

麦克道威尔"经验无中介地向外在实在敞开"的观点有时被人们(例如普特南,甚至麦克道威尔本人)称为"直接实在论"。②普特南告诉我们,麦克道威尔的析取论灵感来自詹姆斯的彻底经验主义,这种理论认为我们至少在实践中是无法分离开经验的概念性成分和非概念性成分的。③根据这种理解,我们对经验实在的谈论是

---

① 孙宁:《如何成为一个深刻的析取论者?——对麦克道威尔析取论的一项研究》,载《哲学动态》2015 年第 7 期,第 72 页。

② See Hilary Putnam, "McDowell's mind and McDowell's world", In *Reading McDowell: On Mind and World*, Nicholas H. Smith(Ed.), London and New York: Routledge, 2002, pp.177—178; John McDowell, "Responses", In *Reading McDowell on Mind and World*, Nicholas H. Smith(Ed.), Cambridge, Routledge, 2002, p.291.

③ See Hilary Putnam, "McDowell's mind and McDowell's world", In *Reading McDowell: On mind and world*, Nicholas H. Smith(Ed.), London and New York: Routledge, 2002, p.178.

直接的，而不是像大多数实在论版本所认为的那样，先有一个概念和事实因素的分离，而后在概念空间之内谈论或试图保证一种外在的实在存在，这种实在论无疑是非直接的。但诚如孙宁指出的那样，麦克道威尔并未在本体上承认任何意义上的实在存在——不管其是否是直接的。笔者认为，直接实在论并不是一个好的说法。显然，至少在反对从知觉经验一方萃取出实体性的或作为共项的最高共同要素的意义上，麦克道威尔是反实在论的(non-realism)，但他的理论本身不是某类实在论思想，因此我们需要在反实在论的前面再加上一个"反"(non)，这样便构成了一个略显怪异但更加准确的形态：**反一反实在论**(non-non-realism)。

从心灵与世界的关系上说，反一反实在论表明，心灵与世界有着无中介的接触，心灵直接向世界敞开，直接呈现于自然之中。在此意义上，从表征论的视角看，由于麦克道威尔未承诺任何外在意义上的实在或对象，表征的动词性用法便是非法的，此时我们拥有的是直接性的表征的名词性用法，即表征是我们可以以之为起点的一类概念，并且，在麦克道威尔这里，名词性的表征未让我们失去对世界的应答，从而(或因此)它具有的是，同时关涉心灵和世界的混合面相。

## 第二节　麦克道威尔和德雷福斯之辨："世界"的存在论要旨

如若把外间世界视为独立于心灵的实存，知识体现的是关于这类世界的精确表象的话，那么我们便会"一方面，在心灵之中有假定的信息片段——观念、印象、感觉材料；另一方面，这些信息又声称使我们知道了一个'外部世界'"①。心灵与世界的二分迫使我们诉

① 德雷福斯、泰勒：《重申实在论》，吴三喜译，中国人民大学出版社2020年版，第48页。

诸某种可桥接起二者的“中介”，对“中介理论”的寻求实际上已然备受质疑，乃至成为一项无望的事业。如上所议，麦克道威尔的相关策略是，将感性对外物的接受过程同理性对这类接受的概念化过程合并在同一个实践的经验过程中，在取消中介性的同时论述了经验关涉世界的直接性。由此一来，实践之知既直接将世界的全部范围纳入理性视野，后续的理论建构也以实践为根基。

德雷福斯赞同麦克道威尔赋予理性自发性在我们与世界最基础的接触中以关键位置的做法，但他质疑道，概念性在麦克道威尔那里弥散于所有我们对实在的知觉关系，这种“过分理智化”（over-intellectualize）的策略忽视了不需要概念或理性的涉身行动技能，在概念性运作的范围之外，人还有着麦克道威尔所忽视的其他“在世界中的存在方式”。

德雷福斯对麦克道威尔的批评，麦克道威尔的回应，以及由此展开的讨论将我们拉到对概念性、涉身性，以及心身关系等问题的思考上。我们将会发现，掩盖在这些问题之下的是，导源于亚里士多德和海德格尔“实践智慧之于理论智慧有着优先性”的实践转向论题。这一论题既显示了麦克道威尔思想更为深层的蕴意，也能为上文中提及的诸多问题，例如怀疑论、析取论等，带来进一步的理解。

## 一、德雷福斯对麦克道威尔的批评：心智神话

德雷福斯同麦克道威尔一样抵制在笛卡尔式的图景中寻求某种知识基础，他赞同麦克道威尔将理性自发性和感性接受性结合在一起的做法。麦克道威尔认为：“一个经验着的并且行动着的主体是这样的一个活的事物，他拥有真正属于自己的主动的和被动的身体能力；他本人就是具身的，以实体的形式呈现于他所经验的并且作用于其上的世界之中。正是这样一种反思框架，它真的有望让传

统哲学变成一项过时的事业。”[①]承诺心、身二元论的传统哲学范式分裂了主动的和被动的身体能力，在身体之外设置了一种不受身体控制的异己力量。麦克道威尔正是在消除这种异己力量的意义上，试图重新恢复身体的具身性，恢复物理体验（感性接受性）和精神体验（理性自发性）之间的连续性。德雷福斯同样指出：“批判性推理活动是我们在自发性和自由的领域中做出的一种活动。但是只要知识是关于世界的知识，它就意味着要对事物的存在方式有所回应。自发性必须以某种方式与接受性结合。”[②]理性自发性和感性接受性在经验中的协力运作将世界直接纳入理性视野，这也意味着对绝然外在和独立于心灵的外间世界实存的否定。

然而，在德雷福斯看来，尽管麦克道威尔反对心、身二元论，但他的思想仍然是在笛卡尔式的场景中进行的，即他仍然隐微地接受了世界和觉知者（perceiver）之间的区分，认为人类这种能动者（agent）是“具身化”和“被包含在”，乃至“弥散”在世界之中的，因为只有我们在世界之中，心灵与世界之间才不会被拉开一段距离。[③]换句话说，德雷福斯眼中的麦克道威尔所秉持的思维框架至少仍然囿限于理性主体和世界的关系，虽然他试图论述两者间的直接关联，但他是以将心智（intellect）过分拉低至世界层次的方式进行的，由此而来的后果便是“心智在人与世界的交道中无处不在”，从而即便人类基本的感知与行动中也渗透了主动的概念运作。这在德雷福斯看来，麦克道威尔在避开塞拉斯所批判的试图寻求某种知识基础的“所予神话”（Myth of the given）时，却落入了“心智神话”

---

① 麦克道威尔：《心灵与世界》，韩林合译，中国人民大学出版社 2014 年版，第 149 页。

② 德雷福斯、泰勒：《重申实在论》，吴三喜译，中国人民大学出版社 2020 年版，第 32 页。

③ See Hubert Dreyfus, “The myth of the pervasiveness of the mental”, In *Mind, Reason, and Being-in-the-World: The McDowell-Dreyfus Debate*, Joseph Schear(Ed.), London and New York: Routledge, 2013, p.17.

(Myth of the mental)的陷阱。①

麦克道威尔将经验"过度理智化"主要引发了德雷福斯的两点批评。首先,德雷福斯指责麦克道威尔对概念能力作出了过于苛刻的界定,即认为概念能力是一种能够在我们的主动思维中被利用的能力,这便意味着概念性实质上是"属人"的,理性主体仅是在应对世界的具身化的实践活动中将经验内容加以概念化。这样一来,经验内容必然也是命题内容,从而我们能够在后继的人际间的语义推论活动中清晰地阐明那一内容。麦克道威尔也指出,感性接受性中已经渗透了概念自发性的运作,这一观点在德雷福斯那里意味着命题性是"一路向下"的,最低限度的经验已然是命题内容,世界全然被命题化了。②

其次,德雷福斯指出,"过度理智化"使得麦克道威尔遗忘了我们更为原初的非概念化的"在世"(Being-in-the-world)方式。德雷福斯认识到了他与麦克道威尔思想间的差别:"有时我们的观点似乎与麦克道威尔这里的观点不大一样,因为他拒绝承认有一种存在于我们与世界之间的认知性的但非概念性的接触。麦克道威尔似乎认为,真正属于理由空间的事项必须在形式上是命题性的;并且他毫不迟疑地声称获取真实信念的场所必然是由概念塑造的。与此相反,我们主张我们的命题性信念建基于一种与世界更原始的、'原初的'(*unsprünglich*)、有认知性效果的接触之上,这种接触是前命题性的,甚至部分还是前概念的。"③麦克道威尔式的经验是否的确披着命题的外衣,我们可留待他对德雷福斯批评的回应中再行探究。这里的关键问题是,如何理解德雷福斯所说的更为原始和原

---

① See Hubert Dreyfus, "Overcoming the myth of the mental: How philosophers can profit from the phenomenology of everyday expertise", *Proceedings and addresses of the American Philosophical Association*. Vol.79. No.2. American Philosophical Association, 2005, p.52.

② 参见德雷福斯、泰勒:《重申实在论》,吴三喜译,第78页,第83页。

③ 德雷福斯、泰勒:《重申实在论》,吴三喜译,第78页。

初的与世界的接触,并且,这一接触虽然可能是前概念性的,却具有认知性的效果?

德雷福斯所谓的涉身行动技能似乎有两层意蕴,一是依赖于身体性的需求、兴趣,乃至机体能力而行动,这类行动可能有着根源于大脑的因果基础;二是德雷福斯诉诸像海德格尔和梅洛-庞蒂这样的存在主义现象学家,认为我们对世界的原始把握有着某种前概念性的技能[①],例如,母亲抚慰孩子使之平静,象棋大师下象棋的技艺,其中,母亲通过身体性的情感抚慰而非概念或言语做到了"使孩子平静";对于象棋大师而言,他落子的顷刻决定依赖于技艺而非严格的分析,如若你反问他为何走出那一步棋时,他可能欲辨已忘言。[②]此时母亲和孩子对彼此的领会,以及下棋的技艺不必在概念化的心灵中被表象,因而无须诉诸麦克道威尔式的概念能力。

就涉身行动技能的两层蕴意而言,德雷福斯认为后一层蕴意更为清晰和根本。[③]如上所言,德雷福斯同麦克道威尔一样反对二元论,并承认自发性必须以某种方式与接受性结合,这样一来,他必然不会以物理还原论的方式将涉身行动技能归因于某种心灵或自发性运作范围之外的纯粹因果刺激——承诺物理还原论将会重返二元论。行动中的身体不是一副无意义的躯体,它必然已经与世界"熟悉"而意义满满。德雷福斯强调:"……存在主义现象学家们在基本的层次上描述了我们如何与熟悉的世界融合;相比之下,麦克道威尔是超越性的(transcendental)思想家,他将对与独立的实在

---

① See Hubert Dreyfus, "Overcoming the myth of the mental: How philosophers can profit from the phenomenology of everyday expertise", *Proceedings and addresses of the American Philosophical Association*. Vol.79. No.2. American Philosophical Association, 2005, pp.49—50, p.53.

② 参见德雷福斯:《在世:评海德格尔的〈存在与时间〉第一篇》,朱松峰译,浙江大学出版社 2018 年版,第 21 页。

③ See Hubert Dreyfus, "Overcoming the myth of the mental: How philosophers can profit from the phenomenology of everyday expertise", *Proceedings and addresses of the American Philosophical Association*. Vol.79. No.2. American Philosophical Association, 2005, p.50.

拉开一段距离的关系的知觉、思考以及行动视为基本的;在存在主义现象学家看来,麦克道威尔的观点没有错,但他的思考仅是次级的,而非最为基本的。"[①]故而,德雷福斯主要在存在主义现象学家的意义上勾绘麦克道威尔所遗忘的前概念世界,我们对此世界的熟悉构成了一种未被或无须被表象的"背景"。

进一步地,对于那些被概念化而呈现于心灵中的事物而言,我们也可以"运用技艺和工具将事物及其属性去背景化,然后它们就显现为无意义的对象、颜色、形状、声音等。这样的材料独立于我们的为何之故,但不独立于我们的感官"[②]。"独立于为何之故"意味着不需提供理由,故而不需要在麦克道威尔的意义上将事物概念化为命题内容;"不独立于感官"则意味着事物仍然是可知的,我们至少能在梅洛-庞蒂意义上获得依赖于身体应对世界的技艺之知。

德雷福斯的前概念世界仍有更深的蕴意可待阐发,我们不妨先行讨论麦克道威尔对德雷福斯的回应,以期在厘清麦克道威尔思想的基础上,将相关的问题实质更为清晰地凸显出来。总结而言,德雷福斯批评麦克道威尔的要点在于,麦克道威尔认为概念能力渗透于理性主体应对世界的活动各处,从而过分理智化了经验和世界,并进一步遗忘了非概念性的涉身行动技能以及仅单纯依靠这类技能便可与之发生交互作用的世界。

## 二、麦克道威尔的回应:实践之知的无界性

在对德雷福斯的回应中,麦克道威尔直言不讳地指出德雷福斯对他的误解颇深:德雷福斯关于心灵和概念性的理解均不是他的理

① Hubert Dreyfus, "The myth of the pervasiveness of the mental", In *Mind, Reason, and Being-in-the-World: The McDowell-Dreyfus Debate*, Joseph Schear(Ed.), London and New York: Routledge, 2013, p.21.

② 德雷福斯:《在世:评海德格尔的〈存在与时间〉第一篇》,朱松峰译,浙江大学出版社 2018 年版,第 304 页。

解。在回应中,麦克道威尔也阐明了理性自发性和感性接受性何以能结合在一处,以及概念能力为何“无处不在”的深层根由。

首先,麦克道威尔认为自己并不像德雷福斯所认为的那样,将知识视为关于心灵同与心灵拉开一段距离的对象的关系,因而概念性直接渗透在对对象的经验之中,这便意味着“一般而言,当我们说经验提供给我们如此这般的知识时,我们便只是简单地发现我们有了这样的知识;……我的主张是,经验如若能够提供给我们那种知识,那么相关的能力便必然在经验自身中已经发挥作用。我们不应该认为概念能力体现了与经验知识的关系……”①我们认识到德雷福斯指责麦克道威尔犯了“心智神话”的错误,即认为“心智在人与世界的交道中无处不在”;其中的问题在于,他认为概念性在麦克道威尔那里体现为命题性,那么所有的最低限度上的概念化的经验均能清晰地呈现在以命题为单位的语义推理中。麦克道威尔回应道,他对概念性的理解并没有这么强,他承认,的确并非所有的概念性内容都是命题内容;除此之外,他的理论图景能够容纳德雷福斯所谓的基于身体的与世界的技艺性接触。

为此,麦克道威尔解释道,他与德雷福斯均反对笛卡尔式的“心/物”或“思/在”二元论,在此意义上,他们均不认可康德“我思必然伴随着我的一切表象”的表述,即设定一个思考表象的“我”的“心灵”,进而探究“我”与外在于“我”的对象间的关联。麦克道威尔回归至亚里士多德式的实践传统②,强调概念性恰源于“我做”(“I do”)的实践,“‘我做’是一种记录有着第一人称本质的特征的方式,这种特征体现在运用实践理性能力之中”③。“我做”不仅意味着知

① John McDowell, “The myth of the mind as detached”, In *Mind, Reason, and Being-in-the-World: The McDowell-Dreyfus Debate*, Joseph Schear(Ed.), London and New York: Routledge, 2013, p.42.

② 参见周靖:《消除语义表征和直接表征的界限:布兰顿和麦克道威尔的思想分疏与和解》,载《哲学分析》2018年第1期,第156—165页。

③ John McDowell, “The myth of the mind as detached”, In *Mind, Reason, and Being-in-the-World: The McDowell-Dreyfus Debate*, Joseph Schear(Ed.), London and New York: Routledge, 2013, p.45.

道第一人称的"我"在做什么(what),也意味着知道为什么这么做的理由(why)。在"做"的实践中,第一人称同时认识到了(realizing a concept of)要做什么。[①]在这里,我们发现了概念性的源起和必要性的根由:在与对象的实践接触中,知道应对什么的对象层面和知道如何做的理由层面是同一个过程的两面,关于对象的有效谋划必然以能够将对象纳入理性视野为前提,如此一来,概念性不仅直接体现在,还源起于最为原初的经验活动之中。

在实践的基本层次上,知道为什么的概念能力以"做"的活动为直接依据,而非以更为成熟的概念空间内的理由为依据。故而,麦克道威尔实际上并未承诺最低限度上的概念内容一定是有着真值负载的命题内容,知觉行为是概念性的,这并不意味着"概念性只有当某物在会话或话语思维中被清晰阐明才具有恰当性"[②],以强概念性来清晰阐明经验内容,这是一种从概念"向后"推至经验内容的理论构建,而麦克道威尔强调自己的立场是一种直接涉身于世界的实践立场。我们将会看到,这种将实践立场置于理论立场之前的实践转向同样体现在德雷福斯那里。

关于事物的涉身经验中,"就'什么?'这样的问题来说,相应的答案表达的是某人在其'顺其自然'的行为(acting in flow)中已经知道的事物,只不过在转瞬间这种自我知识使得她具备了能动者的特征"[③]。"顺其自然"的行为,例如德雷福斯所谓的非概念化的下棋技艺,已经有了涉世的谋划,此时,该行为的确未被在成熟的概念空间内被澄清,因为实践智慧的拥有者直接沉浸在自然中;也在此

---

① John McDowell, "The myth of the mind as detached", In *Mind, Reason, and Being-in-the-World: The McDowell-Dreyfus Debate*, Joseph Schear(Ed.), London and New York: Routledge, 2013, p.49.

② See John McDowell, "Reply to Dreyfus", In *The Engaged Intellect: Philosophical essays*, Cambridge, Mass.: Harvard University Press, 2013, p.325.

③ See John McDowell, "The myth of the mind as detached", In *Mind, Reason, and Being-in-the-World: The McDowell-Dreyfus Debate*, Joseph Schear(Ed.), London and New York: Routledge, 2013, p.47.

意义上，麦克道威尔认为自己的思想能够容纳德雷福斯所谓的技艺之知。

然而，麦克道威尔确与德雷福斯有着思想上的不同，他补充道，如果象棋大师的确是一名大师，当他“顺其自然”的行为被打断而被追问为何走出某步棋时，他的确有着进一步解释“为什么”那么做的概念能力。根本地，关于“什么”的对象层面和关于“为什么”的理由层面是麦克道威尔经验概念中一体不分的两面，恰由于有了这样的两面性，感性接受性和理性自发性才能同时一道运作。概念性的渗入必然将理性能动者多多少少带入进渗透理由和教化（*Bildung*）的“第二自然”之中，从而能够在一定程度上给出理由。[①]相比之下，德雷福斯则似乎承诺了不但是前概念的而且是不可被概念化的与世界的接触，例如母亲对孩子的抚慰，我们无法为这类涉身行动技能提供任何进一步的理由。

总结而言，麦克道威尔指出自己采取的是实践的而非理论的立场，实践中的概念能力直接源生自应对世界的合理（rational）行动，故而这种概念能力原初并非是强的理性（reason）概念；实践之知将世界直接纳入概念视野，这意味着实践之知的范围也是世界的全部范围，因而实践之知是无界的，用麦克道威尔的话说，“思维无边界”[②]。故而，认为仍然存有思维外的世界——我们依据德雷福斯式的涉身行动技能来应对这类世界——这在麦克道威尔看来是绝无可能的。

## 三、德雷福斯和麦克道威尔的思想交融：实践智慧优先

德雷福斯和麦克道威尔之争的问题焦点似乎在于，是否存在非

---

① 参见麦克道威尔：《心灵与世界》，韩林合译，中国人民大学出版社 2014 年版，第 120 页。

② 同上书，第 51 页。

概念化的涉身行动技能。至少就此处两人之争的问题线索而言，这类技能不应仅在认知科学的语境下来理解。实际上，深究之下我们将会发现，德雷福斯所强调的依赖于身体的技艺之知和麦克道威尔所强调的实践之知均源于发轫于亚里士多德的实践传统，以及当代海德格尔存在论哲学实践转向论题。接下来的讨论将会牵涉麦克道威尔和德雷福斯对亚里士多德和海德格尔的不同阐释。但为了使讨论聚而不散，此处不会争议谁的理解更为妥帖，更不会直接诉诸亚里士多德和海德格尔文本，无论是正解抑或误解，我们仅专注于从中道明的德雷福斯和麦克道威尔本身的思想特征。

麦克道威尔认为他同德雷福斯在对亚里士多德的如下段落解读上存在差异："实践智慧(*phronēsis*)……是处理具体事物的知识，我们无法通过某种知识系统来获知这类事物，而仅能通过'知觉'。"[①]按照麦克道威尔的解读，实践智慧中所运用到的实践理性(rationality)在使我们"知道—如何"(knowing-how)行事的意义上的确不必然赋予或动用我们明晰的理性推理能力(reasoning)，实践行动中的理性运作范围也的确必然比明晰推理活动所涵括的范围要大许多。然而，这并不意味着存在超出实践"情境"的理性或非概念性的能力。如上文所言，麦克道威尔在实践而非理论立场上理解概念性，这种概念性在实践理性层次的"知觉"活动体现了知道如何"做"的能力。这种"纯粹的知觉行为"依然体现了或受制于作为万物运行之道的"逻格斯"(*logos*)。[②]概念性体现了在具体情境中实践的辨识能力，即知道如何顺"道"而"做"。

麦克道威尔认为自己的思想也有着来自海德格尔的支持。他借用了海德格尔关于"向世界敞开"(being open to the world)和"仅仅栖居在环境中"(merely inhabiting an environment)的区别，认为

① See John McDowell, "What Myth?", In *The Engaged Intellect: Philosophical essays*, Cambridge, Mass.: Harvard University Press, 2013, p.310.

② Ibid., p.312.

前者“不仅意味着能够与环境协作，还转变了知觉向我们披露的事物的特征，其中包括那些如若我们未曾向世界敞开便会落入动物所栖居的单纯环境中的事物”[①]。世界在实践智慧中敞开，实践之知实现的是对世界的披露。渗透于知觉活动的概念性体现了我们作为理性生物敞开世界的能力，在此意义上，区分概念性的强、弱似乎不再合宜——强、弱概念仅体现概念性在后继发展过程中阶段的不同，而由实践立场来看，概念性实质体现的是人在实践中敞开世界的生存论要旨。

德雷福斯式的涉身行动技能，在麦克道威尔那里，似乎体现为生物在环境中的栖居。就此而言，麦克道威尔误解了德雷福斯的思虑。毫不令人意外地，德雷福斯认为麦克道威尔依据某种知识系统给出了过强的概念性定义，并且承诺这种概念性弥散于知觉活动中各处，这表明麦克道威尔不仅误解了亚里士多德，也与海德格尔为我们提供的洞见相悖。[②]显而易见，德雷福斯同样误解了麦克道威尔。对彼此误解的澄清将引导我们走上宽容的理解之路。

德雷福斯承袭海德格尔对“心灵与世界的基本关系是通过心理意义而具有的一个主体与客体的关系”[③]这幅二元论图景的质疑，如上所议，他认为麦克道威尔仍然在这副框架下进行突破。德雷福斯在对海德格尔的阐述中进一步指出：“只有当我们错误地把此在看作是一个内含经验和意义的现成实体，并把世界看作外在于主体的现成实体的一个集合，证明外在世界的存在才呈现为一个问题。”[④]

---

① See John McDowell, “What Myth?”, In *The Engaged Intellect: Philosophical essays*, Cambridge, Mass.: Harvard University Press, 2013, p.315.

② See Hubert Dreyfus, “Overcoming the myth of the mental: How philosophers can profit from the phenomenology of everyday expertise”, *Proceedings and addresses of the American Philosophical Association*. Vol.79. No.2. American Philosophical Association, 2005, p.51.

③ 德雷福斯：《在世：评海德格尔的〈存在与时间〉第一篇》，朱松峰译，浙江大学出版社2018年版，第4页。

④ 同上书，第287页。

依据此在(Dasein)的基本结构——在世(Being-in-the-world)——对存在(Sein)之领会不必被表象在心灵中，例如母亲抚慰孩子使之平静，这更体现了德雷福斯质疑的深层根由：在他看来，麦克道威尔对概念性的强调意味着此在必然被概念化，即在心灵中被表象才能被认知；而涉身行动技能则可依据在世之领会而获得“存在之知”，这类知识在德雷福斯看来无疑是非概念化的。

我们已然看到德雷福斯对麦克道威尔“概念性”这一概念有着误解。撇开误解以及相关的无谓之争，当前的讨论进展到了这样的问题：麦克道威尔式的实践活动中能否展现存在的在世结构？这一问题是隐藏在“是否存在非概念性的涉身行动技能”这一问题之下更为深层的问题。

首先，两人实际上均强调麦克道威尔提及的“情境”的重要性。在对经验现象的思索上，命题只是道出存在的方式之一。德雷福斯指出：“只有当我们动用了不在我们的心灵中而在共享的惯例中的背景亲熟我们才能理解命题如何挑明对象。……结果是：命题并不只是凭借它们的命题内容来规定真值条件。……只有共同的应对活动惯例的共享背景，而不是原子式的心灵中的私人存在者，才使指涉得以成为可能。”[①]“不在我们的心灵中而在共享的惯例中的背景亲熟”类似于麦克道威尔的“第二自然”，它是我们在教化中敞开并栖身于的“情境”，我们人类这种理性生物无法脱离于情境而用原子式的心灵指涉或揭示事物之所“是”。“指涉是一种共享的社会技艺。”[②]但尤为需要注意的是，这种社会技艺源于“已经在事物间发生的”(already-being-amidst-things)“背景”而非“内容”所暗示的“外在世界”，命题只是敞开那些“发生”以让我们与事物共在(being with things)。就此而言，德雷福斯和麦克道威尔均领会了海德格

① 德雷福斯：《在世：评海德格尔的〈存在与时间〉第一篇》，朱松峰译，浙江大学出版社2018年版，第320—321页。

② 同上书，第321页。

尔的思想况味。

其次，撇开“概念性”这一引发争议的语汇不论，用“反理论化”这一说法将能更为直接显明两人之间的思想共识。无论是依据实践智慧，还是依据对在世的领会，我们“只能通过以一种背叛理论的方式栖留于实践之中才能做到”[①]，试图形成某种“理论”，并依据它实现心灵对世界的有效控制，这种做法将心灵放逐在世界之外，在漫长哲学史长久的流浪中逐渐遗忘了对存在的领会。在此方面，德雷福斯和麦克道威尔均调转了传统哲学中理论至上，实践被用于阐释理论的解释方向，无论是回归至亚里士多德或海德格尔，“实践优先性”是两人共有的论题，在这一论题之下，心灵直接源生于世界，心灵之外没有幽暗的物自体 X 而只有心灵作为其部分的自然或“宇宙”，我们无法超脱于“世界”这样的实践情境或语境来给出一种超然、客观的理论解释。

最后，麦克道威尔和德雷福斯之间的确有一种十分微妙的区别，这一区别体现在本节开始处提及的实践能否“去情境化”的问题。对于麦克道威尔而言，实践之知的范围就是世界的范围，因为理性自发性与感性接受性在根源处便相生并作，心灵不仅源自世界，更为确切地说，心灵与世界一道敞开。麦克道威尔所探查的人类这种理性能动者的心灵与世界的关联，与之相关，德雷福斯的反驳似乎更为强调“除了在我们的世界中现实的方式外，自然还有一种自在的方式，无论此在生存与否”[②]。凸显这里的区别，我们认识到麦克道威尔在用实践智慧敞开世界时，由于人的主体性始终在场，世界是有着在世结构的此在而非存在，相比之下，德雷福斯似乎凸显了不依托于人的存在。然而，无论如何，他所谓的非概念化的涉身行动技能可被涵括在此在的在世结构之内（无论这类技能能否

---

① 德雷福斯：《在世：评海德格尔的〈存在与时间〉第一篇》，朱松峰译，浙江大学出版社 2018 年版，第 325 页。

② 同上书，第 303 页。

为认知科学所解释），从而的确能为麦克道威尔的思想所容纳。

上述曲折的讨论让我们认识到，在是否存在非概念化的涉身行动技能这一问题之下，隐藏着深邃隽永的思想。通过对德雷福斯和麦克道威尔观点的层层澄清和推进，在消除误解的道路上我们遭遇到了他们对实践智慧的共同首肯。“实践优先”的论题既承诺了理性主体在世界中行动的首要性，也颠覆了“理论至上”的传统，认为命题化的理论只是陈述在实践中直接遭遇到的物与物的关联。麦克道威尔哲学中的这一论题不仅使得我们能够理解理性自发性和感性接受性何以能够结合在一处的深层根由，也使得我们更能够领会麦克道威尔“经验”概念的存在论蕴意。

## 第三节　麦克道威尔关于语义表征的异议

### 一、对戴维森的批评：二元论的尾巴

#### （一）麦克道威尔对戴维森的批评

麦克道威尔哲学中蕴含着深层的存在论意指，或许因为此他对关于世界的语义学探究感到不满：关于世界的语义谈论或者仅能保证以语义方式彰显的“单薄”世界，或者设定一个外在的客观世界实存，但语义学探究因此需要完成一项达至世界的“本体论之跃”。就此而言，承接第一章第二节末尾处的讨论，麦克道威尔认为戴维森未能摆脱传统哲学的诅咒，即保留康德意义上的物自体，因为在后者那里仍然留有主体间交流的“成功性”以及信念体系“融贯性”所承诺的外在对象。戴维森将客观对象的存有视为交流得以成功的原因和前提，这一观点明显地体现在他的三角测量模型以及彻底的解释理论之中。[①]但是，又因为戴维森彻底解释理论的起点是参与

① 参见周靖：《世界的失落与重拾：一个分析实用主义的探讨》，复旦大学出版社2019年版，第6章。

交流的主体所具有的信念，这种信念可在一个公共的理由空间内被审查，这便促使戴维森至少在对客观世界作出本体论承诺的意义上进行了从主体间的理性交流到客观对象的本体论之跃，故而，戴维森仍然试图保留世界概念。

实际上，麦克道威尔对戴维森的评价也具有两面性。一方面，在保留经验内容方面，麦克道威尔赞赏戴维森在《论概念图式这一观念》[1]一文中对经验主义第三个教条的批判，但不满于戴维森在《关于真理和知识的融贯论》[2]一文中提出的融贯论思想。经验主义的第三个教条是指“概念图式和内容”二分的教条。根据戴维森，“概念图式是组织经验的方式；它们是对感觉材料赋予形式的范畴体系；它们是个人、文化或时代据以检测所发生事件的观测点”[3]。图式/内容二分的教条认为存在着组织经验，赋予感觉材料以形式的范畴之类的图式与感觉材料、事件之类的内容的二分，前者可以被用来组织和整理后者。这里的概念图式可被理解为另一种预先被给定的“所予”。

另一方面，尽管麦克道威尔曾多次强调，戴维森在他的论述中并不是作为一个对手而出现的，更多的时候，戴维森为他提供了灵感上的来源以及他所赞成的立场[4]，并且，麦克道威尔坦率地承认，他所认识的戴维森更多是罗蒂意义上的戴维森[5]，尤其是罗蒂在《实用主义、戴维森和真理》[6]一文中所呈现的戴维森。但是，麦克道威尔的确不满于戴维森的融贯论思想。戴维森在信念的系统内寻求证成，认为证成一个信念的只能是另一个信念；经验只和信念

① 参见戴维森：《真理、意义和方法：戴维森哲学文选》，牟博编译，商务印书馆 2008 年版，第 254—275 页。

② 同上书，第 336—365 页。

③ 同上书，第 254 页。

④ 参见麦克道威尔：《心灵与世界》，韩林合译，中国人民大学出版社 2014 年版，第 2 页。

⑤ 同上书，第 157 页。

⑥ 参见罗蒂：《后哲学文化》，黄勇编译，上海译文出版社，2004 年，第 195—232 页。

有着因果关系,而不再能够对信念起到任何认识论上的(包括限制和证成的)作用。麦克道威尔指责戴维森因畏怯而抵制所予神话,认为"在戴维森看来,经验性思想参与进来时并不受到来自外界的理性限制,而只是受到来自外界的因果影响。这恰恰引起一种担忧:戴维森的画面是否能够容纳这种与实在(相当于经验内容)的关系,而这恰恰就是那种可能使得对所予的诉诸似乎很必要的担忧。戴维森没有做任何事情来减轻这种担忧"①。他对戴维森更为严厉的指责在于,认为戴维森在剥夺经验的证成作用的同时,在不可应答的(unanswerable)世界和融贯的概念体系之间设置了新的二元论,割断了概念与世界之间的联系。于是,在麦克道威尔看来,戴维森对图式/内容的批判并未解决根本问题,戴维森在抵制第三个教条时,也割断了概念和内容之间的联系。②

在对康德和戴维森的批评中,麦克道威尔一再强调,经验的接受性中已经有了理性自发性的运作,我们应该竭力避免回答"如何可能的问题",因为只有我们已然受到了内容的限制,我们才可以回答如何可能的问题。麦克道威尔忧虑"思想"无法对世界做出应答,他试图保留对经验内容的谈论,并试图恢复内容对思想和判断的限制和理性证成作用。在此意义上,他认为我们应该为某种所予作无罪辩护,出于同样的理由,他对康德保留物自体,塞拉斯彻底割裂开自然的逻辑空间和理由的逻辑空间,戴维森的融贯论等做法和思想感到不满。在麦克道威尔看来,经验是自发性和接受性协作的结果,"印象的观念既是一种关于自然的发生的观念,也是逻辑空间内的一种观念"③。

---

① 麦克道威尔:《心灵与世界》,韩林合译,第 13—14 页。Also See John McDowell, "Experiencing the World", In *The Engaged Intellect: Philosophical Essays*, Cambridge, Mass.: Harvard University Press, 2009, p.248.

② See John McDowell, "Scheme-Content Dualism and Empiricism", In *The Philosophy of Davidson*, Lewis Edwin Hahn[Ed.], Chicago: Open Court Publishing Company, 1999, pp.87—96.

③ John McDowell, "Experiencing the World", In *The Engaged Intellect: Philosophical Essays*, Cambridge, Mass.: Harvard University Press, 2009, p.7.

### (二) 戴维森对麦克道威尔的回应

戴维森十分清晰地认识到他与麦克道威尔的区别,也认识到他们两人之间的共同之处。在对麦克道威尔的指责做出回应的同时,戴维森也指出了麦克道威尔哲学存在的一些问题。遗憾的是,麦克道威尔似乎并未对戴维森的反问做出进一步的回应(或许是因为戴维森在 2003 年猝然离世?),否则,我们就可能听到两位大哲之间更多的精彩对话。

戴维森首先予以认可的是,他与麦克道威尔之间都赞同的观点,即拒斥所予神话,认为未经诠释的感觉材料、感觉不能证成信念。戴维森也认识到他们之间的区别,"我和罗蒂认为我们身体和世界之间的作用是因果的,此外别无其他;然而,麦克道威尔认为世界直接向我们提供命题内容,从而能毫无困难地解释这些命题内容,因为自然提供了这些命题内容。但我在解释世界的外在特征如何通过感觉媒介使我们形成大体上是正确的信念时感到了问题"[①]。戴维森实际上并不否认命题态度可以作为信念的基础[②],他指责麦克道威尔的地方在于,"麦克道威尔认为被导致的(caused)不是一个信念,而是我们并无语词参与其中的命题态度"[③]。即是说,戴维森反对的是可被概念化的经验作为命题内容,赞同的是概念化的经验可以作为信念内容。实际上,概念化的经验作为包含概念的命题已经就是信念。戴维森一方面要求麦克道威尔说明在知觉中摄入的内容何以具有证成作用,用戴维森的话说,如何仅能从世界的因果刺激中获得信念?另一方面,戴维森指出,麦克道威尔

① Donald Davidson *Truth*, *Language and History*, Oxford: Oxford University Press, 2005, p.321.

② See Donald Davidson "Reply to McDowell", In *The Philosophy of Davidson*, Lewis Edwin Hahn[Ed.], Chicago: Open Court Publishing Company, 1999, p.105.

③ McDowell. J., "Scheme-Content Dualism and Empiricism", In *The Philosophy of Davidson*, Lewis Edwin Hahn[Ed.], Chicago: Open Court Publishing Company, 1999, p.107.

的命题内容如果可以作为一个信念的证成基础，那么它就是一个信念；如果不能，它仅仅就是感觉材料。[1]

其次，戴维森还承认知觉信念的证成作用。知觉信念在戴维森那里指的是，“由环境的特征引起，但在它们的因果关系中没有任何东西（除一些特殊的、派生的情况）为这种信念提供理由。然而，很多基本的知觉信念都是真的，而且对于这个事实的解释就说明了为什么我们有权相信它们。我们知道许多东西，在那里，我们相信它们的仅有理由就是进一步的信念”[2]。知觉信念是人们从环境中直接得出的基本信念，例如，当先民初时被火灼烧而产生的“避开火”的信念。戴维森指出，如果麦克道威尔还认为知觉经验算作是一种经验的话，他便承认自己是一个经验主义者。实际上，与麦克道威尔有时谈论的“最低限度上的经验论”相似，戴维森有时也谈论“经验主义的暗淡的版本（pallid version of empiricism）”，“暗淡”意味着经验已经入场，虽然此时的经验尚未被概念完全把握。

麦克道威尔可能感到自己并不需要对戴维森的批评做出回应，因为在他看来，经验的证成作用正是由于它是理性地与世界相连。如上文所述，理性地相连即是把经验置于概念空间之中，他把戴维森“除了另一信念以外没有什么东西可以作为坚持一个信念的理由”的断言修正为“除了某种其他的也在概念空间内的东西，没有什么东西可以算作坚持一个信念的理由”。戴维森可能也会认为麦克道威尔的修正毫无必要。在对麦克道威尔的回应中，戴维森指出：“无论一个能动者是否是在理性之光中塑形其行动或思想，或者无论她的行为或想法有多好或有多糟，当我们将她的思想和行为作为思想和行为呈现于自身时，我们便已经将她置于理由的空间中了。”[3]戴

①② See Donald Davidson, “Reply to McDowell”, In *The Philosophy of Davidson*, Lewis Edwin Hahn[Ed.], Chicago: Open Court Publishing Company, 1999, p.129.

③ Donald Davidson, *Truth, Language and History*, Oxford: Oxford University Press, 2005, p.320.

维森设想麦克道威尔也会同意他这样的表述，于是，即使在麦克道威尔的意义上，戴维森表述的其实就是他的思想，他所谓的作为法庭的经验就是戴维森的信念。在戴维森的哲学中，在相同于麦克道威尔的意义上，世界被保留下来。戴维森进一步指出："在进一步的知觉经验的光照下，在我们记忆的光照下，在我们关于世界运行方式的一般知识的光照下，由感官给予的信念是可修正的。"①从而我们的信念并不会失去来自世界的摩擦力，世界与信念的因果联系足以维持世界对我们知识形态不可抹去的影响。

## 二、对布兰顿的批评：推论主义无法突破语义内在性

### （一）麦克道威尔对布兰顿的批评

麦克道威尔在讨论弗雷格就"从物"和"从言"所作的区分时指出，弗雷格所谈论的"实体"（*res*）只是通过言说而被展示出来的，在此意义上，"实体"在言说中并未直接出场。②他也因此认为，布兰顿至多也只能获得语义对象，即普莱斯所谓的内表征，这种表征不是世界中的对象，推论地谈论对象的方式不能保证对世界的应答性。③

根据本章第一节以及第三章第三节中的论述，我们此时应该能够理解麦克道威尔的下述判断："对于弗雷格而言，理解（单称的）意义只是在心灵中拥有一个意谓（*Bedeutung*）……这一概念仅能在语义的合理性的框架内发挥作用。"④"实际上，布兰顿所做的是我

---

① Donald Davidson, "Reply to McDowell", In *The Philosophy of Davidson*, Lewis Edwin Hahn[Ed.], Chicago: Open Court Publishing Company, 1999, p.106.

② See John McDowell, "*De Re* Senses", In *Meaning, Knowledge, and Reality*, Cambridge, Mass.: Harvard University Press, 1998, pp.214—227.

③ See John McDowell, "Knowledge and the Internal Revisited", In *The Engaged Intellect: Philosophical Essays*, Cambridge, Mass.: Harvard University Press, 2009, pp.279—287.

④ John McDowell, "Naturalism in the Philosophy of Mind", In *The Engaged Intellect: Philosophical Essays*, Cambridge, Mass.: Harvard University Press, 2009, p.272.

认为不必要的事情:在理由的空间内讨论图像,并以社会的视角来实现它的兑现价值,以保证所讨论的观念是关于事物的。”①布兰顿认为,我们可以在社会性的实践中走出多多少少的推理步骤以认识表征,而这正是麦克道威尔所反对的观点。对于麦克道威尔而言,主体有资格获得内容的原因在于,他直接看到了对象。②在麦克道威尔看来,内在论的观点——无论这种观点是否试图谈及对象——是不可行的。弗雷格和布兰顿均是在塞拉斯式的理由的逻辑空间内谈论对象,因此,他们无法真正谈及外在的对象。③

麦克道威尔反对一个布兰顿式(而非真正的布兰顿)的观点,即认为“经验实料(empirical substance)被从基础层面传递到更为遥远的经验概念:这样的传递是沿着这样的渠道进行的,它们是由将一个概念系统掌握在一起的诸推理关联(the inferential linkages)所构成的。”④因此,麦克道威尔否认经验实料是经过推理的链条而一环一环被传递至经验概念的,对他来说,经验实料呈现的过程中已经直接渗透了概念的运作,故而不存在那种一环一环的传递环节。

然而,布兰顿似乎在误解了麦克道威尔的意义上青睐他的这一思想,他似乎将这里的表述解读为:我们使用概念作出推理的过程也是使得经验实料被清晰呈现的过程。故而,也可以说,经验的内容就是判断的内容。麦克道威尔这里的表述看上去似乎与他试图结合起形式语义学和实质语用学的哲学旨趣十分契合。

---

① John McDowell, “Knowledge and the Internal Revisited”, In *The Engaged Intellect: Philosophical Essays*, Cambridge, Mass.: Harvard University Press, 2009, p.287.

② Ibid., p.281.

③ 麦克道威尔这里的判断与普特南在其著名文章《缸中之脑》中的判断一致,即不管以言语为中介,还是以概念为中介,我们都无法指称外部事物。具体的讨论请参见普特南:《理性、真理与历史》,童世骏译,上海译文出版社 2005 年版,第 14—15 页,第36 页。

④ 麦克道威尔:《心灵与世界》,韩林合译,中国人民大学出版社 2014 年版,第 26—27 页。

但是，除了这一实质差异，笔者认为，麦克道威尔与布兰顿有着其他两点显著的不同。首先，布兰顿的推论所使用的是次语句表达式，其中涉及对成熟形态的概念的替换的使用，而在麦克道威尔哲学中，作为推理一个环节的不必是成熟形态的概念，它只需是"概念性的"的即可；麦克道威尔直言不讳地表明，"清晰地阐明事物并不是我的思考主题"①。其次，更为关键地，诚如方才所言，麦克道威尔认为布兰顿的推论主义语义学获得的表征只是语义对象，我们至多可以把它视为一种内表征，麦克道威尔无疑不会满足这种内在论的语义学的做法，他试图突破这种语义之幕的限制，保留对外在的经验内容的谈论。

麦克道威尔经验理论的关键洞识在于，认为经验是接受性和自发性协作的结果，因此经验融合了理性和感性的要素，在这种消除形式和实质界限的经验中，我们可以直接谈"及"世界。

（二）布兰顿对麦克道威尔的回应

布兰顿许多时候把麦克道威尔视为自己哲学上的同盟，例如他在对塞拉斯追随者的划分中，他把麦克道威尔归为自己和罗蒂所在的左派阵营②，左派观点认为："在描述知道这种状态或某一片段的特征时，我们所做的并不是关于片段或状态的经验的描述；我们把它们放置在理由的逻辑空间内，在其中我们能够证成并能够证成某人的言语。"③左派放弃了对世界本身的谈论。布兰顿的确认识到了他和麦克道威尔的关键不同，即他认为经验之中没有什么值得挽回的东西，而麦克道威尔仍然认为："在谈论世界塑形我们感觉意识的方式上——感觉意识既是概念性的，也是感觉的——仍存有一些

---

① John McDowell, "Response to Dreyfus", In *Inquiry: An Interdisciplinary Journal of Philosophy*, 2007(4):367.

② See Robert Brandom, *From Empiricism to Expressivism: Brandom reads Sellars*, Cambridge, Mass.: Harvard University Press, 2015, pp.30—31.

③ Wilfrid Sellars, *Empiricism and the Philosophy of Mind*, Richard Rorty & Robert Brandom(Eds.), Cambridge, Mass.: Harvard University Press, 1997, §36.

重要的东西。”①

布兰顿试图分别在较宽和较窄的意义上来理解麦克道威尔的经验概念。在较宽的意义上，即把知觉经验理解为在关于环境刺激的反应中获得的非推论的知识的意义上，布兰顿认为：(4.221)我们只有在知道怎么做(知道如何，know-how)，才能对刺激做出可靠的有差异的反应，例如对红色和绿色做出不同的可靠反应；这便意味着(4.222)某人必须有着在概念上阐明(articulate)这些反应的能力；所以，在这种较宽的意义上，获得知觉内容已经预设了相关的概念能力。对于布兰顿来说，概念能力是首要的，知觉对象是我们“推测”出的对象，例如(4.223)物理学家们没有关于 u 介子的直接经验，但他们能够在推论中谈“及”它们。在较窄的意义上，即把知觉经验理解为关于第二性的质的直接觉识(immediate awareness of secondary qualities)的意义上，布兰顿认为麦克道威尔承认这样的观点：(4.224)我们必须具有关于周遭世界的知识才能具有直接觉识。②

可以推知，麦克道威尔不会认同布兰顿对他的解读。布兰顿的观点太过强调概念能力，即理性自发性的运作，强调获得表征的推论过程，而忽略了麦克道威尔所强调的经验接受性。在对布兰顿的回复中，麦克道威尔提道，观察性的知识是认为某物是如此这般的知识，事物仅如此这般地被呈献给我们，呈现物是可被概念化的，但尚不是概念。③

布兰顿可能对麦克道威尔的解释依旧感到困惑，在他看来，麦

① 参见陈亚军访谈，周靖整理：《匹兹堡问学录：围绕〈使之清晰〉与布兰顿的对谈》，复旦大学出版社 2017 年版，第 4—5 页。

② See Robert Brandom, “Non-inferential Knowledge, Perceptual Experience, and Secondary Qualities: Placing McDowell's Empiricism”, In *Reading McDowell on Mind and World*, Nicholas H. Smith(Ed.), Cambridge: Routledge, 2002, pp.95—97.

③ See John McDowell, “Responses”, In *Reading McDowell on Mind and World*, Nicholas H. Smith(Ed.), Cambridge: Routledge, 2002, p.280.

克道威尔似乎在两种意义上使用了知觉经验这一概念，即包含内容的知觉经验和关于相应内容的信念的知觉经验。①在此方面，怀特的说明似乎更加清楚。怀特认为麦克道威尔试图结合起如下三种思想：(4.225)人类和动物共有的感性能力(sentience)，如此获得纯粹的自然对象；(4.226)麦克道威尔式的人类感性能力，其中已经包含了概念性的运作；(4.227)理由空间内的概念运作。②关于(4.225)，麦克道威尔强调的是经验接受性；关于(4.226)，他强调的是理性自发性；结合前两点意味着认为经验是接受性和自发性的协作结果。麦克道威尔并不否认在(4.227)中我们可以认可布兰顿式的形式语义学，但布兰顿把(4.225)看作是一种我们应该放弃的所予，它是我们无法合法获得的东西，这是麦克道威尔无法接受的一点。

此时，我们发现了布兰顿和麦克道威尔的一个根本分歧。布兰顿认为，我们应该从人所独具的智识能力(sapience)开始，哲学研究的基本单位是可以作为推论一个环节的概念，他无法理解麦克道威尔如何将感性接受性和理性自发性结合起来。从对塞拉斯哲学的不同解读上看，布兰顿因此认为我们可以放弃关于塞拉斯所谓的自然的逻辑空间的独立性，而麦克道威尔则不满于塞拉斯完全放弃所予的做法，认为我们应该试图为所予作"无罪辩护"，无罪的所予即指融合接受性和自发性的经验。

## 小结　表征的"自然—理性"混合面孔

在第二章第二节、第三章第二节和第三节等处，我们一再注意到，戴维森和布兰顿也试图取消世界和心灵之间的本体论界限，但

① See Robert Brandom, "Non-inferential Knowledge, Perceptual Experience, and Secondary Qualities: Placing McDowell's Empiricism", p.98.

② See Crispin Wright, "Human Nature?", In *Reading McDowell on Mind and World*, Nicholas H. Smith(Ed.), Cambridge, Routledge, 2002, p.151.

同时他们也承诺某种外在性——在前者那里体现为把对象的客观性作为解释和交流成功的前提，在后者那里体现为将外表征或语用实践语汇作为表达的资源。然而，客观对象和外表征语汇内容实质上并未超出可知的范围之外——用麦克道威尔的话说，即感性接受的内容未超出理性自然性运作的范围。如此一来，他们三人的思想有着很大程度上的相似性。然而，在本章第二节中，我们看到麦克道威尔分别和戴维森、布兰顿有着一些争议，但造就他们之间分歧的根本原因是什么？

在笔者看来，其中的根本原因在于，戴维森和布兰顿的表述分别在（三角）测量活动和可被测量的对象、表达活动和可被表达的内容之间设立一对二元关系；虽然这种二元关系不具有本体论上的界限，这种表面上的二元性不免让麦克道威尔忧虑他们是否承诺了内容的独立性（这体现于对戴维森的批评之中），或者语义的表达推论活动是否能够切实地关涉外在对象（这体现于对布兰顿的批评之中）。相比之下，麦克道威尔更为注重解释我们究竟何以能够将世界纳入理性视野，他在实现心灵与世界本体论关系的转置（即取消两者之间的本体论界限）时，他也实现了认知模式的转置（即世界根本地处在概念自发性的运作范围之内，经验的接受性并未把我们带到更远的地方），从而任何意义上的二元论都是错误或不可接受的，同时，也没有必要在逻辑上承诺某种客观内容。

从侧视的视角（side-way perspective）看，麦克道威尔的思想图景更为静态（或更具有实践智慧的“沉思”特征），戴维森和布兰顿的图景则更为动态。在一定意义上，前者是对传统哲学中认知模式的诊疗，试图以转置世界观的方式平息失去世界的“焦虑”，后者则有理论构建上的诉求，试图阐明概念发展和被清晰化的具体过程。双方的长处似乎可以结合在一起以避免各自的短处。用戴维森和布兰顿的思想补充麦克道威尔思想可以为麦克道威尔带来丰富的理性自发性运作的细节，丰富教化这一概念的内蕴；以麦克道威尔的思想补充戴维森和布兰顿的思想则能够为戴维森和布兰顿的观点带来更为坚实的依据。综合的思想图景便是：名词性的表征在经验的最低层次上依据理性自发性提供内容，而后我们在主体间的人际交流中推论地使得这些内容清晰化，后一过程带来了观念、思想、文化，乃至语言本身的增长，这反过来会进一步强健理性自发性的能力，能够激发感性接受性以更为丰富的方式带来内容并使之现实化和清晰化，这样一来，名词性的表征获得了动词性的能力，它实质上成为一种动态表征，它反映了世界和概念双方的同步增长；同时，表征的面孔也呈现为“自然—理性”的混合面孔，自然和理性的张力构成了它的独特特质。

综合的思想图景更为生机勃勃，然而，这一图景仍然未在任何意义上承诺外在的独立的自然内容，它的实际理论起点仍然是概念的或概念性的。如今我们关切的焦点被引至“究竟是否可以保证自然作为知识起源的身份”这一问题上，下一章关于米丽肯自然主义表征的探究将会让我们获得承诺外间世界中的内容的实际资格，并为我们在第六章中诸类表征的“融合”提供最后所需的理论依据。

# 第五章　米丽肯的自然表征论

前四章的讨论将我们带到了这样的一种境况中：似乎可以保留具有某种外在性和独立性的外间世界，我们一方面与它处在无中介的接触之中，另一方面，我们可以用语言来呈现它，用人际间交往中的推论活动使之显明。如此一来，的确不存在普莱斯和罗蒂所批判的超越于心灵的大写实在，然而，如果我们承认麦克道威尔、戴维森和布兰顿等人所承诺的世界，我们便需要进一步具体阐明世界何以可能直接呈现为可为我们所把握的对象。本章拟借助米丽肯哲学中的有益思考来提供一条从自然到语言的可行进路，表征概念的自然一面也将得以展现。

戴维森和布兰顿的哲学探究起点是概念性的。当谈论某一概念，诸如“红色”时，我们会倾向于认为它是关于某物的概念，从而在概念与它的内容之间做出二元划界。众所周知，在近代认识论图景中，内容被认为源自世界中的对象（object），它虽然与人有着物理的因果依赖性，但根本地独立于主体的认知活动；对象是思想的客观（objective）意指，从而认知的目标在于精确地描述事物实际之所“是”。在这幅近代图景之下，知觉依赖于对象，知识依赖于知觉，对象—知觉—知识构成了认知通道，近代认识论的任务在很大程度上便在于疏通这一通道，即实现知识关于对象的精确和正确的表征。笛卡尔式的二元范式构成了这幅图景的主要地貌，精神与物质、心灵与世界等二元的对立中，保证心灵所接受的对象真正是世界中的客观内容，这一任务面临着重重问题。

近代认识论图景自20世纪以来备受批判，总结而言，批判大抵有三类策略：其一，否认可以作为证成命题或知识基础的纯粹经验存在，这一批评主要体现于奎因[①]、塞拉斯[②]和戴维森[③]等人的工作中，第二章第一节中讨论的普莱斯的全局表达主义也是这一思路的一个显例；进一步地，如我们在第三章和第四章中已经看到的那样，诸如麦克道威尔、戴维森和布兰顿等人指出，最低限度的经验已经被概念化了；显得稍稍激进一些的布兰顿则认为我们的哲学工作根本地应当从概念和推论开始，判断是我们可以对之负责的最小单位；此外，罗蒂的观点则更为激进，他积极地敦促人们放弃对外间世界的谈论，认为在共同体的范围内，语言便已足够，语言的范围就是世界的范围。[④]其二，否认内容与概念、自然与规范、世界与语言之间存在本体论界限，从而两者之间不存在需要跨越的认识论鸿沟；这一策略往往隐含于持第一类策略的哲学家的理论之中，麦克道威尔无疑是一位典型代表，戴维森、布兰顿等人实际上也隐在地承诺了第二类策略。[⑤]其三，认为语言或心灵的确有其自然基础或来源，这些自然因素可能体现于信息、功能、脑内神经元模式等形式与层次上；这一策略对近代认识论中的经验做了更为丰富和精致的探

---

① 参见奎因：《从逻辑的观点看》，陈启伟、江天骥等译，中国人民大学出版社2007年版，第18—41页。

② See Wilfrid Sellars, *Empiricism and the Philosophy of Mind*, Rorty R. & Brandom R.(Eds.), Cambridge, Mass.: Harvard University Press, 1997.

③ 参见戴维森：《真理、意义和方法》，牟博编译，商务印书馆2008年版，第254—275页。

④ 参见罗蒂：《罗蒂文选》，孙伟平等编译，社会科学文献出版社，2007年，第99—115页。

⑤ 参见戴维森：《真理、意义和方法》，牟博编译，商务印书馆2008年版，第324，326页，以及Robert Brandom, *Between Saying and Doing: Towards an analytic pragmatism*, Oxford: Oxford University Press, 2008, pp.92—116。

究，然而，它也更为直接地面临着近代认识论所深陷的问题，例如自然基础何以具有意义，从无意识或前语言向意识或语言的过渡何以可能，意识或心灵是否可以还原为生理要素，以及相关的认知科学研究，例如关于脑部区域分布与认知能力的对应关系的科学研究，究竟有何哲学蕴意——换句话说，认知哲学家何以是哲学家？

在上述剪不断理还乱的困境中，在笔者看来，米丽肯近40年的哲学发展为我们提供了一条极具启发性的进路，她既阐明了自然因素（例如功能和信息）为何具有意义，又为自然语义与语言语义的关系提供了非还原论的说明，她的思想图景实际上最终为我们提供了一种十分不同的世界布局。本章将主要聚焦于米丽肯的最新著作《超越概念：殊念、语言和自然信息》（*Beyond Concepts*: *Unicepts*, *Language and Natural Information*, 2017）一书中的成熟讨论，在本章第一节中讨论殊念（Unicept）和殊踪（Unitracker）两个关键概念的内涵，以及该概念为我们带来了怎样不同的世界布局。在对新的世界布局有所把握之后，继而讨论米丽肯哲学中的自然语义起点，谈论自然语义何以可能发展为语言语义。

本章第一节的讨论将向我们揭示，不同于上述批判近代认识论图景的三种进路，米丽肯彻底放弃使用“概念”这一语汇，批判相应的二元论范式以及语言观；米丽肯认为语言生长于自然之中，语言所能阐明的对象是对自然的部分现实化。就此而言，米丽肯既为我们提供了经验自然如何被理性化提供了细节，也在承认可能世界（仅作为可能性而存有的自然种类）的实体性（substantial）的意义上，夯实和丰富了经验世界的外在性内蕴。

显而易见，米丽肯与布兰顿有着明显不同的探究进路，前者是自然主义式的，而后者则是理性主义式的。尽管两人存在如此的关键差异，同作为塞拉斯的拥趸，我们有可能在某个节点上——即对塞拉斯“应该”(ought)概念的关键解释——实现某种融合。本章第二节将会首先讨论米丽肯对布兰顿的批评,而后讨论这种融合的可能。实际上,我们既然已经看到麦克道威尔和布兰顿思想互补的可能,我们便更为可能接受进一步的融合工作,即将米丽肯所讨论的“你拉我扯的”表征(Pushmi-Pushyu Representation,下文简称“PP表征”)当作对感性接受性和理性自发性何以协作的具体解释,我们也将在本章第二节中解释PP表征的蕴意。

然而,麦克道威尔是否可能接受米丽肯的观点?这是值得深论的另一个问题。本章第三节通过对米丽肯、埃文斯和麦克道威尔思想关联的讨论,我们将进一步认识到埃文斯和麦克道威尔之间的思想差异,同时,笔者同时试图表明这样的观点,即麦克道威尔更加是站在布兰顿一方的理性主义者,而非与米丽肯相近的自然主义者,但我们仍然可以用类似于融合米丽肯和布兰顿思想的方式连接起米丽肯和麦克道威尔的思想。

表征的自然面向在本章中得到了直接的显露。米丽肯式的表征概念兼具对象朝向我们认知的“指向性”,以及我们认知能够关涉对象的“描述性”两个维度,从而PP表征体现了语言和世界的直接关联。如上所述,PP表征与麦克道威尔的经验概念有着类似之处,即体现了理性自发性和感性接受性的协作。然而,在麦克道威尔那里,理性和感性终究体现了两种不同的认知能力,并且二者结合的依据在于理性生物所具有的文化历史(第二自然),米丽肯的PP表征则直接蕴生自第一自然,并未设置动物和理性生物之间的断裂;因而,一方面,米丽肯对外在世界的承诺是直接的;另一方面,她的确为我们提供了一种与前四章所讨论过的截然不同的表征概念。借助米丽肯的思想资源,以及本章在阐明米丽肯思想时融合她与布兰顿、麦克道威尔、埃文斯等人相关洞识的初探,为我们下一章以自然主义的方式融合表征的诸种面孔奠定了基础。

# 第一节　米丽肯论自然世界的首要性

## 一、殊念和殊踪概念下的世界布局[①]

殊念指的是“在与其他殊念或行为控制者的关联中，帮助存储事实或过程知识的神经结点。每一殊念都有其自身的殊踪”[②]。殊踪则是指“一种神经网络，其功能在于识别达到感觉表层的信息，这些信息与某一具体的事物有关，拥有该殊踪的殊念将之呈现为用法”[③]。殊念和殊踪能够呈现我们与世界接触的多种方式。米丽肯指出，如果认知是可能的，世界中的对象必然以某种方式向我们呈现，人们一般赋予该对象以一个名称（name），例如gavagai，用以指称该对象。然而，名称实际上起初容纳的只是描述对象的信息，这些信息聚成一簇，成为殊踪的内容或感性结构，于是我们实际上无权未经反省地使用名称直指对象。自然的认知系统既包含了多样的感觉刺激，也允许我们以多样的方式与对象接触；例如一名画家与海伦·凯勒对同样的一朵花的接触中，尽管她们都能使用“花”这一概念，但前者可能基于视觉，而后者则基于触觉或嗅觉来辨认它的，她们所运用到的殊踪是不同的。“对某物的殊踪吸收了多种不同的远端刺激……并把它们解释或翻译为携带关于同一事物信息的符号。一般而言，殊踪使用多种追踪手段，以诸多可替换的方式锚定目标……”[④]由此可见，不同于在使用概念时，人们抹去了与事物接触的多样性乃至事物存在的必要性，在米丽肯那里，殊念和殊踪体现了事物向我们呈现的丰富纹理。

---

① 本节主要内容已发表，参见周靖：《自然化的世界观：米丽肯殊念（Unicept）概念的思维变革》，载《自然辩证法研究》2019年版第8期，第25—30页。

②③ Ruth Millikan, *Beyond Concepts: Unicepts, language and natural information*, Oxford: Oxford University Press, 2017, p.225.

④ Ibid., p.43.

此外，殊踪为殊念提供了信息来源，不那么恰当地说，殊念是殊踪的名称，殊踪是殊念的内容，“当用于存储信念，给养性的(affording)知识或在当下的使用中时，运用到的是殊念。另一方面，在将感觉材料所包含的信息翻译为信念或给养(affordance)知识时，运用到的是殊踪”[①]。它们本质上不可分地交织在一起，犹如一枚硬币的两面，殊念无殊踪则空，殊踪无殊念则盲。在此方面，值得注意的另一点是，殊念和殊踪都是关于殊相的[②]，它们所呈现的追踪事物的多样性是关于同一个对象的，我们将会看到，这是一个十分关键的特征。

概念和殊念有着十分不同的内涵和特征：(5.111)概念是为许多人所共有的，人们运用它来概括或把握对象的本质或同类对象的共同特征，而殊念和殊踪则不是可以共有的。其中的根本原因在于，概念是关于类型的，而殊念和殊踪则是关于殊相的，每个人具有的关于殊相的殊念和殊踪可能是不同的。(5.112)概念必须是清楚明白的，概念主义者认为认知问题往往体现于概念的模糊性，澄清概念于是可能变成一项可以无关乎内容的理性的自为事业，即便保留了经验主义式的对内容的强调，或坚持在共同体的范围内来对概念进行调整，概念主义者竭力避免模糊的概念乃至错误的概念导致的歧义性或相关命题的可错性。然而，如果我们接受殊念概念，那么，我们就会接受以多种方式获得关于对象的不同信息，其中，无可避免地获得一些错误信息，这些信息造就了错误的信念，从而可错论是可以接受的，但这并不必然导致怀疑论，因为，我们仍然有许多以其他方式获得的关于同一对象的信息。此外，殊念的模糊性是可以接受的，例如“水”和 $H_2O$ 便是在不同的环境下关于同一对象 X 的两种信息，关于 X 的殊念不会因为有了两种信息而面临指称困境

① Ruth Millikan, *Beyond Concepts: Unicepts, language and natural information*, Oxford: Oxford University Press, 2017, pp.46—47.

② Ibid., p.47.

或变得内涵模糊。又例如"晨星"和"暮星"所造成的指称和意义问题,在接受殊念的前提下,也会自动消解。①(5.113)从功能的角度说,概念的功能是分类,而对同一对象进行追踪恰是殊念和殊踪的功能,后者的功能既保持了殊念和殊踪的直接联系,也促成了具有意义的功能成为自然的语义基础的可能性。我们将在下一节中对这一点作出更多讨论。

基于对概念和殊念的辨析,米丽肯进一步劝导我们放弃使用"概念"一词②,认为根本不存在概念这种东西。她甚至认为:"根本不存在单纯的语言理解,理解语言已经将对整个世界的理解当作基础了。"③在实际的发生次序上,殊念是先于概念的,即便是最单纯的概念或语言,它们已经涉及了自然性的"前见"。米丽肯的解释向我们呈现了一幅相当不同的世界布局,如下图 5-1 所示:④

其中,实在种类(real kinds)是指任何具有单义的、非偶然发生的关于对象的簇(clumps);⑤历史实体(historical entities)则是指,

---

① 我们也可以用一岁半的小"伊一"的例子来做进一步的阐释。设想小伊一的父母兴奋地向某位米丽肯的支持者报告说:"我家女儿现在学会了区分奶奶和太奶奶了,真聪明啊!"这位不合时宜的米丽肯支持者可能会指出,她现在根本不是在成人的意义上学习使用概念,甚至她还能不算作(社会)"人",而至多是一个理性生物,能够对周围的环境做出可靠的、有差异的、有模式的反应,在这种应对环境的活动中,她能够对相关的信息做出分类,她对之做出反应的"奶奶""太奶奶"实质上只是米丽肯意义上的殊念(Unicept),即由她在环境中抓住(-cept)并具有单一(Uni-)功能的信息簇所给养的(affording)的神经节点,而非抓住共有的(con-)什么内容,例如她父母对"奶奶""太奶奶"做出反应时所抓住的信息(无论是语义的,或是因果的)。实际上,即便是成熟的理性主体,他所使用的也是殊念而非概念,根本不存在概念这种东西,杯子的设计师与我们日常使用杯子喝水的人都使用"杯子"来说话,但设计师显然与我们有着不同的殊踪,"杯子""奶奶""太奶奶"等意义含糊且十分私人。就此而言,需要注意的是,理性生物并不因此失去规范的(normal)约束,米丽肯承诺了生物的生存与繁衍作为一种"目的"能够衍生自然语义,自然语义何以具有规范性,何以发展为语言语义,这是下文接着处理的问题。本小节讨论了米丽肯思想带来的关于世界图景的思维变革,但她的思想无疑可以启发我们关于交流、理解、心灵等母题的讨论。

② Ruth Millikan, *Beyond Concepts: Unicepts, language and natural information*, Oxford: Oxford University Press, 2017, pp.46—49.

③ Ibid., p.40.

④ Ibid., p.22.



⑤ Ibid., pp.13—14.

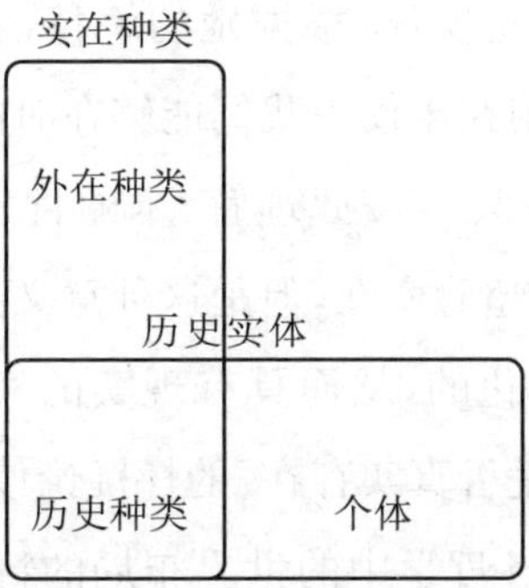


**图 5-1　实体类别**

由于时空已经历经了一段时间的累积，相关的因果属性形成了一定的依赖性，原先的簇黏合在一处形成了结点（knot），从而形成了更为稳定和清晰的殊踪；[①]值得强调的是，历史实体的形成部分源自历史个体（individuals）在时间中形成了以固定的模式对环境做出反应的倾向。[②]历史个体与历史实体在均具有"历史性"的意义上是互相依赖、共同发展的，个体的形成与成熟带来了更为清晰的实体（substance）。米丽肯进而指出，因为共同的历史性，实在种类与个体具有同构性——在此意义上，我们可以理解为什么"理解语言已经将对整个世界的理解当作基础了"——随着个体的成熟，人们可以不再溯因至历史性的自然内容，而可以直接援用个体，此时个体获得的意义已经可以作为语言语义的基础了（参见本节下一小结的进一步讨论）[③]，但是我们不能忘记语言的自然起源。外在种类（external kinds）则指那些外在于自然中但尚未于历史中出现，但仍然作为可能性而存在的自然种类[④]，那些活跃的可能性时刻等待在实践中被现实化为历史实体，乃至成为语言的清晰部分。米丽肯

① See Ruth Millikan, *Beyond Concepts*: *Unicepts*, *language and natural information*, Oxford: Oxford University Press, 2017, p.17.

② Ibid., pp.17—18.

③ Ibid., pp.18—21.

④ Ibid., p.21.

认为上述所有种类均是实体，根据她的解释，实体即是知识的可能对象，实体概念的作用在于使得我们能够在时间中积累关于实体的实践技能以及理论知识。[①]按此理解，米丽肯意义上的实体未承诺任何认知范围之外的超验实在，但是这种意义上的实体均是在现实的自然历史中被现实化的，从而具有现实的实存(existence)，这在根本上切断了“世界是否真实存在”的怀疑论侵扰。

总结而言，米丽肯哲学中的世界布局的特殊之处在于，不同于近代认识论图景在世界与语言之间划分界限，“世界”在米丽肯图景中有着首要位置，语言生长自世界。用殊念取代概念，意味着承认自然的语义起点，那么如何从自然语义过渡到语言语义，这是米丽肯需要处理的一个难题。

## 二、语言的自然语义基础

认为语言有着自然的语义基础，按正序说，需要我们解释(5.121)自然的因素何以具有意义或何以成为语义的起点；按逆序说，我们还需解释(5.122)语言如何因此保持了对世界的应答性；此外，如普莱斯指出的那样，我们发现在语言一方能谈及的对象在基数上远远大于自然对象，例如道德事实、伦理事实、审美事实、模态事实，以及数字事实等，我们在自然一方找不到相应的真之承担者(truth-bearer)[②]，这便要求我们还需解释(5.123)语言对象和自然对象的基数不对称性问题。米丽肯着力回答了第一个问题；关于后两个问题，我们可以运用对问题(5.121)的回答以及殊念、殊踪概念带来的新的世界图景来解释和消解相关问题。

① See Ruth Millikan, *On Clear and Confused Ideas: An essay about substance concepts*, Cambridge: Cambridge University Press, 2000, pp.2—3.

② See Huw Price, *Naturalism Without Mirrors*, New York: Oxford University Press, 2011, p.187.

关于问题(5.121)，米丽肯提出了正当功能(专有功能，proper function)[①]这一概念，简单地说，正当功能是指在某一种群、个体或文化的自然发展中，那一出于生存与繁衍的目的而被选择或保留下来的功能[②]，例如心脏被用来泵血，自然选择或设计了心脏的功能，这种选择也在某类生物A的祖先的同类间传递开来，通过历史的链条一代一代传承至A。正当功能首先直接产生自米丽肯所谓的"一阶复制形成的家族"(First-Order Reproductively Established Families)，即有着相同模式特征的一系列成员形成的集合，例如红色的蘑菇是有毒的殊型(token)，握手代表友好，这些行为是可复制的，但这些复制并不严格，例如某甲用"dog"而某乙则用"hund"指狗；并且，这些复制在某种程度上遵循约定[③]，自然约定"有两个非常简单的、相互关联的特征。首先，自然约定是由'可复制的'模式构成的，这类模式有待定义。其次，这些模式是可繁衍的，这一事实的部分原因在于有前例，而非因为诸如施行某些功能的本质能力"[④]。前一种情况体现了殊踪追踪对象的方式多样性，而后一种情形则表明，我们有时是根据既已确立的家族所体现的风俗、一致意见等——米丽肯实际上从维特根斯坦那里继承了"家族"一词，具有相似性的家族成员在被使用的语言活动中遵循了语言共同体所具有的规范(米丽肯吸收了"规范"，但否定仅能在语言游戏中遵守规范[⑤]，从而规范

---

① 关于proper function的译法，有几位学友建议译为"专有功能"，意指生物器官自身特有的功能，例如心脏的专有功能是泵血，眼睛的专有功能是看到事物。我译为"正当功能"有着自己的"私心"，试图将proper与propriety(规矩、适当、正当)联系起来，从而暗示正当功能中已经具有规范性或语义性。然而，客观地说，笔者承认"专有功能"的译法更为妥帖。

② See Ruth Millikan, *Language, Thought and Other Biological Categories: New Foundations for Realism*, Cambridge, Mass.: MIT Press, 1984, pp.17—38.

③ Ibid., pp.23—24.

④ Ruth Millikan, *Language: A Biological Model*, Oxford: Oxford University Press, 2005, p.2.

⑤ See Ruth Millikan, *Language, Thought and Other Biological Categories: New Foundations for Realism*, Cambridge, Mass.: MIT Press, 1984, pp.306—307.

和约定一样，是自然性的[1]——来进一步确定家族成员，米丽肯称由此而形成的家族为“高阶复制形成的家族”(Higher-Order Reproductively Established Families)。在一定程度上，一阶复制形成的家族成员有些是由高阶复制形成的家族根据规范的(Normal)[2]解释进行复制的。

高阶复制形成的家族比一阶复制形成的家族多出了根据“规范的解释”复制的属性，根据米丽肯的说明，规范的解释是对一个特殊的复制形成的家族怎样历史地实现一个特殊的正当功能的解释，它还解释了这些功能实现的正常条件。[3]按此理解，高阶复制形成的家族因为根据规范的解释做出复制，其成员的复制行为更具稳定性，在此意义上，我们可以理解为什么米丽肯会认为高阶的复制起初是基于一阶复制的，例如蜜蜂通过舞蹈指引花粉方向的行为，起初该行为是约定且偶然的，而后通过其成员经过反复的学习和试错而形成一种规范的解释，当某一成员跳特定的舞蹈时，根据规范的解释，家族的另一成员会飞向特定的方向。然而，高阶的复制有时候是不精确的，例如蜜蜂可能忘记了一个细微的动作，但是其家族的成员依旧能够飞向特定的方向。

在笔者看来，尽管米丽肯作出了更多的解释，她关于复制家族以及规范性特征的解释已经足以能为解释问题(5.121)提供基本思路。笔者曾指出，正当功能是连接自然和语言的中介转置，一方面

---

① Ruth Millikan, *Language: A Biological Model*, Oxford: Oxford University Press, 2005, pp.83, 86.

② “Normal”严格意义上来说不能译为“规范的”，米丽肯把 Normal 理解为“准规范的”，但 Normal explanation 不受统计学上概率的侵扰，它具有稳定性的特征。在下文中我们会发现，米丽肯把规范的解释视为一种生产表征，判断语句意义的标准，她的确在“规范”的意义上理解 Normal，故而，我将 Normal 译为“规范的”，我们只需注意这里所谓的“规范”的独特意义。See Ruth Millikan, “Biosemantics”, *The Journal of Philosophy* 86.6, 1989, p.284.

③ See Ruth Millikan, *Language, Thought and Other Biological Categories: New Foundations for Realism*, Cambridge, Mass.: MIT Press, 1984, p.33.

它是直接关于一阶复制家族的，因而功能的相关要素直接在自然之中；另一方面，二阶家族的正当功能已然具有意义，这一意义可以作为更为精致的活动（例如使用殊念的推理活动）中获得稳定性和清晰性。就后一方面而言，更为具体地说，米丽肯区分了意义的三个维度，即(a)同一性陈述的意义，这种意义体现于稳定的正当功能所对应于的对象（表征）是否同一，例如（标识了同一蜜源的）蜜蜂的舞蹈动作所体现的意义；[1](b)存在性陈述的意义，此类意义体现于交流者对会话对象（存在与否）的反应，体现了意义（语言）的公共性；[2](c)内涵语境中的意义，此时意向态度中已经渗透了"语言网"，某语句的正当功能以该语言网为依据。[3]米丽肯的这些解释或许让人感到费解，但如果我们在殊念和殊踪带来的世界图景中进行思考，那么便容易理清这里的线索。

首先，我们注意到米丽肯不认为存在经验概念，那么因此也不存在某种具有先天图式的语言本身，在这一点上，米丽肯与戴维森[4]站在一道，然而，米丽肯强调，约定、规范等都是自然性的，而非语言性的；其次，我们还注意到，米丽肯承认正当功能可以是在文化的历史发展中形成的，因此正当功能的要素既可以是自然性的，也可以是语言性的。这两点解释似乎构成了一个矛盾，但其实并无冲突，因为，第三，米丽肯对经验概念的瓦解以及对殊念和殊踪概念的引入根本地祛除语言与世界之间的本体论界限，从殊踪和殊念出发，自然实践和语言实践都是一些"自然事务"。正如上一节中所表明的那样，历史种类和个体有着相同的机制，复制家族的规范是语言规范的隐在和模糊形式，**自然的知觉过程因**

---

① See Ruth Millikan, *Language*: *A Biological Model*, Oxford: Oxford University Press, 2005, pp.60, 73.

② Ibid., pp.24—52.

③ Ibid., pp.74—75.

④ 参见戴维森：《真理、意义和方法》，牟博编译，商务印书馆 2008 年版，第 228—252 页。

**而就是一个解释过程，这一过程就是出现词项、专名、索引词等语汇的语义过程。**[①]二阶复制家族的可能性表明，复制完全可以根据已有的前例进行规范的复制，乃至在内涵语境中进行复制，形成以语义信息为内容的殊踪的正当功能。就此而言，**殊念不仅可以是神经节点，也可以是语义节点，**笔者认为，这是米丽肯未明确说明，但合理承诺的一个进一步观点（进一步的相关讨论请参见本章第二节）。

根据上述解释，我们此时可以较为容易地回答问题(5.122)与(5.123)。就(5.122)而言，在米丽肯的哲学图景中，世界从未分离为语言与自然两个面相，二者始终处于连续的关系之中，从而这一问题并不存在。就(5.123)而言，殊踪所容纳的信息可以是语义信息，这便使得人们可能运用相应的殊念谈及那些与容纳了因果信息的殊踪不同的内容，例如道德事实、审美事实等，从而(5.123)其实揭示了一个合理的现象。在近代认识论图景中，使用概念意味着首肯概念的独立性，而后理性对概念的自发性运用可能在某种意义上脱离自然经验的锁链自由地跳舞；然而，在米丽肯的图景中，意义的机制是相同的，随着历史进程的推进，语言环境的确会取得越来越大限度的独立性，但如图 5-1 所表明的那样，作为可能性而存在的外在种类蛰伏于环境之中，等待被现实化。在笔者看来，殊念取代概念的另一重要意义在于，它促使我们始终保持对环境的敞开状态，接受它的丰富性，以及修正现实（已有的历史种类）的开放性。**自然的历史性是语言环境的来源，语言的历史性反过来促进了自然呈现的广度和深度，**在两者的互动中，殊念和殊踪是最基本的自然过程和语义过程（两者是同一个过程），我们可以借以向罗蒂表明，世界不但从未失落，反而越来越丰富。

---

① See Ruth Millikan, *Beyond Concepts: Unicepts, Language and Natural Information*, Oxford: Oxford University Press, 2017, pp.184—203.

## 三、PP 表征中语言与世界的直接关联

米丽肯独特的哲学思想中蕴有一种特别的表征概念，这种表征概念也有助于我们理解语言与世界为何有着直接关联。在她的早期著作中，表征与正当功能紧密地联系在一起，表征具体是什么依赖于某一具体时间内的稳定的正当功能以及关于它的规范解释。“表征是一种意向性的像标（icon），它是那些协作的解释中应当同一地加以辨识的指称要素的图形价值（mapping value）”①，从而表征并不是直接的指称要素，而是某种内在意向性的感知（percept）、思维等，进一步地，我们因而不是将正当功能用诸表征本身，而是将之用诸生物的机制或有模式的反应，这些机制和反应的功能在于生产和使用内表征。②正当功能的实现有助于理解表征，而表征——正如我们已经看到的那样——在高阶的复制家族中或正当功能本身呈现的便是对像标（表征）本身的反应模式的情况下，对表征本身的理解也会促进对正当功能的理解，甚至丰富和发展正当功能本身。

正当功能和表征是互相依赖，互相“裁剪”的。从中可以推出，正当功能收纳的是历史的自然信息，而表征则收纳了一些（自然的或语言的）意义（significance）信息，它们之间应当有着更为细微的互动关系，以能够保证世界与语言之间的互相应和。米丽肯提出的 PP 表征便提供了这样的解释。米丽肯借用安斯康姆的“购物单”隐喻意在阐述表征的指向性（directive）和描述性（describe）维度。如果我们把表征清单比作一张购物单，我们前往“世界商场”中购买物

---

① Ruth Millikan, *Language, Thought and Other Biological Categories: New Foundations for Realism*, Cambridge, Mass.: MIT Press, 1984, p.96.

② Ruth Millikan, *Language: A Biological Model*, Oxford: Oxford University Press, 2005, p.170.

品，那么一次成功消费便意味着，世界商场中的物品必然指向购物单上的表征，而购物单上的表征则也必然描述世界商场中的项目。因此，PP 表征同时有着指向和描述两个向度。[①]

米丽肯指出，PP 表征的这两个向度是紧密联系在一处的。“为了能够在认知系统内使用纯粹的描述性表征，它必然在实践推论的过程中与指向性的表征结合在一起。类似地，纯粹指向性表征必然与描述性表征结合在一处。”[②]但是，在初始的应对环境的活动中，PP 表征的描述和指向向度尚未分化地那么明显，对 PP 表征的相应运用也是一种更为简单或自然的事件。米丽肯指出，

> 关于某一远端环境的知觉层面，首先是对外在在那里的事物被安置方式的表征——即描述性的表征。它也是一种应对那一环境的可能方式的表征：例如穿过、攀爬的方式，找到可以走的路，可以抓住的东西，从哪个角度抓住它们，等等。……这种对行动可能性的表征是一种指向性的表征。[③]

描述性表征体现了对世界的理解，体现了知觉活动涉入世界的“深度”；指向性表征则体现了应对世界的多种可能方式，体现了在知觉活动中敞开世界的“广度”。PP 表征并不是简单地将描述和指向维度相加，它们是生物的自然活动中基本的两种指向，它们不可分的深层依据在于，生物在—自然中—应对自然，“在”体现了被抛入世界的不可避免性（世界是被给予的），“应对”体现了去谋划以生存和繁衍的必然要求（世界必然是有意义的），在—被抛的世界中—谋划获得的表征从未失去对世界的直接关涉。

---

① Ruth Millikan, *Language: A Biological Model*, Oxford: Oxford University Press, 2005, p.166.

② Ibid., p.167.

③ Ibid., p.174.

随着表征和正当功能的发展，一方面，表征的两个向度可能变得纯粹化，这里所谓的“纯粹”，实际上只是表明稳定化的表征有了清晰的名称，以及相应的内容，从而名称与内容之间的联系变得清晰化和稳定化，就如用“狗”这一概念（描述性表征）来表示狗这一对象（指向性表征）一样（但需要注意，米丽肯并未在此意义上肯定“概念”，因为关于狗的表征的两个向度仍然是不可分的，表征不等于概念）。

米丽肯的PP表征或许能够让我们联想到麦克道威尔的经验概念，两者均融合了描述世界的主动性（理性自发性）与指向概念的呈现性（感性接受性），相关讨论请参见本章第三节，借此我们可以获得关于米丽肯思想的更进一步的理解。同时，PP表征也易于让我们联想到布兰顿在背离弗雷格式的语义理论时他对表征关系的指称和意义两个维度的强调，即事物在自身中是什么和事物在意识中呈现为什么关系的强调；笔者将在下一章中进行相关讨论，以期以一种自然主义的方式融合表征的诸副面孔。

## 第二节　米丽肯、布兰顿和麦克道威尔的初步融通

### 一、米丽肯和布兰顿：自然与理性的汇合

米丽肯在她几乎所有著作中均力图描述索引词、描述词、祈使句等语义要素的自然起源，她关于信息、意向性的解释也发人深省。我们将在本节中通过讨论米丽肯与布兰顿、埃文斯、麦克道威尔等人之间的思想关联，以期进一步把握她的思想，并由此发现融合理性主义和自然主义的一种可能，借以发展已有的表征论图景。

笔者在第一章第一节中曾提及，罗蒂和布兰顿曾把塞拉斯的追随者划分为左、右两派[1]，其中右派认为“在描述和解释世界方面，

[1] Robert Brandom, *From Empiricism to Expressivism: Brandom Reads Sellars*, Cambridge, Mass.: Harvard University Press, 2015, pp.30—31.

科学判定一切事物，判定事物是其所是，或不是其所不是”[①]，科学的描述和解释仍需对世界中的对象负责；左派则认为："在描述**知道**这种状态或某一片段的特征时，我们所做的并不是关于片段或状态的经验描述；我们把它们放置在理由的逻辑空间内，在其中我们能够证成并能够证成某人的言语。”[②]布兰顿将米丽肯视为右派的重要代表，而将自己视为左派的代表。

德弗里斯认识到二者的分歧典型地体现在对塞拉斯“应该”(ought)一词的不同理解[③]，塞拉斯本意用“应该”指遵循规则(rule)，例如当狗主人在叫它时，狗便会过去，狗此时遵循的“规则”并不是范畴意义上，而仅表明一种事态。然而，恰因为有了这样的规则，语言才是可能的，因为在语言的早期学习中，这类规则构成了人们的“第二天性”。但是，人们却对这类规则本身的起源的解释上产生了分歧。第一类米丽肯式的解释认为，规则产生自进化过程中出现的复杂行为模式或反应倾向，它本质上是自然的；第二类布兰顿式的解释则认为，这类规则已经是语言性的规范了，我们在语言的推论活动中使得隐含性的规则清晰化为规范，规范根本上是“一路向下的”(all the way down)。米丽肯本人也清楚地认识到了自己与布兰顿的不同，她指责布兰顿赋予了塞拉斯式的规则以过强的规范特征[④]，由此指出，

> 塞拉斯和布兰顿均将语言和思想视为无缝的整体。对塞拉斯而言，思维与语言中关于它的表达式的不可分性就如语言产生自思维对自身的表达一样；语言和思维的功能会使得它们

---

① Wilfrid Sellars, *Empiricism and the Philosophy of Mind*, Rorty R. & Brandom R. (Eds.), Cambridge, Mass.: Harvard University Press, 1997, § 41.

② Ibid., § 36.

③ Willem deVries, "All in the Family", In *Millikan and Her Critics*, Ryder D., Kingsbury J. & Williford K.(Eds.), Oxford: Wiley-Blackwell, 2013, pp.261—262.

④ Ruth Millikan, *Language: A Biological Model*, Oxford: Oxford University Press, pp.77—91.

彼此包含。而对布兰顿而言，概念规范的客观性源自公共的语言实践。这一思想初始均源于《哲学研究》，即遵循规则的标准只可能在于公共的一致意见这一主张。①

如在本章第一节中提及的那样，米丽肯并不认为语言游戏中所遵循的规范是语言性的，规范、规则在她看来只是一种自然倾向，总的来说，"遵守规则"和"受限于有模式的反应"之间有着可靠的联系，我们可以认为前者是对后者更稳定的表达，但并不能因此认为规则有着先验性的语言图式或结构。如图 5-1 显示的那样，限制历史种类的规则与个体所遵循的规则应该是作为历史实体所共同遵循的规则，所涉及的规则之间无本质性的差别。

米丽肯认为自己的这一观点可以支持对塞拉斯接线图（picturing）概念的解读。塞拉斯借助对蜜蜂舞蹈的模式解释阐述道：(i)起初有某些蜜蜂开始有模式地舞蹈，但此时并不必然会因为这一模式的发生而据其采取相继的行为；(ii)能够表达"接线图"的模式有着生存价值；(iii)通过遗传机制以及自然选择，所有的蜜蜂最终都有了这种"接线图"。②塞拉斯接着指出，从这种物种进化的类比中我们认识到，突变中出现的新行为的倾向性能够在自然选择中起到"法则的效果"。学习受模式控制的行为也是在学习施行行为的条件、情境以及后果，在自然的奖惩机制的作用下，我们会在相关的游戏中走出固定的一步。因此，在游戏中走出一步有两种意思，一来可以指运用元语言中的规则走出一步，二来还可以指借助反应的模式走出一步。③举象棋的游戏为例，走出一步棋既可以根据已有的

① Ruth Millikan, *Language: A Biological Model*, Oxford: Oxford University Press, p.84.

② Wilfrid Sellars, *In the Space of Reasons: Selected essays of Wilfrid Sellars*, Kevin Scharp and Robert Brandom (Eds.), Cambridge, Mass.: Harvard University Press, 2007, pp.33—34.

③ Ibid., pp.34—35.

下棋规则进行；当规则不存在时，我们还可以根据观察到的模式，例如“马跳日，相跳田”，来走出一步。后一种走法也有助于我们玩有意义的游戏。

德弗里斯对此评论道，塞拉斯提及接线图乃至进化论模型更多地可被视为解释“思想有着外在内容”这一立场，而米丽肯似乎发展出了更为具体的策略。德弗里斯进一步指出，即便如此，塞拉斯似乎有意保持接线图与意向性之间的差别，认为动物对环境具有的接线图式的认知并不意味着它们已然具有成熟的意向性，并且从“S具有意向性的表征”中推不出“S在其环境中对某物进行图绘”。[①]德弗里斯此处实际上对米丽肯提出了两点指责——这两点指责不仅是米丽肯所面临的，也是大多数自然主义者均需接受的诘问——首先，德弗里斯认为米丽肯误解了塞拉斯的思想，如前所述，塞拉斯并未将意向性等同为接线图，从而取消(具有智识能力的)理性生物与(纯粹感性的)动物之间的界限，在德弗里斯看来，塞拉斯相信在解释和说明自然意义上的“应该”时，必须以反思性的或“元”语言能力为条件，我们是在理由的空间内阐明自然的内容和规则的；其次，并非所有语言活动都有其自然起源，或并非所有的语言规则都衍生自自然规则，例如，“作为一种规则，早高峰在9:30后就应该结束了，但现在已经10:00了，路上还是很堵，这不符合规则”，这里所谓的规则只能在语言活动中展现而没有自然的因素。[②]简言之，我们只有在理由的空间中才能阐明在自然层次的内容与规则，并且并非所有理由空间内的事物都有着自然的起源。

由此看来，德弗里斯的批评似乎表明他更为支持布兰顿的解读。如第一章第一节中所提到的那样，塞拉斯所谓的语言转化的入口处便同时涉及意向性和接线图式的成分。第三章第三节的相关

① See Willem deVries, “All in the Family”, In *Millikan and Her Critics*, Ryder D., Kingsbury J. & Williford K.(Eds.), Oxford: Wiley-Blackwell, 2013, p.268.

② Ibid., pp.270—272.

讨论让我们认识到，布兰顿实际上忽略了接线图的一面，而代之以语用层次的实践所关涉的实质内容，这些内容可被后来的语义推理活动所阐明，意向性在布兰顿那里实质上是说理性的(discursive)。[①]

米丽肯在回复德弗里斯时坦率地承认自己对塞拉斯的理解远没有德弗里斯那样深刻，她在耶鲁大学求学期间的确参加了塞拉斯所开设的一些课程，但在那些课程上，塞拉斯更多地是抛出哲学问题，而非给出自己的答案。[②]或许作为塞拉斯直系学生的德弗里斯对塞拉斯哲学有着更好的解读，我们再次不妨将是否正确理解塞拉斯哲学的问题放在一边，而仅借助相关讨论来理解米丽肯的思想。

在对德弗里斯的进一步回复中，米丽肯解释道，在她看来“思维是做的活动的一种形式……语言装置的功能是基本的”[③]。在其他地方，米丽肯指出：“塞拉斯把对语义规范的接受理解为对那些在语言和思想中走出一些步骤倾向的揭示。”[④]米丽肯同意布兰顿在推论中理解这些倾向，但她强调我们必须同时需要重视这些倾向本身的自然意义，只有有了这些倾向，我们才能理解规范的起源，理解事实，“根据新的描述的和指引性的再现而做出推论是人类对其意向态度的核心运用，于是这些态度的意向性及其内容，在某种程度上，起到推论的模式的作用。‘这些模式必须能够匹配其内容’与‘内容在某种程度上依赖于这些模式’是同一思想的两种表述”[⑤]。根据右派的观点，我们不应在人与动物之间截然地划出界限，世界的内容作为知识的起源，应该得到我们持续的重视。

---

① See Robert Brandom, *Between Saying and Doing*: *Towards and Analytic Pragmatism*, Oxford: Oxford University Press, 2008, pp.179—190.

② See Ruth Millikan, “Reply to deVries”, In *Millikan and Her Critics*. Ryder D., Kingsbury J. & Williford K.(Eds.), Oxford: Wiley-Blackwell, 2013, p.276.

③ Ruth Millikan, “Reply to deVries”, In *Millikan and Her Critics*, Ryder D., Kingsbury J. & Williford K.(Eds.), Oxford: Wiley-Blackwell, 2013, p.279.

④ Ruth Millikan, *Language*: *A Biological Model*, Oxford: Oxford University Press, p.81.

⑤ Ibid., p.90.

按照此处解读，我们必须承认米丽肯和布兰顿的确有着实质的思想差别，布兰顿强调哲学探究的起点是概念和推论，而米丽肯否认存在概念本身，提出了殊念；布兰顿是一名理性主义者，强调规范的一面，而米丽肯无疑是一名自然主义者，强调规范的自然面向。

然而，仍有可能融合两人的思想么？笔者看到了这样的可能：由于布兰顿认为塞拉斯式的规则隐含在做（*doing*）的实践活动中的，我们用语用语汇表达之，而后使用元语用语汇以推论的方式阐明之，但是在语用语汇的层次，布兰顿更多地仰仗实用主义的实践概念，而未能就语用语汇何以具有规则提供细节，米丽肯无疑在此方面做了大量的工作，可以弥补布兰顿语用维度研究中的不足；此外，米丽肯虽然向我们提供了从自然到语言的丰富细节，但在进入语言之后，在作为语义节点的殊念如何进一步关联的问题上，她的工作无疑逊色于布兰顿，在此方面，布兰顿的工作可以弥补米丽肯哲学的不足。

实际上，我们可以从米丽肯的著作中追踪到一些可以支持笔者策略的蛛丝马迹。在解释图 5-1 的世界图景时，米丽肯还评论道，

> 还存在着一些其他的实在范畴，例如舞蹈、书籍、音乐片段、疾病、俱乐部、仪式、国家、杂货铺、货币系统等等。在我们转而讨论这些例子时，实在种类（real kinds）和实在范畴（real categories）之间的差别便变得明显了，但就像确定的和可确定的东西之间的差别一样，差别是相对的。①

其中，实在范畴指的是“种类的种类”而非个体的种类，例如康德的十二范畴。这一评论或许能够缓和米丽肯和布兰顿之间的思想差别，以及德弗里斯对米丽肯的批评。的确，我们有时是使用实

---

① Ruth Millikan, *Beyond Concepts: Unicepts, Language and Natural Information*, Oxford: Oxford University Press, 2017, p.26.

在范畴来认识诸如舞蹈和书籍之类的对象的，但是，米丽肯强调，实在范畴仍然是“种类”，即有着一定功能的分类，而非某种先验图型，在这一点上，米丽肯与布兰顿等新实用主义者是一致的。但对“种类的种类”的谈论意味着笔者在本章第一节中提出的观点“殊念可以是语义节点”是合理的。关于“种类的种类”的殊念，其殊踪所提供的信息是关于种类(信息节点)本身的，它因此在体现为功能或可以作为命题内容的意义上可能是概念性的。这样一来，米丽肯哲学完全能够接受布兰顿式的做法，即以概念与推论作为直接的起点——虽然在理性推论主义的哲学事业中，米丽肯未能提供更多的细节。

在布兰顿一方，他承认米丽肯哲学为我们提供了对自然元语汇正当性(proprieties)最有前景的解释——对这种语汇中词项用法的正当性的考察是他所认同的哲学探究起点，但他并未能对此提供细节性的说明。[①]米丽肯曾将布兰顿与自己比作塞拉斯的一对子女；在笔者与布兰顿的私下交流中，布兰顿认为米丽肯是自然主义一脉中最好的哲学家。笔者也曾向布兰顿简述融合他(她)们两人思想的可能性，布兰顿表示赞同。或许，消除这对姐弟的思想隔阂是一件哲学所能做的善事，即增进自然主义和理性主义之间的理解，但这无疑需要我们做更多的工作；我们将在下一章中集中讨论这一关键问题。

## 二、米丽肯、埃文斯与麦克道威尔：再议世界的直接性论题

我们在本章第一节结尾处提到米丽肯 PP 表征与麦克道威尔经验概念可能有着姻亲关系，即 PP 表征和麦克道威尔式的经验概念

① See Robert Brandom, “Global anti-representationalism?”, In Huw Price, *Expressivism*, *Pragmatism and Representationalism*, Cambridge: Cambridge University Press, 2013, p.88.

都融合了主动性和被动性的因素，体现了(自然)世界与概念之间的连续性。然而，这是一个需要经过解释才能慢慢达到的结论。实际上，米丽肯和麦克道威尔都鲜有对彼此思想的直接谈论，我们(或许)只能从他们对弗雷格思想的解读入手来分析他(她)们思想间的关联。谈及弗雷格，第三章第一节中的内容有助于理解下文中的讨论，布兰顿、戴维森、埃文斯也会因此再度登场。然而，本节的主要目的在于谈论经验关涉世界的直接性，我们仅将主要的关注点限制在米丽肯、埃文斯与麦克道威尔之间的思想关联。

弗雷格区分了意义(sense, meaning, *Sinn*)和意谓(reference, *Bedeutung*)，为了讨论方便，我们在第三章第一节中将意谓称为“指称”或“语义表征”。问题的关键在于，如何理解语义表征，即它是关于外间世界的，还是仅能内语言的，抑或如米丽肯所认为的那样，是介于语言和世界之间的中介？

根据辛西娅·麦克唐纳德(Cynthia MacDonald)和格雷厄姆·麦克唐纳德(Graham MacDonald)的解释，米丽肯将语言意义分为如下三种类型：

(5.221) 约定性的语言协作功能(稳定化的功能)；

(5.222) 约定性的语言—接线图(mapping)功能(在数学的意义上理解“功能”)，此时功能决定真以及其他满足条件，以及关键的

(5.223) 观念和观念要素：“……一种识别的方法……这种方法制约着每个人对个体说话者的指称、真以及满足条件的理解，因此能够帮助人们决定使用和理解各种约定的语言形式的倾向。”①

① Cynthia MacDonald and Graham MacDonald, “The Epistemology of Meaning”, In *Millikan and Her Critics*. Ryder D., Kingsbury J. & Williford K. (Eds.), Oxford: Wiley-Blackwell, 2013, p.233.

米丽肯在(5.223)的意义上拒斥所谓的"新弗雷格主义者",即认为概念与指称(意谓、语义表征)有着本质性的关系,但不同的说话者可以就同一个概念有着不同的理解,即具有不同的观念(conceptions),犹如人们可以在不同的望远镜镜面上看到同一幅月亮的影像一般,这幅影像在不同个体内部造成的观念是不同的。新弗雷格主义者保证的是观念或真之制造者(truthmaker)的多元性,从而能够解释交流失败,乃至非同一性问题。如图 5-2 所示:

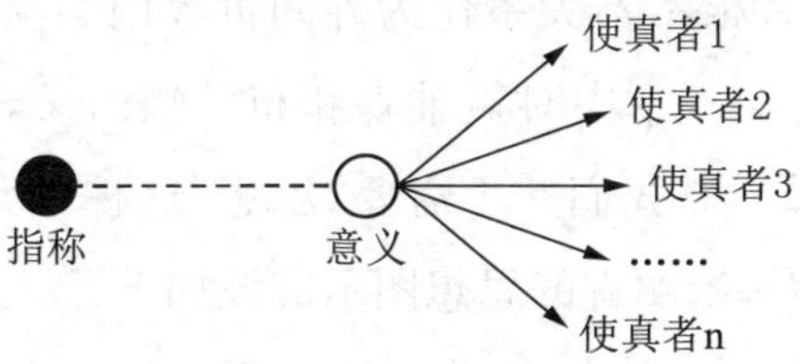


**图 5-2 米丽肯视角下的新弗雷格主义思想图示**

根据上图所示,"《百万英镑》的作者""马克·吐温""萨缪尔·克莱门特"等关于同一指称的意义,对于那些提出"萨缪尔·克莱门特是一名作家么?"这一问题的人而言,他们或许不知道上述真之制造者有着共同的指称(语义表征),从而未能"知道"他们所谈及的指称与"马克·吐温"的相应指称是同一的。但是,新弗雷格主义者带来一幅有着更为丰富意义的理论图景,在这幅图景内,共同体内交流者不断的交往和会话维持了(5.221),即维持了语义功能的稳定性。关于(5.222),意义构成了一种语义性的"接线图"(比较塞拉斯关于自然接线图的例子,以及米丽肯的阐释),语义接线图为语句提供了满足条件,乃至成真条件。在这幅思想图景下,**拥有一个概念意味着拥有识别同一指称(物)的概念能力。**

基于米丽肯的殊念概念以及对概念的批判,我们可以推测她必然对弗雷格式的意义图景感到不满。米丽肯评论道,

弗雷格式的诸种意义……是"中介",它们擦亮了我们关于

世界的信念。弗雷格将这种意义称为介于心灵与世界之间的“思想”，当我们为思想套上断言的心理行为的马具时，犯错是可能的。……如果心灵受到理性约制的话，所把握的意义的不同解释了心理活动的不同。①

米丽肯对新弗雷格主义者的批判在于，弗雷格式的意义仅能在语义的范围内描绘外间世界内的事项（而实际上，根据布兰顿的解读，弗雷格主义者根本不关系作为外间世界内实项的指称）——这与笔者在本研究第三章中对戴维森和布兰顿语义表征关涉世界的限度的怀疑一致——我们并不需要“思想”这种中介。基于上述讨论，与图 5-2 相对，米丽肯的思想图示应该如下：

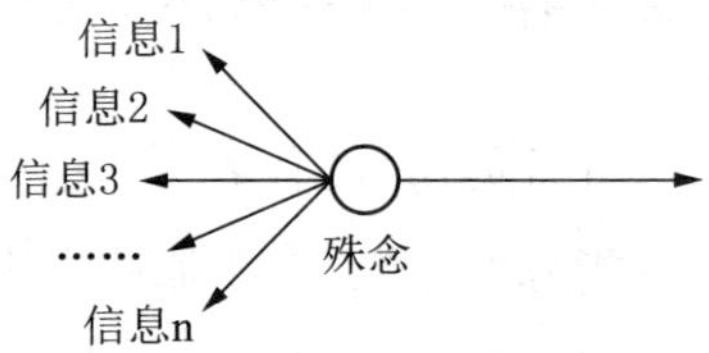


**图 5-3　米丽肯思想图示**

在米丽肯看来，**根本不存在概念这种东西，因而从概念一方保持对自然的关涉，这是一种本末倒置的做法，**“理解一种语言只不过是对世界的另一种形式的感性觉知”②，因此——如我们在本章第一节中已经认识到的那样——虽然信息可以是因果的，在后来的实践中，也可以是语义的，但在与外间世界的接触中，殊念所“抓住”的信息将世界直接呈现给我们，理解的多元性根本不是因为我们对概念有着不同的观念，而是每一个个体因为成长环境、教育等因素的

① Ruth Millikan, *Beyond Concepts*: *Unicepts*, *Language and Natural Information*, Oxford: Oxford University Press, 2017, p.129.我们在此对米丽肯是否正确地理解了弗雷格本人的思想这一问题存而不论。

② Ruth Millikan, *Varieties of Meaning*: *The 2002 Jean Nicod Lectures*, Cambridge, Mass.: MIT Press, 2006, p.114.

不同而有着不同的殊踪，因而殊念有着一定程度上的不同。按照这种理解，我们与外间世界的接触是直接而透明的，不存在“思想”这种中介。

埃文斯对“罗素原则”的解释与辩护有助于我们进一步理解米丽肯的思想，并进而将麦克道威尔引入当前的讨论之中。简单地说，罗素原则指的是：“思维受到这样的一种限制，即如果人们能够拥有关于X的思想，那么人们必然知道对象X是什么。换句话说，人们必须能够将X从其他对象中区分出来，即具有关于X的根本的辨明性知识(discriminating knowledge)。”①

埃文斯区分了弗雷格式的单称词项与罗素式的单称词项，前者根据词项所具有的意义来理解词项的用法，而后者则根据词项所具有的指称来理解词项。②在一定程度上，我们可以认为前者体现为上文米丽肯所批判的弗雷格主义者的观点，而后者则体现为类似于物理描述主义的观点，这种观点保留了这样的传统直觉：词项是关于外在的指称的，我们应该根据指称来理解词项。埃文斯为之辩护的“罗素原则”实际上试图同时保留弗雷格式的与罗素式的进路的优点，这种尝试体现了这样的一种综合(hybrid)直觉：**人们无法对可以为之命名却没有因果关联的东西进行指称，从而词项与指称均是必要且发挥作用的要素。**③ 进一步地说，米丽肯或许会在埃文斯

---

① See Gareth Evans, *The Varieties of Reference*, John McDowell(Ed.), Oxford: Oxford University Press, 1982, p.122.

② Ibid., chapters 1—2.

③ 达米特对埃文斯的批评也从一个侧面有助于我们理解埃文斯的思想。达米特批评道，当埃文斯试图保留关于对象的辨明性知识时，“可能会滑入一种与思想的可传达性相矛盾的不合理的看法。因为当人们以说者所表达的那种思想、并以听者若想理解所说的话而要求的那种思想来解释词的意义的时候，就不可避免地要关注有关个体心灵内发生了写什么。在共同语言中，一个表达式的意义是客观的，因为这种意义是在一个有能力的说话者不得不使用这个表达式时体现出来的……”(达米特：《分析哲学的起源》，王路译，上海译文出版社2016年版，第150页。)达米特的批评实际上旨在说明，我们无法融贯地同时对罗素原则和“弗雷格原则”作出承诺，因为指称的要素必然在能呈现为“意义”的空间内进行，从而——如下文麦克道威尔所指出的那样——我们不必在思想和世界之间拉开一段距离，以此保证世界的客观性。至于达米特本人的相关思想，此处不做讨论。

的如下相关表述中找到了她所赞同的观点：

> 信息系统的机制是更为原始的。……（判断和理由）是我们与动物共有的东西；除非在人类能够运用更为精致的概念之前，人类的知性已经经过了一阶段的发展，不然我们便无法恰当地理解从他处获得信息的机制。[①]

同米丽肯一样，埃文斯反对用同一个名称（例如概念）来给具有类似功能的事物命名，命名取消了事实深层的差异。[②]也与米丽肯一样，埃文斯认为应当将关于内容本身的信息状态而非诸如信念、概念这样的东西当作哲学研究的起点。[③]再次，埃文斯或许会赞同米丽肯反对布兰顿的一点，即割裂动物与人类之间的联系，而将理性探究的起点设置在概念和推论之上。

埃文斯将关于对象的辨明性知识作为认知该对象的基础，即拥有一个对象的思想必须诉诸这类辨明性的知识，就此而言，如我们第四章第一节中所指出的那样，麦克道威尔同意埃文斯的地方在于，埃文斯认为思想具有结构，拥有关于一个对象的思想即是拥有关于该对象的概念[④]，从而在思想发展的过程中，理性自发性和感性接受性在有结构的经验中是并作的，经验是有结构的，而非被动的和单纯的。然而，麦克道威尔与埃文斯分道扬镳的地方恰在于，他无法理解埃文斯所保留的关于对象的辨明性知识——这种知识作为关于对象思想的来源，却不构成证成关于对象信念的基础，那么，这类知识究竟有何必要？在麦克道威尔看来，对辨明性知识的保留预设了一种思维外的神秘对象，这无疑与他"思维无边界"的论

---

① See Gareth Evans, *The Varieties of Reference*, John McDowell(Ed.), Oxford: Oxford University Press, 1982, p.124.

② Ibid., pp.1—2.

③ Ibid., p.123.

④ Ibid., p.102.

断不相融贯。在麦克道威尔对弗雷格和罗素的阐释中，他认为我们不应该像罗素那样将对象(指称)视为思维的构成物，而应该像弗雷格那样谈论思维或可思的对象，因为**我们不(直接)思考对象，而是思及它们**(we don't think objects, we think about them)，从而弗雷格式的从物(*de re*)的言谈或意义不是介于心灵与世界之间的东西，它也不可以被还原为外在的指称；这类言谈或意义将世界直接呈现给心灵。①(就此而言，麦克道威尔本质上承诺了图 5-2 的思想图景。)

在类似的意义上，米丽肯也指出，原则上我们没有必要知道如何将"妈妈"这样的对象从其他对象中区分出来，只要我们在实践中能够识别出"妈妈"即可。②此外，婴儿在识别自己的妈妈时，也不必然有关于"妈妈"的思想，它仅需借助气味、声音之类的信息即可。③

米丽肯的评论让我们更为清晰地理解了埃文斯的思想特质，即**向外地强调指称，向内地强调思想**，然而，他又同时强调两者的连续性和同构性。这种追求使得埃文斯的哲学探求类似于一项在因果性的钢丝上走入理由空间的危险事业，米丽肯和麦克道威尔都认为不必认同这样的辨明性知识，因为恰是这种辨明性知识所承诺的外在因果对象为他的哲学事业带来了危险。麦克道威尔的策略在于，取消心灵与世界的边界，用自发性的理性将感性接受的世界"纳入视野"；而米丽肯的策略在于，以关于自然世界的结构化了的因果信息为基础，在生成自然语义和语言语义的生物过程中，同样未设置世界与心灵的分裂。在此意义上，米丽肯和麦克道威尔有着一致之处。然而，在麦克道威尔那里，保证理性自发性和感性接受性得以协作的背后依据在于教化(Bildung)，这是对图 5-2 所喻示的弗雷格

---

① See MacDonald C. & MacDonald G. "The Epistemology of Meaning", In *Millikan and Her Critics*, Ryder D., Kingsbury J. & Williford K. (Eds.), Oxford: Wiley-Blackwell, 2013, pp.229—230.

②③ Ruth Millikan, *On Clear and Confused Ideas: An Essay about Substance Concepts*, Cambridge: Cambridge University Press, 2000, p.183.

式思想图景的另一种承诺,在此意义上,麦克道威尔是与布兰顿更为接近的理性主义者,而非自然主义者。

## 小结　表征的自然面孔

本章的讨论向我们揭示了表征的直接的自然面相。与前四章相关的间接的讨论不同,米丽肯采取的是自下而上的进路,这条进路与弗雷格—戴维森—布兰顿所采取的自上而下的进路截然相对。如前所议,采取自上而下的进路要求人们能够以语义和语用的方式保持对语用内容的实质关涉;采取自上而下的进路则要求人们能够保证自然语义和语言语义的连续性;两条进路的融合将同时扩大语言和世界的范围。实际上,语言和世界之间的界限将会被取消。自然主义者**言**语言的前提在于发现自然的语义起点,并进而论证语言语义生长自自然语义何以可能;规范主义者**言**自然的前提则在于,承诺语义内容是自然的实质内容,并且认为不存在需要突破的、横陈于语言和世界之间的某种帷幕,从而取消语言和世界之间的本体论界限。

自然与语言的连续性是实用主义的一个经典论题,在迈向一个实用主义式的结论过程中,我们认为表征的诸种面相之间也不存在实质的差异——犹如一个人只有一张面孔一般,当他喜怒哀乐时,可能有不同的面相,但这诸种面相终究表达的是同一张面孔——表征的自然、语言(以及艺术)等面相尽管有着细节上的不同,但均遵循着共同的逻辑理路。关于这种连贯的共同逻辑理路,笔者将在下一章中做集中阐述。

相关的存在争议的一个地方在于,是否存在"同一张面孔"本身?这一问题将我们引回到表征的实在论面孔上,即是否存在等待被认知的实在本身?这一问题引导着我们进一步的探究方向。此外,本章所阐明的自然表征等同于这种实在表征么?与此相关,艾德(Crawford Elder)质疑到，米丽肯仅是在独立性，即存在独立于语言和心灵的外界对象的意义上保证了某种实在，但由于个体关于这一实在的殊念是不同的，因而米丽肯所承诺的同一性并非关于对象本身的同一性，而是功能的同一性，从而未将实在推进到关于对象本身的实在论上。[①]我们或许在米丽肯拒斥概念本身的意义上，拒斥存在对象本身这种想法，动态的殊念承诺的是动态的内容，静止的对象本身是不存在的。

但是，诚如我们在第二章结尾提及的那样，对象本身以及以认知的方式谈及的对象涉及本体论和认识论两种截然不同的模式，进一步的关键问题在于，认识论的探究能否达到某种本体论结论，这是笔者在前五章的讨论中始终回避的一个追问，对这一问题的探究，无疑需要另辟较大篇幅专门阐述。这项工作我们同样留待在下一章中集中阐述。

① Crawford Elder, “Millikan, Realism, and Sameness”, In *Millikan and Her Critics*, Ryder D., Kingsbury J. & Williford K.(Eds.), Oxford: Wiley-Blackwell, 2013, pp.161—165.

# 第六章　融合表征诸面孔的自然主义方案

行文至此，我们已经获知了诸多关于表征论的理解，这些理解围绕导论中给出的定义(0.1)“表征论是关于世界对我们的呈现(presentation)，以及我们对这些呈现的再现(*re*-presentation)之间关系的理论”前支和后支，为我们展现了一幅相对完整的思想地貌。或许，许多时候，我们会在辨识相关观点隐微的区别上感到困难；有时也会感到困惑，甚而质疑那些似乎矛盾的观点之间本可互相补充，携手并进，何至于彼此攻讦。本章拟在这幅有着复杂地貌的图景中理出一条从自然空间直接迈向规范空间的畅达之路，前叙的讨论在许多时候都暗示了这样的一条理论道路，尤其是在引入了米丽肯思想后，这条路径变得愈发明显。

在展开具体的讨论之前，笔者需做一点交待。本章试图完整地呈现这条路径，并勾绘其中的一些细节，这无可避免地会重复前文中的相关讨论。笔者将在必要的地方对已经做过论述的论点做相对简洁的概括、重述或补充，以期本章能“独立成文”，即便失去了前面讨论的支撑，也能从中读出一条明晰的理路来。

回到表征论的问题，在探讨表征论时，我们似乎必须接受一种康德式的任务，“我们的知识产生自心灵的两个基本来源，其中第一个是接受表象的能力(印象的感受性)，第二个是通过这些表象认识对象的能力(概念的自发性)；通过前者，一个对象被给予我们，通过后者,该对象在与那个(仅仅作为心灵的规定的)表象关系中被思维。因此,直观和概念构成了一个我们一切知识的要素,以至于无论是概念没有以某些方式与它们相应的直观、还是直观没有概念,都不能提供知识。"[①]从根本上说,感性接受性与理性自发性如何能够协作,从而能够产生某种塞拉斯所谓的最小化的概念表征(minimal conceptual representation)——它既直接关涉外间世界中的内容,亦是可思的现象——这是一个关键难题。本章第一节首先通过对塞拉斯类比论证——这一论证直接发展自康德——的分析回到了第一章中关于显像图像和科学图像关系的讨论,笔者认为,塞拉斯隐在承诺了两种图像间有着严格的同构性,从而寄希望于完美的科学语汇终将能够实现关于物理对象图型结构的完全复绘,从而这一承诺进一步在两类图像之间设置了二元对立。随后,笔者利用米丽肯自然主义的世界布局打破了这一隐在的二元论。在第二节中,笔者将自然主义和理性主义的勾连点设置在可重复的、有模式的反应倾向上,这类倾向既位于米丽肯所说的正当功能的二阶层次上,也位于布兰顿所说的语言转化入口处,从而它是自然意义和语言意义均可以附着其上的一个单位。然而,布兰顿给人留下的理性主义形象或许太过深刻,笔者继而讨论他在《信任的精神》中思想的新近发展,以期缓和人们对他的一般印象。布兰顿近来以一种黑格尔式的历史主义精神直接面对何以从自然发展至规范层次的问题,直接讨论了事物的自在存在(本体,事物在自身中是什么)和事物的自为存在(现象,事物在意识中呈现为什么)之间的关联,我们将会看到,布兰顿承诺了本体和现象之间的直接性,并从理性生物的欲求(desire)出发谈论一道事物、对象、意识、自我等观念的历史(精神)演化史。

本章的最后将会简要讨论我们已然触及的表征的诸面相在这道有着历史进程的经验轨迹中大抵占据的位置,具体的分析留待结

---

① 康德:《纯粹理性批判》,李秋零译,中国人民大学出版社2004年版,B74。

语部分进行。

## 第一节　自然空间和规范空间的连续性论题①

### 一、塞拉斯关涉世界的类比论证与隐在的二元论承诺

康德关心的是，知性范畴何以被运用于感性杂多，从而构成可作为知识基础的直观。不同于康德，塞拉斯更为关注感觉与直观的关系；②借助对康德直观概念的澄清，塞拉斯更为直接且细致地专注于分析关于外间世界的知识何以可能的问题。

塞拉斯辨析道，(6.111)康德意义上的直观是概念性的，并且直观首要地是关于个体而非对类别的概念表征；然而，(6.112)关于个体的概念表征并非总是康德意义上的直观，因为，与其他类型的概念表征不同，直观无需要求我们借助一般概念(universal concept)来获得概念表征；并且，(6.113)与非概念内容不同，概念内容在康德那里属于理智直观而非感性直观。③关于(6.112)，我们可以依据成熟的概念系统以获得关于某一对象(例如杯子)的概念表征，此时的"杯子"概念已然是一个一般概念，但康德式的直观并无对一般概念的必然要求。更为确切地说——至少在塞拉斯看来——尽管我们可以在后续的理性思维活动中阐明直观，但获得直观并不要求一般概念的"先在"。关于(6.113)，概念内容在康德那里属于理智空间内的用法，它兼含强概念内容(我们可以运用一般概念来清楚地说出这些内容是什么)与弱概念内容(关于个体带来的诸因果刺激

---

① 本节内容已发表，参见周靖：《心灵与世界的连续性：基于塞拉斯和米丽肯哲学的自然主义辩护》，载《中南大学学报(社会科学版)》2020 年第 1 期，第 40—45 页。

② See Wilfrid Sellars, *Kant and Pre-Kantian Themes: Lectures by Wilfrid Sellars*, Pedro V. Amaral(Ed.), California: Ridgeview Publishing Company, 2017, p.1.

③ See Wilfrid Sellars, *Science and Metaphysics: Variations on Kantian Themes*, London: Routledge & Kegan Paul Ltd., 1968, pp.2—3.

的感性综合)。结合(6.112)与(6.113),塞拉斯指出,只有弱概念内容才更为贴合康德意义上的直观。

那么,进一步的问题在于,如何理解这种作为弱概念内容的直观,即在不具有成熟概念体系的前提下,如何在与个体的感性接触中获得具有认知性的表征?关于一个尚未为我们所知的对象,我们不妨用"这"(this)来指代它,那么,"直观"是否等于对"这"的表征?[①] 假若"这""是""一个红色方块",感性综合能够提供这样的形式:"这一方块"(即"this-such","这一般"的一个例示)。但是,"这一方块"尚不是一种判断,它仅可以作为"这是一个方块"的命题内容。在后续的理性活动中,"这一般"被证明有其实际的和理性的身份(status),即获得"这"的确"如此这般"的知识。

这里问题的微妙之处在于,关于"这一般"的阐明能否实现对"这"的直接阐明。"这"是对世界中实项(real items)的直指,"这一般"则已经是一个关于个体的概念化的表征。如果关于外间世界的知识是可能的,"这"必须能够被纳入知性视野,而"这一般"似乎则是内嵌了"这"的最小的认知单位或认知活动的可行起点。那么,弱概念性的直观内容应该是"这一般",还是"这"?塞拉斯恰在这里辨析出了康德直观概念的模糊之处,即康德模糊了如下两种表征:(6.114)关于个体的一种特殊的概念表征和一种截然不同的关于个体的表征,前者缘由感性接受性的功能,它虽然不先于一般概念,但却涉及一般概念,而后者则无一丝概念性。[②]

命题(6.114)对塞拉斯有着特别重要的意义,他不能容忍无一丝概念性的表征充当作为知识基础的直观。在心灵与世界的分野中,康德寄希望于在世界领域内运作的感性接受能力为在心灵领域内运作的理性自发性带来可加以吸收和运用的内容,从而保障知

① See Wilfrid Sellars, *Science and Metaphysics: Variations on Kantian Themes*, London: Routledge & Kegan Paul Ltd., 1968, p.3.

② Ibid., p.7.

识。但问题在于，心灵与世界之间的连续性，即感性表征能否直接作为知性表征的基础。在康德那里，充当知识基础的是直观，而如若把无概念性的表征纳入直观的内蕴则会犯塞拉斯所谓的“所予神话”的错误，即认为充当知识基础的感觉材料既具有非认知的属性（从而它不言自明地是来自外间世界的），又具有认知的属性（从而可为心灵所把握），然而，第一章第一节关于塞拉斯对所予表征的批判让我们看到，感觉材料无法兼具这两种有着实质矛盾的属性。在塞拉斯看来，我们应该放弃对无概念性的表征的寻求，而应将对康德直观概念的理解限制于概念表征之上。

既然放弃了非概念表征的理论作用，那么塞拉斯便需阐明仅有的选项，即“概念表征”何以将外间世界中的内容纳入知性（understanding）视野。塞拉斯这里的关注重点仍然倚向“何以保证对世界中内容的应答性（answerability）”这一问题，而非如何在进一步的理性活动中理解（understand）概念表征的问题。

在塞拉斯式的探究中，“物理对象是实在地且直接地被知觉到的”[①]，物体对象的被给予性是作为一种“原则”而非“选择”而被接受的，我们同样被迫接受它施加于主体的“效果”（effects），从而获得某种“感觉印象”。在感觉印象中，物理对象呈现其可感特征，关于这些特征的感觉印象如若能够充当连接外间对象和概念的一个中介，那么感觉印象既需是关于物理对象和概念的，从而成为概念表征，同时它还需能够保证其关于物理对象的维度和关于概念的维度之间的稳定关联。

塞拉斯的**类比论证**（analogy argument）恰试图维系概念表征两种维度之间的关联[②]，该论证试图辩护的立场在于，关于物理对象

---

① Wilfrid Sellars, *Science, Perception and Reality*, Atascadero: Ridgeview Publishing Company, 1991, p.87.

② See Wilfrid Sellars, *Science and Metaphysics: Variations on Kantian Themes*, London: Routledge & Kegan Paul Ltd., 1968, pp.17—18.

的可感印象与关于对象的概念之间存在稳定可靠的关联，从而在后果上，基于这类关联提供的保证，我们可以在概念的领域内从事科学探究的理论工作，但科学理论的工作并不会因此失去对世界的应答，相反，科学语汇的更新和发展将会实现对外间世界中的内容更为精确和充分的表达。

塞拉斯指出，在康德那里，生产性的想象力构成了两种维度勾连的依据；但他并不诉诸一种具有先验性的“自我”的想象力来实现对两个维度的“统觉”[①]，确切地说，塞拉斯的立场体现在具身性、功能主义，以及科学实在论三个方面。

关于具身性和功能主义，塞拉斯指出：“我知觉到既是对象的功能，也是我对对象的洞察（perspectives）功能。我们认识到，我们的知觉世界是渗透洞察的世界。我们看到的不止是桌椅，我们是从某种特定视角，即此处的视角，从我的视角来观看它们的。而我——一个具身的觉知者——有着处所（located）。”[②]从而，“我”并不是某种“先验自我”，而是“在—世界—中”的一个现实的、积极的觉知者，其中，“功能”既缘由对象，也体现了“我”的主动的觉知视角的作用。进一步且甚为关键的是，在塞拉斯那里，**语词或语句的意义因而仅在于对对象作出功能性的分类，而非作出某种指称性的解释。因而语词或语句披露的是外间对象在我们的实践活动中展现的功能，我们并非在语言和世界之间拉开一段距离，而后试图用语词或语句来描述相关的指称关系。**[③] 这里思想的“反常”之处在于，在与物理对象接触的最初阶段，语词或语句仅被理解为对对象作出功能上分类

① See Wilfrid Sellars, *In the Space of Reasons: Selected Essays of Wilfrid Sellars*, Kevin Scharp and Robert Brandom(Eds.), Cambridge, Mass.: Harvard University Press, 2007, pp.411—412.

② Wilfrid Sellars, *Kant and Pre-Kantian Themes: Lectures by Wilfrid Sellars*, Pedro V. Amaral(Ed.), California: Ridgeview Publishing Company, 2017, pp.216—217.

③ See Wilfrid Sellars, *In the Space of Reasons: Selected Essays of Wilfrid Sellars*, Kevin Scharp and Robert Brandom(Eds.), Cambridge, Mass.: Harvard University Press, 2007, p.85.

的装置，而非具有独立性的意义单位，从而人们无权以概念为起点，通过对概念的分析来实现对物理对象的"指称"。

然而，另一个似乎"反常"的地方在于，塞拉斯将实际的分析起点"向后地"设置于概念。这是一个无可奈何的选择，虽然物理对象也在向我们"发声"，但仅有像我们这样的理性生物才能运用语词"想出声来"(thinking-out-loud)。①不过，概念表达并不会失去对世界的应答。在相关方面，塞拉斯从皮尔士那里借用了殊型(token)和类型(type)的区分，前者是一类自然殊项，例如红，后者是一类心理项或理论项，塞拉斯创造了"点引号"，将之写作为·红·。塞拉斯还借用了皮尔士的"习惯"这一概念，认为习惯反映了·红·与红的稳定关系，即倾向于使用·红·描述红，其中的根由在于，"感觉已经是一种认知能力，感觉行为属于意向的序列，属于意义的序列……"②"通过对我们想要做出的行动和行动的条件做出科学的概念分析，我们将由科学理论所把握的世界和我们的意向直接联系起来，让它变成我们的世界，对我们生活于其中的世界而言，我们不再是异在的附属物。"③如此一来，由于理论语汇·V·与观察语汇V不是两相排斥的语汇，我们已经学会使用理论语汇直接对世界作出描绘，物理学家们能够说，他们在云室里看到了α粒子本身，尽管这里的观察是对α粒子本身的推论报告。④

在此意义上，塞拉斯将科学视作描述实在的物理对象的准绳，"在描述和解释世界方面，科学判定一切事物，判定事物是其所是，或不是其所不是"，从而，他用"世界的科学图画取代常识图画；……'何物存在'的科学描述取代日常生活的描述存在论"⑤。对实在的

---

① See Wilfrid Sellars, *Science and Metaphysics: Variations on Kantian Themes*, London: Routledge & Kegan Paul Ltd., 1968, p.75.

② Wilfrid Sellars, *In the Space of Reasons: Selected Essays of Wilfrid Sellars*, Kevin Scharp and Robert Brandom (Eds.), Cambridge, Mass.: Harvard University Press, 2007, p.44.

③ Ibid., p.40.

④ See Willem deVries, *Wilfrid Sellars*. Chesham: Acumen, 2005, p.148.

⑤ 塞拉斯：《经验主义与心灵哲学》，王玮译，复旦大学出版社2017年版，第65—66页。

物理对象的描述是在一个科学框架内进行的，认知实在的事业因而变为修缮科学框架的事业。由此观之，塞拉斯的实在论是一种“直接”实在论。当然科学报告可能起初是错误的，但是，我们可以通过使推论变得更为稳固和有效的方式，例如改善描述因果关系的科学框架，从而在规范空间内改变或精准化我们与实在的接触。在此意义上，塞拉斯的实在论也是一种“批判”实在论。共同体在改善科学框架上无疑发挥着重要作用，然而，在塞拉斯那里，我们不应忘记实在的准绳是科学，科学具有首要的地位。

总结而言，塞拉斯认为概念表征既能关涉物理对象又具有概念性的依据在于，物理维度和概念维度的相关项有着可靠的类比关系，这种关系不是通过先验自我意识而被统觉的，而是缘由作为觉知者的“我”不是异在于世界的附属物，“我”是一个“在—世界—中”活动的实际参与者，因而关于物理对象的感觉结构和“我”心灵中的概念结构有着直接的同构关系。后继的科学语汇的更新不但不会突破这种同构性，反而旨在实现对物理对象更为完全的表达。

塞拉斯没有诉诸“先验论证”以保证概念表征两种维度的同构关系，他寄希望于概念一面的理性共同体对科学语汇的更新，以实现对物理对象（实在）的完全表达。然而，在笔者看来，塞拉斯的“类比论证”至少有如下两个隐在问题：(a)**“类比”的隐喻性依旧设定了物理对象和思维领域之间的二元分野**，这将诱使我们思考：在后一领域的认知活动究竟进展到何种程度才能实现对实在的物理对象的完全表达？在塞拉斯那里，作为共同体的一个规范理想，“科学语汇”终将会复现人类认知活动的“大全”[1]，反对者们可以轻易地将这类理论目标视为一种“理想”而放弃，从而满足于共同体范围内的规范活动，无需进一步承诺外间世界中对象的实存性。对这种“理

① See Wilfrid Sellars, *Notre Dame Lectures 1969—1986*, The Bootleg Version, independently published, p.87, pp.265—266；以及孙宁：《匹兹堡学派研究：塞拉斯、麦克道威尔、布兰顿》，复旦大学出版社2018年版，第50—53页。

想”的寻求暗示了“类比论证”的另一个问题:(b)**塞拉斯似乎承诺了概念表征的世界和概念两个维度的严格同构,从而希望科学语汇能够实现对世界内容的完全表达。**

为了应对上述两个问题,笔者认为,我们需要对“类比论证”进行一些调整,根除它所蕴含的二元论思维,并彰显同样蕴含在该论证中的物理世界和概念空间之间的连续性。这一修正的结果是显著的,我们将会得到自然空间与概念空间的连续性图景,在祛除世界具有“本质”,概念是对这类本质的“精确描述”等观点上的障碍之后,在世界中活动的“实践丰富性”需求将取代对绝对真理的理想追求。

## 二、米丽肯的自然主义对塞拉斯式二元论的克服

我们可以从塞拉斯的拥趸米丽肯新近提出的“殊念”这一术语所蕴含的思想中直接受益。第五章的讨论让我们认识到,米丽肯另造“殊念”这一新词的现实缘由在于,继续使用“概念”这一术语会使得她难以准确表述自己的思想,并且,在丹尼特(Daniel Dennett, 1942— )的提示下,米丽肯发现她所在意的思想也非“概念”所能涵括。[①]最终,在提出“殊念”这一新表述时,她劝使人们放弃使用“概念”一词,因为根本不存在“概念”这种我们认为是**清楚明白的,为人所共有的,以及对事物进行分类**的东西;在米丽肯看来,我们无法基于概念来获得单纯的语言理解,并以此达到对世界中事项的认知。[②]米丽肯指出:“根本不存在单纯的语言理解,理解语言已经将对整个世界的理解当作基础了。”[③]从而,米丽肯试图从应对自然的

① See Ruth Millikan, “Afterword”, In *Millikan and Her Critics*. Ryder D., Kingsbury J. & Williford K.(Eds.), Oxford: Wiley-Blackwell, 2013, p.281.

② See Ruth Millikan, *Beyond Concepts: Unicepts, Language, and Natural Information*, Oxford: Oxford University Press, 2017, pp.40—49.

③ Ibid., p.40.

直接活动中寻觅“语义”的踪迹，将语言性的理解设置于整个世界的背景之中。用塞拉斯的话说，**她专注于如何直接从概念表征的世界维度中探查它概念维度的一面。**

米丽肯“殊念”这一术语所蕴含的思想突出了对概念表征双维面向连续性的强调，具体地说，“殊念”指的是在与某个殊相接触的过程中帮助存储事实或过程知识的信息网络节点，而相关的信息簇（网络）则是殊踪（unitracker），它吸纳了源自殊相的因果信息的网络，从而我们可借以追踪或锚定该殊相。①米丽肯指出，如果关于对象的知识是可能的，世界中的对象必然以某种方式向我们呈现，人们一般赋予该对象以一个名称（name），例如“猫”，用以指称该对象。“名称”实际上起初容纳的只是描述对象的信息，这些信息聚成一簇，成为内容或感性结构。然而，自然的认知系统既包含了多样的感觉刺激，也允许我们以多样的方式与对象接触；例如画家简、盲人海伦·凯勒，以及哲学家吉尔在对同样的一只猫的接触中，尽管她们都能使用“猫”这一语汇，但简可能基于视觉，凯勒则基于触觉或嗅觉来辨认它，吉尔则可能运用纯粹概念性的语词来理解“猫”。她们所运用到的殊踪是不同的，从而相应的“殊念”“猫”也有着不同的含义。由此可见，不同于在使用概念（con-cept，con-指“合”的意思）时，人们抹去了与事物接触的多样性乃至事物存在的必要性，从而要求人们对“概念”“猫”有着共同的清晰理解，在米丽肯那里，殊念和殊踪体现了事物向我们呈现的丰富纹理，uni-cept 中的 uni-指“抓住”的意思，即抓住关于某一对象的信息为能动者所使用，反过来追踪环境中的殊相，由于追踪途径、环境等方面的差异，人们获得的“殊念”不必是对相同殊相的共有认知，“殊念”承认理解上的丰富性和个性。

殊念和殊踪既体现了我们与殊相接触的丰富性，也体现了我们

① See Ruth Millikan, *Beyond Concepts*: *Unicepts*, *Language*, *and Natural Information*, Oxford: Oxford University Press, 2017, pp.49—51.

与之接触的直接性。实际上，殊念带给我们一种十分不同的世界图景，这幅图景中不再有二元论的痕迹，因为，殊念所容纳的信息可以是生物性的，也可以是文化的。米丽肯指出："还存在着一些其他的实在范畴，例如舞蹈、书籍、音乐片段、疾病、俱乐部、仪式、国家、杂货铺、货币系统，等等……"①"殊踪的基本工作恰是在自然符号、知觉，以及语言中收集信息。"②从而，作为殊念赋使（affordance）的殊踪，它所容纳信息贯穿自然的、知觉的、语言的、文化的，等等。这使得我们有理由相信米丽肯在其著作中并未直接声明的一点：**理解自然与理解语言和文化有着相同的初始机制**，细菌、蘑菇、文字、姓名、流行元素等等，均是殊念而非概念，从根本上，人与动物共享的环境界（Umwelt）和人所独具的内世界（Innenwelt）之间不存在截然的断裂。

总结而言，米丽肯认为我们实际拥有的不是"概念"而是"殊念"，"殊念"摆脱了在使用概念时所具有的对殊相的本质进行精确描绘的理论诉求，我们不是先在概念和对象之间拉开一段距离而后再来沉思两者之间的关系，毋宁说我们是在实践语境（包括与动物共享的自然环境和人所独具的人文环境）中实现对对象（包括物理对象和文化现象）的表达，我们借以表达的语汇由"殊念"而非概念构成，相应的表达对象的具体神经（信息）网络则为殊踪。

当然，有人可能会质疑，"殊念"虽然承诺了与殊相接触的多样方式，但却也因此具有十足的"个性"或"差异性"，每个个体原则上都可以拥有关于同一对象的不同殊念，那么如何实现主体间的理解与交流，以及保持对同一对象的主体内和主体间的再追踪或共有认知？米丽肯有着更多的讨论，我们留待下一小节进行讨论。回到对塞拉斯问题的讨论上来，就当前的讨论而言，重要地是认识到米丽

① See Ruth Millikan, *Beyond Concepts: Unicepts, Language, and Natural Information*, Oxford: Oxford University Press, 2017, p.26.

② Ibid., pp.109—110.

肯思想至少能有助于缓解塞拉斯“类比论证”的两个问题：

首先，“殊念”维系了“概念表征”中对世界和概念双维面向的承诺，即保持了关于世界中内容的应答。不那么严格地说，殊踪呈现了殊念的世界面向，当殊踪恒常地（constantly）追踪至某一特定的目标时，殊念便获得了其指称项，获得了它的“规范”（正常，normal）用法，从而体现了它的概念面向。①米丽肯强调倾向本身的自然意义，认为只有有了这些具体表现为殊踪的倾向，我们才能理解概念或规范的起源。我们在此不必追问作为殊踪信息节点的“殊念”如何一跃质变为“概念”，因为并不存在概念这种东西，我们实际使用的是殊念，并且，同样我们也不必追问从非概念到概念的“质变”之跃。

从而，其次，尽管殊念也有着双维面向的特征，我们发现米丽肯维系了双维面向之间的连续性。米丽肯指出，对于她所倡导的生物语义学（biosemantics）来说，“重要的不是如何决定殊念的内容，而是对关于完整事态的表征来说，其内容是如何被决定的”，“‘相同性’的信息是无用的，除非我们能够领会相同性的意义，除非我们在行动时运用到的相同信息起到了相同的作用”②。“知道如何”以及“领会作用”便是在遵守规则或规范。规范并非某种先在或独立的东西，它生成于在我们通过殊念和殊踪与对象进行的直接和动态接触的实践；同时，恰是在这样的规范实践活动中，对象世界（内容）被呈现出来，在此意义上，殊念和世界一道生成，殊念的双维面向之间不存在本体论的界限。由此而言，世界自身的独立实存性及其与知识的外在关联不再受到质疑，这使得对概念表征双维面向间严格同构的承诺变为一种非法立场。

最终，米丽肯的殊念概念显示了“悬置”或“取消”塞拉斯的“科

① See Ruth Millikan, *Beyond Concepts: Unicepts, Language, and Natural Information*, Oxford: Oxford University Press, 2017, pp.51—54.

② Ibid., p.71, p.73.

学语汇终将实现对实在的完全表达”这一认知理想的可能。合宜的问题不是“表征的双维面向真的是严格同构的么”这类非法的问题，而是认同物理对象施加于我们的效果的实在性(*real* effects)，殊踪是基于这些“效果”形成的不完全的信息网络，殊念则是一个结点，它在未完成的认知实践中“部分地”呈现了物理对象与主体的功能关系。米丽肯把这类知识的对象称为“实体”(substance)，其本体论依据仅在于对象与主体处在实在的(real)关联之中[①]，我们在依靠这类实在关联可以设定外在对象的实际存有，但**不能因此进一步设定该对象有着静止不变，已经完全完成的物理结构，从而认知的目标在于用最终的科学语汇来完全描述之，最终使得知识阐明的结构与该物理结构严格同构——我们并无理由作出这步独断论式的僭越。**我们可以从米丽肯的表述来推知，并不存在这样的一种静止、完成的物理结构，殊念所披露的对象便已然“是其所是”，它在实践中被“展现为”某个对象的构建活动便是对其“所是”的直接揭示，从而实践中殊念的丰富性便已然有了其实际的认知价值，动态的实践活动带来了对象、殊念和思维同步的丰富和发展，我们尽管有时“希望”但并无切实的理由认为这个过程会在某一时间达到终点，从而塞拉斯的认知理想是一个“不合时宜”的理论承诺。

塞拉斯的类比论证试图维系知识是关于外间世界的这一理论宗旨，但他的类比论证不是某种先验论，具身的认知活动维系了概念表征的世界和概念面向的直接关联，然而，他的科学实在论则设定了一种认知理想，即科学共同体的语汇终将实现对实在的完全表达。笔者认为，塞拉斯的认知理想源自他对概念表征双维面向有着严格同构性的隐在承诺，以及认为物理对象有着既已完成的物理结构，从而我们必须要求知识完成对该结构的终极复绘。我们可以借助米丽肯关于殊念、殊踪、实体等思想的讨论敦促人们放弃塞拉斯

---

① See Ruth Millikan, *On Clear and Confused Ideas: An Essay about Substance Concepts*, Cambridge: Cambridge University Press, 2000, pp. 15—32.

式的认知理想,因为并不存在那样的既定、静止的物理结构;在主体与对象的动态实践关系中,对象得到逐步的揭示和发展。我们应该安然拥抱实践的现实丰富性,放弃对终极认知理想的仰望。

## 第二节 从自然到规范进展的历史模式

### 一、米丽肯自然主义和布兰顿理性主义的勾连点①

运用米丽肯的思想资源剔除遗留下来的最后的塞拉斯式的二元论,这使得我们可"安心"进一步披露在自然中呈现的内容被纳入理性的视野的细节,而不必顾虑理性的阐明能否精确或完全呈现自然内容的"原貌"。第五章第二小节中对米丽肯、布兰顿、麦克道威尔,以及埃文斯等人思想关联的讨论已经充分暗示了融合自然主义和理性主义进路的可能,在笔者看来,两种进路的勾连点在于衍生层次的正当功能所具有的公共意义。

我们不妨把米丽肯在阐述其关键概念正当功能时所区分的"一阶复制形成的家族"和"二阶复制形成的家族"视为殊念不同层级上的感性模式,由此一来,在二阶衍生的层次上,我们可发现能为布兰顿所接受的自然内容,这些内容可作为"语言入口转化处"输入的表达资源。

正当功能所包含的两种感性模式为:(1)**基础层次的模式**;米丽肯早期(在 1984 年)将正当功能视为意义(significance)的基本单位,简单地说,正当功能是指在某一种群、个体或文化的自然发展中,那一出于生存与繁衍的目的而被选择或保留下来的功能②,例

① 笔者重要提示:出于讨论的必要,请注意此小节中关于米丽肯部分的讨论和第五章相关部分重合。

② 参见米丽肯:《语言、思维与其他生物学范畴》,张舟、张钰、宋昱译,商务印书馆 2019 年版,第 27—57 页。

如心脏被用来泵血。就此而言,笔者认为,正当功能不应被限制为关于生物器官的表述,而应将之延展为抽象的殊念——殊念表达了理性生物对环境做出反应的正当模式。模式的基础层次体现为直接源生正当功能的“一阶复制形成的家族”,即理性生物对之做出相同模式反应的一系列成员形成的集合,如 R($f_1$, $f_2$, $f_3$, ……),其中,理性生物对均体现了特征 f 的家族成员有着 R 模式的反应。米丽肯强调,此类家族是可以复制的,即由其他同类理性生物单独完成或在其他时间再度完成,而这些复制在某种程度上遵循自然约定。[①]自然约定“有两个非常简单的、相互关联的特征,首先,自然约定是由‘可复制的’模式构成的,这类模式有待定义。其次,这些模式是可繁衍的,这一事实的部分原因在于有前例,而非因为诸如施行某些功能的本质能力。”[②]在这里,我们同样不能在强规范的意义上理解自然约定。一阶复制形成的家族仅体现为理性生物对其环境的简单谋划,它尚未被进一步定义,亦未被内化为生物器官的专有能力。(2)**衍生层次的模式**;实际上,一阶复制形成的家族已经形成了殊踪与殊念,R 即是一个信息节点。但 R 本身可以作为被反应的对象而提供新的衍生(二阶)的信息,由此形成“高阶复制形成的家族”。我们有时是根据既已确立的家族本身所体现的风俗、一致意见等来进一步确定家族成员,米丽肯称由此而形成的家族为“高阶复制形成的家族”。另一方面,在一定程度上,一阶复制形成的家族成员有些是由高阶复制形成的家族根据规范的(Normal)[③]解释进行复制的——即通常(normally)均将某一新的复制视为某一家族成员——从而一阶的殊踪和殊念得到了规范层次上进一步限定。

① 参见米丽肯:《语言、思维与其他生物学范畴》,张舟、张钰、宋昱译,商务印书馆 2019 年版,第 35—36 页。

② Ruth Millikan, *Language: A Biological Model*, Oxford: Oxford University Press, 2005, p.2.

③ See Ruth Millikan, “Biosemantics”, *The Journal of Philosophy* 86.6, 1989, p.284.

从而，一阶和高阶的复制是互相制约的，基础层次和衍生层次的模式在互动中彼此均得到了进一步的清晰表达，它们之间不存在泾渭分明的界限。需要及时澄清的是，“Normal”严格意义上来说不能译为“规范的”，米丽肯把 Normal 理解为“准规范的”，但 Normal explanation 已然不受统计学上概率的侵扰，它具有稳定性的特征。例如，蜜蜂的舞蹈 D 在通常情形下均表达东南方向存在蜜源这一信息；此时，Normal explanation 便有了某种自然层次上的规范解释。

这里的“规范”解释已经潜在渗透了“语言网”。与此相关，米丽肯区分了意义的三个维度，即(a)**同一性陈述的意义**，这种意义体现于稳定的正当功能所对应于的对象（表征）是否同一，例如（标识了同一蜜源的）蜜蜂的舞蹈动作所体现的意义；[①](b)**存在性陈述的意义**，此类意义体现于交流者（同一家族成员）对会话对象（存在与否）的反应，体现了意义（语言）的公共性；[②](c)**内涵语境中的意义**，此时意向态度中已经渗透了“语言网”，某语句的正当功能以该语言网为依据。[③]

无疑(b)是关键的一点，此处的“语言”不必是(c)意义上内涵语境中的语言，但(a)与(b)中的外延意义上的意义和语言何以延续至内涵语境，这是问题的难点所在。然而，恰在这一难点上，对基础层次的模式和衍生层次的模式解释中，我们可以发现布兰顿那里实质语用学层次获取的关于世界内容的语义表达资源究竟是什么。我们有理由认为，正当功能是连接自然和语言的中介装置，一方面它是直接关于一阶复制家族的，因而功能的相关要素直接根系在自然之中；另一方面，二阶家族的正当功能已然具有规范性，其中，规范性将会在更为精致的活动（例如使用殊念的推理活动）中获得更进

① See Ruth Millikan, *Language: A Biological Model*, Oxford: Oxford University Press, 2005, p.60, p.73.

② Ibid., pp.24—52.

③ Ibid., pp.74—75.

一步的稳定性和清晰性。由此一来，自然不仅具有规范性，其规范性也是更为成熟的规范性的来源。

具体来说，将米丽肯式的“自然”纳入布兰顿式的“理性”视野，并以推论表达主义的方式使之明晰的过程体现为如下的动态迭代过程：如下图所示，(i)在语用实践 P 中纳入世界中的内容，获得直接关联内容的语用语汇 V，其中，从自然的向度来理解，这类语汇是殊念所构成的语汇，纳入了关于外在对象的诸类信息（$I_1$，$I_2$，$I_3$……）；(ii)而后使用语用元语汇 V′来表达 V——语用元语汇是用于解释语用语汇的语汇——从而使得 P 中的实质内容在更为高阶的层次上清晰地呈现出来；(iii)V′可以进一步影响我们的实践方式 P，带来更为丰富的信息形式，例如 $I_n$，它可以是某种高阶信息，或其他新的偶然信息，它导致了殊踪感性结构的变更，从而影响了使用殊念的实践方式，并进而开启了一个新的语用语汇—语用元语汇的循环。①

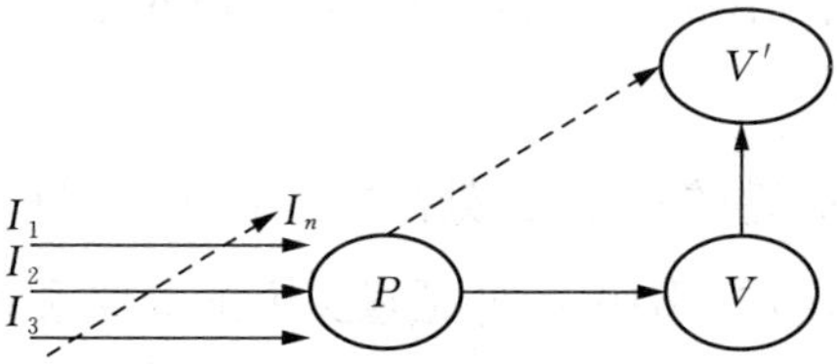


**图 6-1　语汇和世界的动态发展**

在这样的一幅图景中，语用语汇保证世界从未失落。从 P 经由 V 到 V′，再到从 V′到新的 P，这一循环路径使得我们在越来越丰富的推论语汇的语义活动中获得关于世界越来越丰富的理解。V 与 V′只有清晰程度上的差别，而无实质分野，旧的语用元语汇自身变为解释对象时，可能变为新的语用语汇。逻辑的形式阐明只是一种更为高阶的阐明，它追根究底地需要保持对实质阐明的应答。就此而言，自然空间和概念空间处在连续的关联之中，它们之间无任何

① See Robert Brandom, *Between Saying and Doing: Towards an Analytic Pragmatism*, Oxford: Oxford University Press, 2008, p.10.

本体论的界限。

也正是在这样的动态回环中，自然规范性得到了越来越精致的表达，它对行为的引导和纠正变得更为精准，殊念间的合理关联也变得更为明晰。对于米丽肯而言，"理解一种语言只不过是对世界的另一种形式的感性觉知"①，诸如"舞蹈、书籍、音乐片段、疾病、俱乐部、仪式、国家、杂货铺、货币系统等等"②都是实在范畴，它们均能为殊念提供信息。如果以殊念作为表达规范性的基本单位，那么，规范性将会延入到自然之内，并且这类弱规范性与强规范性既有着连续的关联，也有着相同的发展机制。

如若进一步追问这种机制究竟是什么，布兰顿本人或许则会诉诸认知科学家，布兰顿的确认可自然语义何以生成这一问题的重要性，他指出"从单纯的分类到真正的描述概念这一步标志着智识能力种系发展中的一大步。我不认为我们已经知晓非人类的生物如何能够迈出这一步。人类儿童显然的确迈出了这一步，但是他们是在什么时候，通过什么方式，在几岁，或成长的什么阶段迈出这一步的呢？非人的灵长目动物能够学会使用条件句么？有人试图教过它们使用条件句么？"③只不过布兰顿不认为这是哲学家的工作，哲学工作应该以概念性的事实——这是认知探究的结果——为起点。那些诸如相关因果模型的建构和检验是认知科学家们应该承担起的责任。

## 二、黑格尔式的布兰顿：关于自我和表征的建构

布兰顿通常给人以理性主义者的形象，这或许是因为他强调从理性生物所具有的智识能力开始哲学的探究，并更多地强调语义推

---

① Ruth Millikan, *Varieties of Meaning: The 2002 Jean Nicod Lectures*, Cambridge, Mass.: The MIT Press, 2006, p.114.

② Ruth Millikan, *Beyond Concepts: Unicepts, Language, and Natural Information*, Oxford: Oxford University Press, 2017, p.26.

③ 布兰顿:《推论主义、规范主义与元语言语汇》，孙宁、周靖、黄远帆、文杰译，上海人民出版社2019年版，第44页。

论的一面。在《真与证成》中，哈贝马斯不满于在主体间的交往活动中获得语句的“真”——在他看来，布兰顿式的“真”仍然是相对于“我们”而言的，它仅具有规范的可靠性，仅能保证一种主体间的“准”实在，它最终导向的是黑格尔式的客观观念论。[①]哈贝马斯的这一诊断极富洞见，他比布兰顿多出了认知性的要求，即客观世界并不是作为一种语义活动必须对之负责而消极地对我们施加限制的存在，相反，它积极地影响我们的认知活动，从而，一方面，哲学家的确需要担负起“我们在世界中如何发现事物”的责任——某种意义上，这恰是自然主义进路的哲学家，例如米丽肯所从事的工作；另一方面，知道哪些语句是真的，这是远远不够的——即便对伦理判断而言。哈贝马斯试图恢复皮尔士式的洞见，认为在最终的理想话语中，道德判断将会获得其普遍的、不附加条件的可靠性，道德的“正确性”成为一个认识论概念，求知是哲学的一项根本事业。

哈贝马斯和布兰顿之争[②]发生于2000年布兰顿访问德国学界期间，悠忽之间多年已去。饶有趣味的是，布兰顿于2019年出版的《信任的精神》不仅细致发展了黑格尔式的概念观念论（conceptual idealism），也直接回答了“如何从动物性的欲求世界步入渗透着承诺、权威以及责任等规范身份的理性世界”这一问题。[③]我们将会欣喜地发现，“黑格尔式的布兰顿”以一种历史主义的动态视角阐明了自我意识的生成过程，在此过程中，自在存在的事物在意识中呈现为我们的认知对象，即自为存在的事物，就此而言，布兰顿不仅补充了他一直欠缺的认知维度的讨论，也为此处所讨论的从自然到规范

① See Barbara Fultner, “Translator's Introduction”, In Jürgen Habermas, *Truth and Justification*, Barbara Fultner (Ed. & Trans.), Cambridge: Polity Press, 2003, pp. xii—xiv; Jürgen Habermas, *Truth and Justification*, Barbara Fultner (Ed. & Trans.), Cambridge: Polity Press, 2003, p. 3.

② 参见周靖：《再思实用主义的实践概念：基于哈贝马斯与布兰顿之争》，载《实用主义研究（第二辑）》，华东师范大学出版社2020年版，第101—114页。

③ See Robert Brandom, *A Spirit of Trust: A Reading of Hegel's Phenomenology*, Cambridge, Mass.: Harvard University Press, 2019, p. 244.

的发展提供了关键的有益理路。

布兰顿亦反对笛卡尔式的二元论，即“如果存在以表征的方式知晓或理解（无论正确与否）的无论什么事物的话，那么在对该物的表征活动中，必然存在某种被知晓或理解的非表征的、直接的某种东西，它不在表征活动的范围之内”①。从而，用塞拉斯的话说，存在某种感觉材料，它直接源于事物本身，从而在表征活动的范围之外，但我们又需要在表征活动中来理解它。布兰顿指出，这种关于表征的“双阶段”叙事——笔者在导论中给出的垫脚石定义（0.1）便体现着这两个阶段：事物对于我们的呈现，以及我们对这些呈现的再现——截然区分开了两类不同的事物，一类是物理的、实料的、有着广延的事物，它们仅能通过被表征而被知晓，另一类是我们的心灵，它有着表征的能力；在二元论的背景下，“双阶段”叙事不但为心灵认知外在事物的征途设置了重重障碍，这些障碍也进一步诱使人们以不同的方式来分别理解物理对象和心理对象，例如，以科学的方式理解物理对象，以语义学的方式来理解心灵。**在当代哲学中，心、物的分野的问题只是因为诸多哲学探究进路的出现而被冲淡了，但终究仍是悬而未决的。**布兰顿从黑格尔那里解读出的首要观点是，“黑格尔在其《精神现象学・导论》开篇处便将这种认识论模型作为自己的攻击目标”②。

就如何从自然领域发展至规范领域这一问题而言，如上文指出的那样，布兰顿认为哲学家的任务不是去提供具体的认知模型或方法，哲学性的工作应该从概念性的事实开始。于是，布兰顿在诸如《阐明理由》③《使之清晰》④以及《言行之际》⑤中的工作——即便是

---

① Robert Brandom, *A Spirit of Trust*: *A Reading of Hegel's Phenomenology*, Cambridge, Mass.: Harvard University Press, 2019, p.40.

② Ibid., p.41.

③ 布兰顿：《阐明理由：推论主义导论》，陈亚军译，复旦大学出版社2020年版。

④ Robert Brandom, *Making It Explicit*, Cambridge, Mass.: Harvard University Press, 1994.

⑤ Robert Brandom, *Between Saying and Doing*: *Towards an Analytic Pragmatism*, Oxford: Oxford University Press, 2008.

关于表征的讨论——主要以语义的推论阐明的方式进行。然而,在《信任的精神》出版之前,笔者一直同情地认为,布兰顿哲学能够容纳自然主义的一面,因为他所强调的概念性事实是理性生物所能具有的事实,而非仅为我们人类所具有可用成熟语言表达出来的事实。理性生物是指那些行为有着合理性因而可被理解的生物,例如,动物不会吃下红色的蘑菇(因为它“觉识”到“红色”是“有毒”的“像标”,因而对红色的蘑菇做出可靠的有差异的反应,即“不食用”)。《信任的精神》的出版,尤其是该书第八章的讨论,在笔者看来,具体填补了布兰顿哲学中长久缺失的认知维度的版图。

起初,动物在对事物的欲求(desire)中,例如因为饥饿而对食物的欲求中,动物将事物(thing, what it is *in* itself)视为可以满足其欲求的某物(something, what it is *for* itself),即食物。在这一过程中,动物关于事物的“欲望性觉识”(orectic awareness)体现了一种三元结构,其中,三种要素分别为:态度(欲求),例如饥饿;回应性的活动,例如进食;以及意义(significance),例如食物。态度激起了动物对“事物”的可靠反应,并在回应性的活动中将该物视为“某物”,此时,动物根据其实践活动中的态度界定了将事物视为某物的主观意义;进一步地,动物根据该实践态度对某物做出衡量,例如某物是否能够满足其饥饿的欲望,如若不能,它则犯了一个“错误”,在犯错的情况下,它将改变它的反应倾向,在这种学习性的经验活动中,动物也归派给作为对象的某物以一种客观意义,即它是否“是”食物。[①]在动物对事物的欲望性觉识中,动物在规定什么对“我”而言是有用的对象,就此而言,它是事物的意义的最初制定者。布兰顿指出,

> 欲求和反应性的实践行为在动物的生命中起到不同的作

① See Robert Brandom, *A Spirit of Trust: A Reading of Hegel's Phenomenology*, Cambridge, Mass.: Harvard University Press, 2019, p.248.

> 用。我们根据它们在诸如提供营养、繁衍、避免被捕食等功能上所发挥的贡献来理解它们。因为它们是这样的，它们引导着有着欲求的动物对那些重要的(significant)对象所具有的欲望性觉识，其中，这些对象同这些动物有着独特的关联。①

饥饿、进食以及事物这样的结构序列要比“铁在潮湿的环境中生锈”所体现的非有机体对环境的反应结构序列要深远许多。欲求和欲求的满足不仅将事物带入意义的领域，还促成了对事物的分类，例如将一类事物视为食物，另一类不视为食物。在这一基础层次的意向性语汇中，事物是被直接意指的，同时，它的“客观意义”对动物施加了限制。

然而，问题另一个关键的环节在于，关于这种完全受制于自然冲动的个体生物的思考何以进展到关于真正具有社会性自我意识的个体主体的思考。就此而言，布兰顿引入了黑格尔的“承认”(recognition)概念：

> 具有自我意识的个体的自我和他们所属于的共同体……均可以在个体(在这种承认的共同体内)所参与的实践中，通过互惠的承认而得到的综合。对于黑格尔来说，自我意识本质上(非偶然地)是一项社会成就。其次，承认是一种规范态度。承认某人就是将他理解为规范身份的主体……这就是说，我们所讨论的彼此互相认可的生物是精神性的(*geistig*)、灵性的存在者，而非单纯的自然生物。②

诚然，并非所有的生物都栖居于理由的逻辑空间中，我们面临

① Robert Brandom, *A Spirit of Trust*: *A Reading of Hegel's Phenomenology*, Cambridge, Mass.: Harvard University Press, 2019, p.241.

② Ibid., p.241.

的问题是，如何证明理由空间的结构有着自然的源起。在面对这一问题时，我们需要抵制这样的一种还原论诱惑，即认为我们关于世界的觉知受到了概念的污染，从而应该力所能及地剔除概念的影响，最终能够使用世界本身的语汇来描述世界。这种诱惑甚至隐在地诱导我们认为，单纯的动物居住的世界比我们更为纯净和真实。撇开这类诱惑，我们应该像布兰顿那样坦率地承认，语言是我们值得骄傲的一项社会成就。“社会性”同样根植于基础的自然层次。

就欲望性觉识的基础层次而言，“承认”意味着理性生物能够理解事物为了(for)什么而成为拥有意义的某物，从“物”的角度来看，事物的意义不仅是“在自身中”的，它还成为为了某个理性生物而成为某物时所呈现的“属性”(在—他者中—存在)，事物与生物的“承认”关系构成了意义和自我意识构成的第一个层次。此外，布兰顿指出，“承认”还意味着承认其他生物，即认为他人的行为也有着相同的实践意义，并且，那一实践意义与“我”有着相同的欲望性觉识的三元结构。将他者视为与“我”一样的理性生物意味着，事物对像“我”这样的主体才具有意义，事物的意义在“我们”的欲求中被普遍化和客观化，而“我们”进一步得到来自事物以及他者双层次的“承认”：“我”即“我们”，“我们”即“我”。[①]“承认”的关系带来了确认意义和自我意识的第二个层次：规范和社会的维度。在这两个层次中，欲望性觉识的三元结构实际上被使用了两次，第一次是在生物与事物间建立起的直接关系中，第二次则是三元结构作为整体而被归因于一个生物个体，其他生物承认该个体拥有同样的欲望性觉识的三元结构。“当我这样做时，我将你视为‘我们’(初始的规范意义上的‘我们’)的一员，‘我们’受制于相同的规范，相同的权威……”[②]生物间互相的承认是一种互惠的承认，在这种互惠的承认中，成熟的自

---

① See Robert Brandom, *A Spirit of Trust: A Reading of Hegel's Phenomenology*, Cambridge, Mass.: Harvard University Press, 2019, pp.248—253.

② Ibid., p.253.

我意识才真正展现。

由此一来，布兰顿的解释已经跨越了“朴素的自然性”和“初始的规范性”之间的界限。在从初始的规范性向成熟的规范性的进一步发展中，欲求和反应将会终止一些失败的活动，也会带来一些新的活动。在这样发展的过程中，生物彼此间的承认态度也会带来更为抽象的“承认”态度，即由初始的承认他者有着相同的欲望性觉识的**朴素的承认**（simple recognition）发展为不仅认识到他者有着相同的欲望性觉识，还认识到他者也认识到其他他者也有着相同的欲望性觉识的**稳健的承认**（robust recognition）。稳健的承认意味着承认事物有着特定的意义，并在更为高阶的层次上将这种意义归派给承认该物具有此般意义的“承认者”，并对承认者本身的行为做出反应。由此一来，承认向着更为高阶的结构的发展体现出了一种开放性，稳健的承认者可被更为高阶的超稳健的（hyper-robust）承认者视为一名朴素的承认者，而超稳健的承认者可被更为高阶的极其稳健的（super-hyper-robust）承认者视为一名稳健的承认者。需要强调的是，承认结构的发展并未在各个层次之间设置本体论的界限，如同布兰顿在谈论语用语汇和元语用语汇的关系一样，它们仅体现为同一个发展过程的不同阶段或程度，根本地，欲望性觉识的三元结构仍然未变，仅是结构的三元内容得到了修改或被弃置。①也在这样的发展过程中，生物在爱、欲和牺牲中不断完成关于物和自我的中介、否定和扬弃的过程，“连续的自我转变的历史洪流中，原先认同的要素后来被牺牲，每一阶段都建立在前一阶段的基础上，逐渐占据了规范领域的大部分，而规范领域起初是在步步为营的单纯的自然转换中被打开的”②。

总结而言，布兰顿的理路是：承认源于欲求；规范性是承认的一

① See Robert Brandom, *A Spirit of Trust*: *A Reading of Hegel's Phenomenology*, Cambridge, Mass.: Harvard University Press, 2019, pp.255—256.

② Ibid., p.249.

个维度；在互惠性的承认中，自我意识和规范的理由空间得以建构和发展。与上文中区分出的正当功能的两种感性模式相对应，我们可以对布兰顿的相关思想作出如下简单刻画：

(1′) 基础层次的模式，即布兰顿所谓的朴素的承认：理性生物对事物有着欲望性觉识，其中的三元结构建立起了事物、某物(对象)和主体(生物个体)间的关系，而三元结构整体构成了一个可被被归派给作为主体的生物个体的意义“极”；

(2′) 衍生层次的模式，即布兰顿所谓的稳健的承认：承认结构本身进入动态迭代的历史发展中，基础层次的结构及相关内容得到进一步的修改、澄清或被放弃，规范空间在此过程中愈发成熟。

基于上述讨论，我们此时已经能够清楚地看到，布兰顿在何种意义上以黑格尔的方式超越了笛卡尔式的关于表征的“双阶段”叙事。第三章第三节关于弗雷格式的原子语义学和黑格尔式的历史语义学关系的讨论也让我们认识到，布兰顿试图兼纳表征的指称维度和意义维度，指称维度保证之于“事物在自身中是什么”的实质关涉，意义维度保证了对“事物在意识呈现为什么的把握”，通过意义来表达指称，同样需要在历史性的发展进程中，即承认模式的迭代发展中，确认“步步为营的单纯的自然转换”在逐渐展开的规范领域内占据了怎样合宜的位置。

## 小结　表征诸面孔在从自然到规范发展进程中的位置

如果以自然主义的方式看待表征论的问题，我们将能在从自然到规范发展的历史进程中为表征的诸种面相找到合宜的位置。简要地说，表征的实在面相体现为“事物在自身中是什么”，不同于反实在论者，事物的自在存在在欲望的三元结构中被纳入视野，这种“纳入”既有着事物作为“本身”施加于认知主体的限制，也在麦克道威尔的意义上，体现了理性自发性和感性确定性的融合；从而，在表征的实在面相进一步呈现为“自然—理性”的混合面相时，在生物性的“承认”进程的发展中，语用维度和语义维度得以进一步发展，于是便有了表征的语义和语用面相。在表征的后续发展中，理性生物愈发主要使用语言，以语义推论的方式来表达“事物在意识中呈现为什么”，但这种表达并非无源之见，它的表达源头起初在于“事物在自身中是什么”，从而语义表征并不需要突破语言设置的帐幕，因为并不存在这样的帐幕，语言和世界一道生成的进程中，事物的自在和自为维度始终彼此中介和扬弃。由此一来，关于自为事物的科学表达也有着实在意指，只不过这项似乎无尽的探究进程持续到何时，似乎永不能知晓。然而，我们并不需要因此寄希望于皮尔士式的理想，即承诺科学探究的终点处终将实现对实在的完备复绘，因为，当下的科学探究从未失去对实在的洞察。

# 结　语

本书主要论及了表征的实在、自然以及语义—语用等面孔，对这些面相的披露涉及了不同的方法，对不同面相的承诺也表明了不同的理论立场。我们可以对表征的这些面相作如下简洁定义：

(1) 表征的实在面孔，承诺了独立于和外在于心灵的客观之物，该物构成了知识的基础，并作为认知探究的最终目标。

(2) 表征的自然面孔，承诺了理性生物和动物共有着相同的世界，感性能力的运作可以将外在世界纳入理性视野，从而知识有着外在的来源和基础。

(3) 表征的语义—语用面孔，其中语用维度是理性生物在学习语言用法的语用实践活动之中实质接触到的内容，语义维度是使用语言的推论活动所谈及的内容，后继的语义推论活动能够显明此内容，从而语义和语用面孔是同一副面孔的两面。

表征的不同面相与对心灵与世界的关系的理解直接相关，它的面孔也与认知的界限直接关联。回想我们在导论中给出的六种立场：

A：语言的首要性；否认世界存在，认为共同体所使用的语言的范围就是世界的范围，但在二者的关系上可能持有：(A1)彻底放弃世界，认为语言的言谈已经足够；(A2)认为语言的言谈需要保持对外间世界的实质关涉或应答；

B：语言—世界关系；承认语言和世界均是必要的要素，但在二者的关系上，可能持有：(B1)认为二者处于二元对立中的传统图景；(B2)认为二者处于连续关系之中的实用主义图景；

C：世界的首要性；描述主义或还原论的立场，认为认知的探究最终实现的是关于世界中本然之物的认识，但就此而言，仍然可以区分：(C1)世界中的对象是可被认知的，对象的"外在性"只是相对于已有的知识范围而言的；(C2)存在不可知的物自体本身。

粗略地说，普莱斯和罗蒂否认(1)而持有($A_1$)，认为语言的范围就是我们栖居的世界的范围，语言的界限构成了认知的界限。布兰顿认同(3)，否认(1)和(2)，持有($B_2$)，认为应该从概念出发，以推论的方式阐明表达式所关涉的实质内容，实质上，这主要是一种理性主义立场。麦克道威尔和米丽肯对布兰顿哲学所具有的过强的理性主义特征感到不满。同布兰顿一样，麦克道威尔承诺的是语义—语用的混合面相，但他强调的重点不在于以语义推论的方式来表达语用内容，而在于强调在经验中语义的理性自发性因素和语用内容的感性接受性因素是一起运作的，某种程度上，我们可以认为他所承诺的是(3)的一种特殊版本：

(3') 表征的混合面孔，即世界与心灵在表征中是不可分地结合在一起的，它们之间不存在需要跨越的本体论界限，也不存在一段被表达和表达、被阐明和阐明的距离或过程。

根据这种混合面孔，思维(认知)的界限就是世界的界限，但这绝不是一种唯心主义的观点，因为它同时保证了心灵需对之应答的世界存在；从世界的角度说，世界始终是可认知的。(3’)旨在就心灵与世界的关系提供一种寂静主义式的诊疗，消解因为两者的分离而带来的遗失世界的忧虑，它并不旨在就被表达和表达的关系提供布兰顿所试图给出的细节。

米丽肯在本书中起到了特殊的作用，一方面是因为她一般不被视为一名新实用主义者；另一方面，她的理论立场是一种直接的自然主义立场。笔者无意于在前一方面的“标签”之论(即米丽肯能否被视为实用主义者)上耗费口舌，而只注意后一方面，即米丽肯立场对扩展本书理论布局中的作用。她认同(2)，并持有($B_2$)，认为外间的自然可以作为哲学讨论的出发点，并为自然语义和语言语义的连续性做辩护。根据米丽肯的立场，认知的范围将会扩展至外间的自然。

稍微具体地说，第二章讨论了普莱斯反大写的表征论思想，但霍维奇、吉伯德、布兰顿等人的异议表明，的确可能保留某种外表征语汇，但对这类语汇的理解则是另一个问题。第三章讨论了戴维森和布兰顿的语义表征论思想，试图指出语义表征无法保证对外间世界中内容的实质关涉；但该章论证了认知的语义边界，即至少语义探究的内容可以是知识的对象，我们不妨将此认知边界称为边界1。第四章既是对麦克道威尔直接表征论思想的论述，也是对无法保证对外界世界的实质关涉这一局限的克服；麦克道威尔哲学的后果在于，取消了心灵和世界之间的本体论界限，保证了两者之间认知上的连续性，从而将认知边界从单纯语义的，推进至直接关于世界的，我们可以将此新边界称为边界 2，然而，由于此时语义表达的范围就是世界的范围，从而，**边界 2 不是一个实际的界限而仅是一个逻辑界限。**米丽肯提出了殊念概念，它以关于殊相的信息为内容，体现的是理性生物应对环境的能力，根本地，殊念更加体现为对世界内容的吸收、理解和使用的能力。我们人类作为一种理性生物，既历史地作为自然生物而存在，也作为文化生物而存在，因此吸纳了种种因果的和语义的等更为复杂的信息。对米丽肯殊念的发展，不但能够同时保证表征的自然面孔和语义面孔，也为我们带来了一种新的世界观，认知的界限也得以向外间自然进一步推进，我们不妨将涵括自然的认知界限称为**边界 3**，此时，不同于边界 2，边界 3 有着实际的自然范围，并且随着认知的扩展，这条界限可一步步移至自然的更深处。

从边界 1 到边界 3 认知界限的位移将越来越广的世界范围纳入人类的理性视野，同时也带来了一幅新的世界图景。这一后果为本研究的主要结论提供了依据，然而，对此结论的阐释无法一蹴而就，我们可以借助如下几个表述一步步地来接近结论：

> (i) 外间自然与语言处在连续性的关系之中，它们之间不存在本体论的界限，从而自然主义与理性主义是可以融合的两种探究进路。

该判断是笔者《"世界"的失落与重拾：一个分析实用主义的探讨》(2019)一书中的主要结论，该书主要论述了这样的一种可能性：语义的探究可以保持对外间世界的实质关涉，而自然的探究也可以最终获得意义(significance)，并迈入规范的领域，从而可以实现概念空间和自然空间的融合。然而，该书融合的方式最终仅仅是实用主义式的，即依仗实践概念，以将自然的语义输入概念空间或转化为概念空间中的内容，大体而言，这实质上是一种布兰顿式的策略。与(i)相对，本书的进展主要依赖于(ii)：

> (ii) 根本不存在概念和语言这类东西，我们拥有的是殊念，它的内容是在同一地识别某一对象的活动中的殊踪；殊踪为殊念提供一块稳定却可变的信息簇，这类信息簇可以由因果

信息构成，也可以由语义信息构成。

(ii)是笔者从米丽肯那里得出或发展出的一个观点，它体现了所有实用主义者均为之辩护的立场，即反对($B_1$)的二元论立场；同时，它也更有益于我们避免二元论的诱惑。承认概念本身存在，容易诱导我们寻求概念与其内容之间的关联，将内容设定为某种异于或外在于概念的东西，进一步地，我们因而也易于在语言与世界之间设置界限，认为语言是异于或外在于语言的东西，语言的一个任务便在于描述世界，乃至在语言一方所进行的语义工作的成功也以能否保证对世界中内容的实质关涉为准绳。无论布兰顿和麦克道威尔是否彻底摆脱了二元论思维，他们在一定程度上仍然是在语言和世界的二元范式下进行探究的。

米丽肯迈出的重要一步在于，否认具有本质性的概念和语言；这一步推理与戴维森对概念图式的批判契合，但不同于戴维森，米丽肯的特殊之处在于，她直接从自然出发，强调了自然的首要位置，在引入殊念概念的时候，抛弃了语言与世界二元图景，更替以信息作为基本元素，殊念体现为对来自外间自然—文化—语言等维度信息的吸收、理解和使用的能力——从根本的意义上说，这种理解体现了言与行更为本质的纠缠：在"行"中应对世界，在"言"中赋予世界以形式，世界本身和形式化的世界之间的关系是相对可变的，这取决于理性生物应对的是何种情境——我们有时言行合一，有时以言行事，有时则以事执言；世界不仅在理性生物的生存活动中拓展广度，也在拓展其深度。在这样的一幅动态图景中，米丽肯为历史的发展找寻的是一种以生存与繁衍为目的的价值牵引，尽管这一论点有待商榷，但她清楚地让我们认识道，

(iii) 自然世界与文化世界处在连续性的关系之中，自然中可以直接生发出语言维度。

基于这种动态图景，

(iv) 语言的要素并不是与外间世界中的要素严格且静止地一一对应的，根本地，事物不在“波菲利之树”上有一个固定的先天位置。

更好的表述是，物本身置身在一个信息网络之中，与他物有着诸多联系，并以信息的形态传递自身，人们能够通过殊念识别该对象。

在这幅新的世界图景下如何理解对象，这一问题将我们引致表征的实在论面相。当我们将认知界限从边界 1 推进至边界 3 时，所谓的表征的自然面相是否与它的实在论面相同一？

本书的讨论中，皮尔士、塞拉斯和德维特等人为表征的实在论面相作辩护，但皮尔士和塞拉斯认为，理想的共同体最终能够获得对实在的完备表述，他们接受在当下时间 t，关于实在知识的可修正性；而德维特却承诺当下时间的实在论(t)，承诺对当下实在的可修正性。德维特不同判断的理由在于，他认为语义的或认知论的探究最终不能实现从现象到本体的飞跃。我们可以在边界 3 的可认知的界限之内承诺实在么？就此，我们有如下两个选项：

(v) 我们可以在悬置关于大写实在的判断的情况下，保证表征自然、语义—语用面相的实体性(substantial)。

(vi) 现象必然以本体为根据，表征的自然和语义—语用面相必然承诺作为根据和认知最终目标的实在。

我们在接受(v)时的确承诺了可能性、个体化的对象，以及规律的实在性，这种实在体现了我们认知变化的外因、所应对的对象，以及所遵循的规律的实在性——这里所谓的实在并非是以一种形而上学的面目出现，而是一种能够保证现实世界的有效性的认知属性，但这些属性暗示了某种独立的、客观的、外在的对象的实存，它们在某种意义上构成了知识的来源，乃至基础。

相比之下，(vi)则承诺了作为实体终极根据的实在(Reality)，与此相关，本书中最接近(vi)立场的或许是皮尔士为之辩护的实在论。然而，皮尔士式的实在亦是在认知范围之内的，并可在认知活动之中被阐明和丰富化的，但它在某种意义上独立于人们的认知——实在之于心灵的外在性和可知性并不矛盾——例如果树的种子必然会生长成一棵果树，合法的认知工作在于描绘每一片叶子的细节，正确的认知不会将鱼鳍描绘为叶片；认知是受到实在的性质、个体事实和法则制约的，认知共同体的进化、范式的变化因此都不是任意的——这里所谓的实在并未承诺一个先验的物自体，实在是认知活动中生长，并在时间的终点处被完成的东西——在此意义上，作为认知的最终目标的实在，在具体的时间内，它只以可能性或非完成性的形式向我们呈现，因而予以我们认知上有限度的自由。

如果在皮尔士的意义上理解实在，我们可以融贯地将表征的实在论面孔纳入考量，并进一步地将认知界限拓展至实在的范围，此时实际上已经再无分界线可划，因为认知的范围已经是全局性的。然而，如若有人仍然坚持认为，认知范围之外仍然有着某种不可知的物自体，即便在时间的终点处也无法用理智之光将它完全照亮，那么，持有这种立场的人可能是出于必要的理论预设、固执的信念或坚持，乃至某种信仰的缘故而坚信这类物自体存在。然而，一旦我们对物自体进行辩护，它便落入了有声的现象领域。或许我们能够以隐喻、精神修炼等方式涉足绝对寂静之地，但至少本书中的任何论述都未劝说我们承诺非认知性的实在。

黑格尔式的布兰顿能够帮助我们获得关于实在更为合宜的理论态度。事物在自身之中是什么的实在面孔和事物在意识中呈现为什么的显像面孔处在彼此承认、否认、中介、扬弃的进程中，在这样的一种经验（*Erfahrung*）过程中，我们确信语言有其实质的依归，世界和语言一道生长。这样的认识似乎依然足够了，之于黑格尔本人所谓的“绝对理念（绝对精神）或曰大全”，那是上帝的事务而非人事。

基于(i)—(vi)，以及上述阐释，我们可以给出本书的基本观点：基于对认知探究过程中被逐渐披露的实在，以及取消自然世界和语义—语用世界之间二元分立等立场的承诺，我们可以合理并融贯地拥有表征的实在、自然和语义—语用等多副面孔，与此同时，认知范围可以包含语义—语用的、自然的以及实在的全局范围；根本地，我们获得了一种新的世界布局，它以米丽肯式的殊念为基本单位，体现了理性生物与其环境的互动，整合起了自然主义和理性主义的探究路径；表征的实在、自然、语义和语用面相都是在遵循相同逻辑的探究中对世界的不同披露。

就表征的实在面孔而言，布兰顿等人在认同现实的、负责任的共同体的意义上，将对实在的承诺悬置起来，在保证当下认知有效的同时保留修正已有认知的开放性。但是，当我们面临如何把握表征的实在、自然和语言三个标准面孔之间的关系问题时，当我们进一步追问当下的共同体如何“有权”，或如何避免怀疑主义、虚无主义等古老的哲学问题时，对实在的承诺将同时承诺性质、个体事实以及法则的实在性，这种皮尔士式极强的经院实在论，在笔者看来，并不是作为一种选择而出现的，而是作为一种必然性而被强加于我们的，我们因此被抛入一个真实的世界里，有意义地生活，揭示规律的科学可以确如塞拉斯所认为的那样成为揭示事物是其所是的尺度。在这种意义上，我们仍然有着“表征”外物的事业。本书未能就这些进一步的判断提供阐述，笔者寄期望于下一阶段的从“表征”进展到“符号”的研究，以期构建一种“符号哲学认识论”来阐明这些立场。

# 参考文献

## 一、主要英文文献


Ayer, A.J. "Has Austin Refuted the Sense-Datum Theory?", *Synthese*, Vol.17(1967):117—140.

Bermudez, J.L. "Evans and the Sense of 'I'", In *Thought, Reference, and Experience: Themes from the Philosophy of Gareth Evans*, Bermudez, José Luis[Ed.], Oxford: Clarendon Press, 2005.

Bird, G. "McDowell's Kant: Mind and World", *Philosophy* 71. 276 (1996):219—243.

Blackburn, S. *Essays in Quasi-Realism*, Oxford: Oxford University Press, 1993.

Bob Hale, B., Wright, C. "Assertibilist Truth and Objective Content: Still Inexplicit?", in *Reading Brandom: On Making it Explicit*, Weiss, B. & Jeremy W.(Eds.), London and New York: Routledge, 2010.

Boghossian, P.A. "What the Externalist Can Know a Priori", In *Proceedings of the Aristotelian Society*, Aristotelian Society, Wiley, 1997(97):161—175.

Brandom, R. *Making It Explicit*, Cambridge, Mass: Harvard University Press, 1994.

Brandom, R. *Articulating Reasons: An Introduction to Inferentialism*,

Cambridge, Mass: Harvard University Press, 2001.

Brandom, R. "Non-inferential Knowledge, Perceptual Experience, and Secondary Qualities: Placing McDowell's Empiricism", In *Reading McDowell on Mind and World*, Nicholas H. Smith(Ed.), Cambridge, Routledge, 2002.

Brandom, R. *Between Saying & Doing: Towards an Analytic Pragmatism*, Oxford: Oxford University Press, 2008.

Brandom, R. *Reason in Philosophy: Animating Ideas*, Cambridge, Mass: Harvard University Press, 2009.

Brandom, R. "Reply to 'Michael Kremer's Representation or Inference: Must We Choose? Should We?'", in *Reading Brandom: On Making it Explicit*, Weiss, B. & Jeremy W. (Eds.), London and New York: Routledge, 2010.

Brandom, R. *Perspectives on Pragmatism: Classical, Recent, & Contemporary*, Cambridge, Mass: Harvard University Press, 2011.

Brandom, R. "Global anti-representationalism?", In Huw Price, *Expressivism, Pragmatism and Representationalism*, Cambridge: Cambridge University Press, 2013.

Brandom, R. *Analytic Pragmatism, Expressivism and Modality*, Nordic Lectures in Pragmatism 3, Helsinki, Finland, 2014.

Brandom, R. B. *From Empiricism to Expressivism: Brandom Reads Sellars*, Cambridge, Mass: Harvard University Press, 2015.

Brandom, R. *A Spirt of Trust: A Reading of Hegel's Phenomenology*, Cambridge, Mass.: Harvard University Press, 2019.

Bunnin, N., Jiyuan, Y. (Eds.), *The Blackwell Dictionary of Western Philosophy*, Oxford: Blackwell Publishing, 2004.

Burge, T. "Disjunctivism and Perceptual Psychology", *Philosophical Topics* 33.1(2005):1—78.

Burge, T. *Origins of Objectivity*, Oxford: Oxford University Press, 2010.

Davidson, D. *Essays on Actions and Events*, Oxford: Oxford University

Press, 2001.

Davidson, D. *Subjective, Intersubjective, Objective*, Oxford: Oxford University Press, 2004.

Davidson, D. *Truth, Language and History*, Oxford: Oxford University Press, 2005.

Davidson, D. "Reply to McDowell", In *The Philosophy of Davidson*, Lewis Edwin Hahn[Ed.], Chicago: Open Court Publishing Company, 1999.

Devitt, M. *Realism and Truth*, Cambridge: Princeton University Press, 1997.

Devitt, M. *Ignorance of Language*, Oxford: Clarendon Press, 2006.

Devitt, M. *Putting Metaphysics First: Essays on Metaphysics and Epistemology*, Oxford: Oxford University Press, 2010.

De Waal, Cornelis. "The Real Issue between Nominalism and Realism, Peirce and Berkeley Reconsidered", *Transactions of the Charles S. Peirce Society* 32.3(1996): 425—442.

De Waal, C. *On Pragmatism*, Belmont: Wadsworth, 2005.

deVries, W.A. *Wilfrid Sellars*, Chesham: Acumen: 2005.

deVries, W. "All in the Family", In *Millikan and Her Critics*, Ryder D., Kingsbury J. & Williford K.(Eds.). Oxford: Wiley-Blackwell, 2013.

Dreyfus, H. "Overcoming the Myth of the Mental: How Philosophers Can Profit from the Phenomenology of Everyday Expertise", *Proceedings and addresses of the American Philosophical Association*. Vol.79. No.2. American Philosophical Association, 2005.

Dreyfus, H. "The Myth of the Pervasiveness of the Mental", In *Mind, Reason, and Being-in-the-World: The McDowell-Dreyfus Debate*, Joseph Schear ed., London and New York: Routledge, 2013.

Elder C. L. "Millikan, Realism, and Sameness", In *Millikan and Her Critics*. Ryder D., Kingsbury J. & Williford K.(Eds.), Oxford: Wiley-Blackwell, 2013.

Evans, G. *The Varieties of Reference*, John McDowell(Ed.), Oxford:

Oxford University Press, 1982.

Fisch, M.H. *Peirce, Semeiotic, and Pragmatism*, Bloomington: Indiana University Press, 1986.

Forster, M. *Peirce and the Threat of Nominalism*, Cambridge: Cambridge University Press, 2011.

Frege, G. *Nachgelassene Schriften und Wissenschaftlicher Briefwechsel*, Felix Meiner Verlag Hamburg, 1976.

Gaskin, G. *Experience and the World's Own Language: A Critique of John McDowell's Empiricism*, Oxford: Oxford University Press, 2006.

Habermas, J. *Truth and Justification*, Barbara Fultner (Ed.), Cambridge: The MIT Press, 2003.

Hildebrand, D.L. *Beyond Realism and Anti-Realism—John Dewey and Neo-pragmatists*, Tennessee: Vanderbilt University Press, 2003.

Hookway, C. *Truth, Rationality, and Pragmatism: Themes from Peirce*, Oxford: Clarendon Press, 2002.

Hookway, C. "Truth, Reality, and Convergence", In *The Cambridge Companion to Peirce*, Cheryl Misak(Ed.), Cambridge: Cambridge University Press, 2004.

Horwich, P. *Truth-Meaning-Reality*. Oxford: Oxford University, 2010.

Horwich, P. "Naturalism, deflationism and the relative priority of language and metaphysics", In Huw Price, *Expressivism, Pragmatism and Representationalism*, Cambridge: Cambridge University Press, 2013.

Horwich, P. *Deflationism and Wittgenstein: Paul Horwich interviewed by Richard Marshall*. [online] 3:AM Magazine. Available at: http://www.3ammagazine.com/3am/deflationism-and-wittgenstein/[Accessed 11 Jun. 2018].

James, W. *The Will to Believe and Other Essays in Popular Philosophy*, Vol.6. Cambridge, Mass: Harvard University Press, 1979.

Kripke, S. *Naming and Necessity*, Oxford: Blackwell, 1972.

Kremer, M. "Representation or Inference: Must We Choose? Should We?", in *Reading Brandom: On Making it Explicit*, Weiss, B. & Jeremy

W.(Eds.), London and New York: Routledge, 2010.

Lane, R. *Peirce on Realism and Idealism*, Cambridge: Cambridge University Press, 2017.

Lau, J. and Deutsch, M.(2016). "Externalism About Mental Content", *The Stanford Encyclopedia of Philosophy*(Winter 2016 Edition), Edward N. Zalta(ed.), URL=〈https://plato.stanford.edu/archives/win2016/entries/content-externalism/〉.

Liszka, J. "Community in C. S. Peirce: Science as a Means and as an End", *Transactions of the Charles S. Peirce Society*, 1978, 14(4):305—321.

Loeffler, R. *Brandom*, Cambridge: Polity Press, 2018.

MacDonald C. & MacDonald G. "The Epistemology of Meaning", In *Millikan and Her Critics*, Ryder D., Kingsbury J. & Williford K.(Eds.). Oxford: Wiley-Blackwell, 2013.

Maher, C. *The Pittsburgh School of Philosophy: Sellars, McDowell, Brandom*. Routledge, 2012.

McDowell, J. *Mind and World: With a New Introduction*, Cambridge, Mass: Harvard University Press, 1996.

McDowell, J. *Meaning, Knowledge, and Reality*, Cambridge, Mass: Harvard University Press, 1998.

McDowell, J. *Mind, Value, and Reality*, Harvard University Press, 1998.

McDowell, J. "Experiencing the World", In *John McDowell: Reason and Nature, Lecture and Colloquium in Munster 1999*, Marcus Willaschek(Ed.), 1999.

McDowell, J. "Scheme-Content Dualism and Empiricism", In *The Philosophy of Davidson*, Lewis Edwin Hahn[Ed.], Chicago: Open Court Publishing Company, 1999.

McDowell, J. "Responses", In *Reading McDowell on Mind and World*, Nicholas H. Smith(Ed.), Cambridge, Routledge, 2002.



McDowell J. "Response to Dreyfus", In *Inquiry: An Interdisciplinary*

*Journal of Philosophy*, 2007(4):366—370.

McDowell, J. *The Engaged Intellect: Philosophical Essays*, Cambridge, Mass: Harvard University Press, 2009.

McDowell, J. "The Disjunctive Conception of Experience", In *The Engaged Intellect: Philosophical Essays*, Cambridge, Mass: Harvard University Press, 2009.

McDowell, J. *Having the World in View: Essays on Kant, Hegel, and Sellars*, Cambridge, Mass: Harvard University Press, 2009.

McDowell, J. "Tyler Burge on disjunctivism", *Philosophical Explorations* 13.3(2010):243—255.

McDowell, M. "The myth of the mind as detached", In *Mind, Reason, and Being-in-the-World: The McDowell-Dreyfus Debate*, Joseph Schear (Ed.), London and New York: Routledge, 2013.

Millikan, R. *Language, Thought and Other Biological Categories: New Foundations for Realism*, Cambridge: MIT Press, 1984.

Millikan, R.G. "Historical kinds and the 'special sciences'", *Philosophical Studies*, Vol.95, No.1(1999): 45—65.

Millikan, R. *On Clear and Confused Ideas: An Essay about Substance Concepts*, Cambridge: Cambridge University Press, 2000.

Millikan, R. *Language: A Biological Model*, Oxford: Oxford University Press, 2005.

Millikan, R. *Varieties of Meaning: The 2002 Jean Nicod Lectures*, Cambridge: The MIT Press, 2006.

Millikan, R. "Reply to deVries", In *Millikan and Her Critics*, Ryder D., Kingsbury J. & Williford K.(Eds.). Oxford: Wiley-Blackwell, 2013.

Millikan, R. *Beyond Concepts: Unicepts, Language and Natural Information*, Oxford: Oxford University Press, 2017.

Misak, M. "Charles Sanders Peirce(1839—1914)", In The Cambridge Companion to Peirce, Cheryl Misak(Ed.), Cambridge: Cambridge University Press., 2004.

Peirce, C.S. *The Collected Papers of Charles Sanders Peirce*, vols. 1, 3—5, 6 C. Hartshorne & P. Weiss(Eds.), with vol.8. W. Burks(Ed.), Harvard University Press, 1931—1935, 1958.

Peirce, C. S. *The Essential Peirce: Selected Philosophical Writings, volume 2*, The Peirce Edition Project(Eds.), Bloomington and Indianapolis: Indiana University Press, 1998.

Peirce, C.S. "Two Notes: on Motives, on Percepts", In *Philosophical Writings of Peirce*. Justus Buchler(Sd. and Ed.), New York: Dover Publications, INC., 1955.

Peirce, C. S. "Perceptual Judgments", In *Philosophical Writings of Peirce*, Justus Buchler(Sd. and Ed.). New York: Dover Publications, INC., 1955.

Peirce, C.S. *The New Elements of Mathematics*, vol.3 & 4, C. Eisele (ed.), The Hague: Mouton Publishers, 1976.

Peirce, C. S. *The Essential Peirce: Selected Philosophical Writings, Vol.I*(1867—1993), Nathan Houser and Christian Kloesel(Eds.), Bloomington: Indiana University Press, 1992.

Peirce, C.S. *The Collected Papers of Charles Sanders Peirce*, C. Hartshorne, P. Weiss, & A.W. Burks(Eds.). Cambridge, MA: Harvard University Press(electric versions), 1994.

Peregrin, J. *Inferentialism: Why Rules Matter*, Basingstoke: Palgrave, 2014.

Price, H. "Review of Essays in Quasi-Realism", In *Philosophy and Phenomenological Research* 56, no.4(1996):965—68.

Price, H. "Expressivism for two voices", in *Pragmatism, Science and Naturalism. Berlin: Lang*, 2011.

Price, H. *Naturalism Without Mirrors*, Cambridge: Oxford University Press, 2011.

Price, H.H. *Perception*, Connecticut: Greenwood Press, 1981.

Price, H.H. *Thinking and Experience*, Cambridge, Mass.: Harvard

University Press, 1962.

Putnam, H. "The Meaning of Meaning", In *Philosophical Papers, Vol.II: Mind, Language, and Reality*. Cambridge: Cambridge University Press, 1975.

Putnam, H. "McDowell's mind and McDowell's world", In *Reading McDowell: On Mind and World*, Nicholas H. Smith(Ed.), London and New York: Routledge, 2002.

Ramsey, W. M. *Representation Reconsidered*, Cambridge: Cambridge University Press, 2007.

Rescher, N. *Cognitive Pragmatism: The Theory of Knowledge in Pragmatic Perspective*, Pittsburgh: University of Pittsburgh Press, 2001.

Russell, R. *Mysticism and Logic and Other Essays*, London: The Mayflower Press, 1949.

Rorty, R. "Realism, Categories, and the 'Linguistic Turn'", *International Philosophical Quarterly* 2.2(1962):307—322.

Rosenberg, J. "On Sellars's Two Images of the World", In *Empiricism, Perceptual Knowledge, Normativity and Realism: Essays on Wilfrid Sellars*, Willem deVries(Ed.). Oxford: Oxford University Press, 2009.

Schiller, F.C.S., *Humanistic Pragmatism: The Philosophy of F.C.S. Schiller*. Reuben Abel[Ed.], New York: Free Press, 1966.

Sellars, W. *Philosophical Perspectives: Metaphysics and Epistemology*, Atascadero: Ridgeview Publishing Company, 1959.

Sellars, W. *Science and Metaphysics: Variations on Kantian Themes*, London: Routledge & Kegan Paul Ltd., 1968.

Sellars, W. *Naturalism and Ontology: The John Dewey Lectures for 1974*, California: Ridgeview Publishing Company, 1979.

Sellars, W. *Science, Perception and Reality*, Atascadero: Ridgeview Publishing Company, 1991.

Sellars, W. *Empiricism and the Philosophy of Mind*, Rorty R. & Brandom R.(Eds.). Cambridge, Mass: Harvard University Press, 1997.

Sellars, W. *In the Space of Reasons*: *Selected Essays of Wilfrid Sellars*, Scharp K. and Brandom R. (Eds.). Cambridge, Mass: Harvard University Press, 2007.

Sellars, W. *Kant and Pre-Kantian Themes Lectures by Wilfrid Sellars*, Amaral P.V. [Ed.], Ridgeview Publishing Co., 2017.

Sellars, W. *Notre Dame Lectures 1969—1986*, The Bootleg Version, independently published, 2017.

Stalnaker, R. *Ways of a World Might Be*: *Metaphysics and Anti-metaphysical Essays*, Oxford: Clarendon Press, 2003.

Williams, M. "How pragmatists can be local expressivists", In Huw Price, *Expressivism*, *Pragmatism and Representationalism*, Cambridge: Cambridge University Press, 2013.

Wright, C. *Truth and Objectivity*, Cambridge, Mass. Harvard University Press, 1992.

Wright, C. "Human Nature?", In *Reading McDowell on Mind and World*, Nicholas H. Smith(Ed.), Cambridge, Routledge, 2002.

## 二、主要中文文献

波兰尼:《科学、信仰与社会》,王靖华译,南京大学出版社 2020 年版。

布兰顿:《推论主义、规范主义与元语言语汇》,孙宁、周靖、黄远帆、文杰译,上海人民出版社 2019 年版。

布兰顿:《阐明理由:推论主义导论》,陈亚军译,复旦大学出版社 2020 年版。

陈亚军:《罗蒂与普特南:新实用主义的两座丰碑》,上海人民出版社 2016 年版。

陈亚军访谈,周靖整理:《匹兹堡问学录——围绕〈使之清晰〉与布兰顿的对谈》,复旦大学出版社 2017 年版。

达米特:《分析哲学的起源》,王路译,上海译文出版社 2016 年版。

达米特:《弗雷格——语言哲学》,黄敏译,商务印书馆 2017 年版。

达米特:《形而上学的逻辑基础》,任晓明、李国山译,中国人名大学出版社 2013 年版。

戴维森:《真理、意义和方法——戴维森哲学文选》,牟博编译,商务印书馆 2008 年版。

德雷福斯、泰勒:《重申实在论》,吴三喜译,中国人民大学出版社 2020 年版。

德雷福斯:《在世:评海德格尔的〈存在与时间〉第一篇》,朱松峰译,浙江大学出版社 2018 年版。

德维特:《实在论与真理》,郝苑译,科学出版社 2017 年版。

弗雷格:《弗雷格哲学论著选辑》,王路编译,商务印书馆 2013 年版。

弗雷格:《算术基础:对于数这个概念的一种逻辑数学的研究》,商务印书馆 2001 年版。

哈贝马斯:《在事实与规范之间》,童世骏译,生活·读书·新知三联书店 2003 年版。

何志青:《知识论转折》,台大出版中心 2018 年版。

奎因:《从逻辑的观点看》,陈启伟、江天骥等译,中国人民大学出版社 2007 年版。

刘钢:《真理的话语理论基础:从达米特、布兰顿到哈贝马斯》,人民出版社 2015 年版。

鲁玛纳:《罗蒂》,刘清平译,中华书局 2003 年版。

罗蒂:《后哲学文化》,黄勇编译,上海译文出版社 2004 年版。

罗蒂:《罗蒂文选》,孙伟平等编译,社会科学文献出版社 2007 年版。

罗蒂:《偶然、反讽与团结》,徐文瑞译,商务印书馆 2005 年版。

罗蒂:《实用主义哲学》,林南译,上海译文出版社 2016 年版。

罗蒂:《哲学和自然之境》,李幼蒸译,商务印书馆 2006 年版。

麦克道威尔:《心灵与世界》,韩林合译,中国人民大学出版社 2014 年版。

内格尔:《本然的观点》,贾可春译,中国人民大学出版社 2010 年版。

皮尔士:《推理及万物逻辑:皮尔士 1898 年剑桥讲坛系列演讲》,凯特编,张留华译,复旦大学出版社 2020 年版。

普莱斯、周靖:《全局实用主义和表征主义的限度:普莱斯教授访谈》,载《哲学分析》2019 年第 1 期,第 188—195 页。

普特南:《理性、真理与历史》,童世骏、李光程译,上海人民出版社 2005 年版。

普特南:《实在论的多副面孔》,冯艳译,中国人民大学出版社 2005 年版。

塞尔:《意向性:论心灵哲学》,刘叶涛译,上海人民出版社 2007 年版。

塞尔:《心灵的再发现》,王巍译,中国人民出版社 2012 年版。

塞拉斯:《经验主义与心灵哲学》,王玮译,复旦大学出版社 2017 年版。

塞拉斯:《自然主义与存在论:1974 年约翰·杜威讲座》,王玮译,复旦大学出版社 2019 年版。

孙宁:《如何成为一个深刻的析取论者?——对麦克道威尔析取论的一项研究》,载《哲学动态》2015 年第 7 期,第 69—76 页。

孙宁:《匹兹堡学派研究:塞拉斯、麦克道威尔、布兰顿》,复旦大学出版社 2018 年版。

托马塞洛:《人类沟通的起源》,蔡雅菁译,商务印书馆 2012 年版。

托马塞洛:《人类认知的文化起源》,张敦敏译,中国社会科学出版社 2011 年版。

托马塞洛:《人类思维的自然史:从人猿到社会人的心智进化之路》,苏彦捷译,北京师范大学出版社 2017 年版。

王路:《弗雷格思想研究》,商务印书馆 2008 年版。

王路:《语言与世界》,北京大学出版社 2016 年版。

维特根斯坦:《逻辑哲学论》,韩林合编译,商务印书馆 2019 年版。

维特根斯坦:《哲学研究》,韩林合编译,商务印书馆 2019 年版。

周靖:《从经验到社会:论杜威的语言哲学》,载《自然辩证法研究》2016 年第 7 期,第 3—8 页。

周靖:《心灵与世界的连续性:基于塞拉斯和米丽肯哲学的自然主义辩护》,载《中南大学学报(社会科学版)》2020 年第 1 期,第 40—45 页。

周靖:《再思实用主义的实践概念:基于哈贝马斯与布兰顿之争》,载《实用主义研究(第二辑)》,华东师范大学出版社 2020 年版,第 101—115 页。

周靖:《"世界"的失落与重拾:一个分析实用主义的探讨》,复旦大学出版社 2019 年版。

周靖:《消除语义表征和直接表征的界限:布兰顿和麦克道尔的思想分疏与和解》,载《哲学分析》2018 年第 1 期,第 156—165 页。

# 后　记

我们不能把世界描绘成与自我脱离的世界；我们知道的自我就在这个世界中。

——兰姆赛(Frank Ramsey, 1903—1930)

*Notes on Philosophy, Probability and Mathematics*

在拙著《“世界”的失落与重拾：一个分析实用主义的探讨》(复旦大学出版社2019年版)中，我曾在该书“后记”中预告了一项“三步走”的研究计划，本书是这项计划中走出的“第二步”。《“世界”的失落与重拾》以一种差强人意的方式试图融合理性主义和自然主义的探究，即借助实用主义式的实践概念，在做的实践活动(doings)中吸纳自然(外部世界)的一面，然后在说的语言活动(sayings)中将之表达出来。这种理解蕴含两个进一步的推论：第一，(自然)世界和(语言)世界不存在本体论意义上的界限，重拾的“世界”是兼纳自然和语言的丰富世界；第二，自然中已经源生了语义因素，自然的语义机制与后来成熟的语言的语义机制是一贯的，在此意义上，外间的自然世界从未“失落”(well-lost，罗蒂语)，它仍然在我们的认知范围和能力之内。“第一步”的工作强差人意的原因在于，它仅旨在提供一幅问题图景，而未能深入探查问题的细节，也未能提出一项合宜的解决方案。

《表征论的多副面孔》是对《"世界"的失落与重拾》的延伸和发展。本书的讨论以"表征"为题眼，主要借助普莱斯、塞拉斯、布兰顿、麦克道威尔、米丽肯，以及埃文斯等人的理论资源，在辨析诸位哲人思想及相关论辩交锋的基础上，阐释表征的实在、自然、语用、语义等诸种面孔，披露世界的自我呈现、世界在心灵中的呈现，以及心灵对呈现的接收之间的三股张力，最终勾绘了自然空间和概念空间勾连的具体细节，提供一种兼纳诸种面孔的新的表征论立场。

《"世界"的失落与重拾》和《表征论的多副面孔》共享这样的思想：语言首要的本质不在于指称事物与传递信息，而在于敞开世界和规范建制。这一思想包含了我们的语言观和世界观的根本转置。关于"规范建制"方面，这两本著作均着笔不多，我将于正在修改和完善的《推论、社会和历史：布兰顿哲学导论》一书中重点突出这一维度上的理论工作。

前叙的"三步走"研究计划的第三步将是建构一种"符号哲学认识论"，这将是一项困难的任务，完成它或许会遥遥无期。

本书是我近四年来的研究成果，获得了国家社科基金青年项目的支持，敝作的出版受到上海社会科学院哲学研究所的资助。在此特别感谢方松华所长在出版资助上予以的友善和积极的帮助。

上海社会科学院哲学研究所是一个可以安心做学术的宝地，领导开明，同仁友善。自由、宽松的环境可以让人沉淀下来，潜心于自己的研究。入职以来受惠于方松华、成素梅、计海庆、戴潘、石永泽、曹敏、牛婷婷、邹蕴、阮凯、裴延宇等领导、同事的诸多照顾，在此致谢，恕不一一列举。

求学的路上，不仅有恩师陈亚军教授一直以来的支持和鼓励，也有多年的学友相伴，在此特别感谢复旦大学哲学学院的孙宁、程都，以及中国社会科学院哲学研究所的姜妮伶，与你们的友谊让我在求学问道的路上不至失去方向和勇气。

最后，向本书责任编辑于力平老师致以敬意和谢意，与一些编辑朋友的交往让我认识到，编辑是一项十分辛苦的工作，我们打开的每一本书都凝结着编辑们辛劳付出的大量时间和精力。

周靖

2020 年 10 月于上海

**图书在版编目(CIP)数据**

表征论的多副面孔:当代英美哲学语境下的探究/
周靖著.—上海:上海人民出版社,2021
ISBN 978-7-208-17057-5

Ⅰ.①表…　Ⅱ.①周…　Ⅲ.①表象学　Ⅳ.①B089

中国版本图书馆 CIP 数据核字(2021)第 067089 号

**责任编辑**　于力平
**封面设计**　路　静

**表征论的多副面孔**
——当代英美哲学语境下的探究
周　靖　著

**出　　版**　上海人民出版社
(200001　上海福建中路 193 号)
**发　　行**　上海人民出版社发行中心
**印　　刷**　上海商务联西印刷有限公司
**开　　本**　635×965　1/16
**印　　张**　16
**插　　页**　2
**字　　数**　194,000
**版　　次**　2021 年 5 月第 1 版
**印　　次**　2021 年 5 月第 1 次印刷
ISBN 978-7-208-17057-5/B·1552
**定　　价**　68.00 元